인증만 하면, **고퀄리티 강의**가 **무료!**
100% 무료 강의

STEP 1
이기적
홈페이지
접속하기

STEP 2
무료동영상
게시판에서
과목 선택하기

STEP 3
ISBN 코드
입력 & 단어
인증하기

STEP 4
이기적이 준비한
명품 강의로
본격 학습하기

KB192310

영진닷컴 이기적

1년 365일 이기적이 쏜다!

365일 진행되는 이벤트에 참여하고 다양한 혜택을 누리세요.

EVENT ❶
기출문제 복원

- 이기적 독자 수험생 대상
- 응시일로부터 7일 이내 시험만 가능
- 스터디 카페의 링크 클릭하여 제보

이벤트 자세히 보기 ▶

EVENT ❷
합격 후기 작성

- 이기적 스터디 카페의 가이드 준수
- 네이버 카페 또는 개인 SNS에 등록 후
  이기적 스터디 카페에 인증

이벤트 자세히 보기 ▶

EVENT ❸
온라인 서점 리뷰

- 온라인 서점 구매자 대상
- 한줄평 또는 텍스트 & 포토리뷰 작성 후
  이기적 스터디 카페에 인증

이벤트 자세히 보기 ▶

EVENT ❹
정오표 제보

- 이름, 연락처 필수 기재
- 도서명, 페이지, 수정사항 작성
- book2@youngjin.com으로 제보

이벤트 자세히 보기 ▶

N Pay
네이버페이
포인트 쿠폰
20,000원

영진닷컴 쇼핑몰
30,000원

- N페이 포인트 5,000~20,000원 지급
- 영진닷컴 쇼핑몰 30,000원 적립
- 30,000원 미만의 영진닷컴 도서 증정

※ 이벤트별 혜택은 변경될 수 있으므로 자세한 내용은 해당 QR을 참고하세요.

한 번에 합격,
자격증은 이기적

이렇게
기막힌
적중률

함께 공부하고 특별한 혜택까지!

| 이기적 스터디 카페 | 🔍 |

구독자 13만 명, 전강 무료!

| 이기적 유튜브 | 🔍 |

자격증 독학, 어렵지 않다!
수험생 합격 전담마크

이기적 스터디 카페

스터디 만들어 함께 공부

전문가와 1:1 질문답변

프리미엄 구매인증 자료

365일 진행되는 이벤트

이기적 크루를 찾습니다!

WANTED

저자 · 강사 · 감수자 · 베타테스터 상시 모집

저자 · 강사

- **분야** 수험서 전 분야
  수험서 집필 혹은 동영상 강의 촬영
- **요건** 관련 강사, 유튜버, 블로거 우대
- **혜택** 이기적 수험서 저자 · 강사 자격
  집필 경력 증명서 발급

감수자

- **분야** 수험서 전 분야
- **요건** 관련 전문 지식 보유자
- **혜택** 소정의 감수료
  도서 내 감수자 이름 기재
  저자 모집 시 우대(우수 감수자)

베타테스터

- **분야** 수험서 전 분야
- **요건** 관련 수험생, 전공자, 교사/강사
- **혜택** 활동 인증서 & 참여 도서 1권
  영진닷컴 쇼핑몰 30,000원 적립
  스타벅스 기프티콘(우수 활동자)
  백화점 상품권 100,000원(우수 테스터)

◀ 모집 공고 자세히 보기

이메일 문의하기 ✉ book2@youngjin.com

기억나는 문제 제보하고 N̊페이 포인트 받자!

기출 복원 EVENT

성명	이 기 적		수험번호	ㄹ ㅇ ㄹ ㄴ ㅣ ㅣ ㅣ ㅋ

Q. 응시한 시험 문제를 기억나는 대로 적어주세요!

① 365일 진행되는 이벤트　② 참여자 100% 당첨　③ 우수 참여자는 N페이 포인트까지

영진닷컴 쇼핑몰

30,000원

N Pay

네이버페이
포인트 쿠폰

20,000원

적중률 100% 도서를 만들어주신 여러분을 위한 감사의 선물을 준비했어요.

신청자격 이기적 수험서로 공부하고 시험에 응시한 모든 독자님

참여방법 이기적 스터디 카페의 이벤트 페이지를 통해 문제를 제보해 주세요.
　　　　　 ※ 응시일로부터 7일 이내의 시험 복원만 인정됩니다.

유의사항 중복, 누락, 허위 문제를 제보한 경우 이벤트 대상에서 제외됩니다.

참여혜택 영진닷컴 쇼핑몰 30,000원 적립
　　　　　 정성껏 제보해 주신 분께 N페이 포인트 5,000~20,000원 차등 지급

이벤트 페이지 확인하기 ▶

이기적이
다 드립니다

여러분은 합격만 하세요! 이기적 합격 성공세트 BIG 3

영상으로 쉽게 이해하는, 무료 동영상 강의

공부하기 어려운 정보처리 이론부터 기출문제 풀이까지!
이기적이 떠먹여주는 시험 대비 강의를 시청하세요.

무엇이든 물어보세요, 1:1 질문답변

정보처리기능사 시험에 대한 궁금증, 전문 선생님이 해결해드려요.
스터디 카페 질문/답변 게시판에 어떤 질문이든 올려주세요.

더 많은 문제를 원한다면, 추가 모의고사

문제를 더 풀고 연습하고 싶으시다고요?
걱정 마세요. 5회분 모의고사까지 아낌없이 드립니다.

※ 〈2025 이기적 정보처리기능사 실기 기본서〉를 구매하고 인증한 회원에게만 드리는 자료입니다.

이기적 스터디 카페 바로가기 ▶

누구나 작성만 하면 100% 포인트 지급
합격 후기 EVENT

이기적과 함께 합격했다면,
합격썰 풀고 네이버페이 포인트 받아가자!

합격 후기
작성 시
100%
지급

N Pay

네이버페이
포인트 쿠폰

25,000원

카페 합격 후기 이벤트

이기적 스터디 카페에
합격 후기 작성하고 5,000원 받기!

5,000원
네이버 포인트 지급

▲ 자세히 보기

---

 blog **블로그 합격 후기 이벤트**

개인 블로그에
합격 후기 작성하고 20,000원 받기!

20,000원
네이버 포인트 지급

▲ 자세히 보기

- 자세한 참여 방법은 QR코드 또는 이기적 스터디 카페 '합격 후기 이벤트' 게시판을 확인해 주세요.
- 이벤트에 참여한 후기는 추후 마케팅 용도로 활용될 수 있습니다.
- 이벤트 혜택은 추후 변동될 수 있습니다.

이기적 스터디 카페 🔍

이렇게
기막힌
적중률

정보처리기능사
실기 기본서

"이" 한 권으로 합격의 "기적"을 경험하세요!

YoungJin.com Y.
영진닷컴

출제빈도에 따라 분류하였습니다.

ⓢ : 반드시 보고 가야 하는 이론
ⓩ : 보편적으로 다루어지는 이론
ⓗ : 알고 가면 좋은 이론

▶ 표시된 부분은 동영상 강의가 제공됩니다.
이기적 홈페이지(license.youngjin.com)에 접속하여 시청하세요.

▶ 제공하는 동영상과 PDF 자료는 1판 1쇄 기준 2년간 유효합니다.
단, 출제기준안에 따라 동영상 내용은 변경될 수 있습니다.

전문가가 정리한 핵심 이론으로 학습

핵심 이론
주요 이론의 상세하고 친절한 설명으로
효율적인 학습이 가능합니다.

합격 강의
강의 영상을 제공합니다. QR 코드를 스캔하거나
이기적 홈페이지에서 시청하세요.

팁(TIP)
이해를 돕는 추가 설명과 공부
노하우 등 다양한 팁이 삽입되어
있습니다.

예상문제로 이론 복습, 유형 파악

예상문제
이론 학습 후 문제로 바로
출제유형을 확인해보세요.

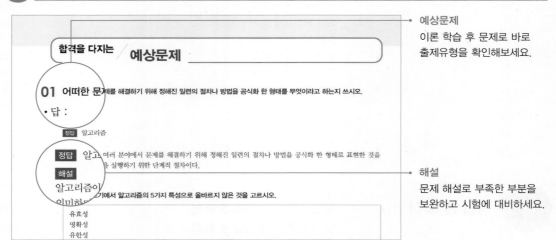

해설
문제 해설로 부족한 부분을
보완하고 시험에 대비하세요.

SECTION

02 최신 기출문제 02회(2024년 03회)

▶ 합격 강의

01 UNIX의 명령어 WINDOWS의 ipconfig와 동일한 기능을 가지고 있는 명령어를 작성하시오.

▶ 답안기입란

02 다음 보기에서 전송 계층에 포함되지 않는 네트워크 프로토콜을 고르시오

| ㄱ. tcp | ㄴ. http | ㄷ. udp | ㄹ. dccp | ㅁ. ipsec | ㅂ. ftp |

▶ 답안기입란

03 다음 보기에서 설명하는 OSI 계층을 작성하시오.

OSI 7 계층에서 이것은 네트워크 통신에서 가장 아래에 위치한 첫 번째 계층으로, 데이터를 실제로 전송하는 물리적인 매체와 신호에 관련된 기능을 담당하고, 전기 신호, 광 신호, 전파 등을 통해 비트(0과 1) 형태의 데이터를 전달하는 역할을 한다.

▶ 답안기입란

합격 강의
시험에 자주 출제되는 내용과 풀이를 영상으로 공부할 수 있습니다.

기출 복원 문제
기출문제로 자신의 실력을 체크하고 실전처럼 시험을 준비하세요.

01번 해설

Windows/DOS의 ...nfig
...인터페이스를 확인할 수 있다.(=UNIX 기반의 ifconfig)
• 해당 네트워킹
• 해당 ...워크가 상대와 연결되어 있는지 확인할 수 있다.(=UNIX 기반의 ping)

02번 해설
• TCP(Transmission Control Protocol) : 신뢰성 있는 데이터 전송을 보장. 데이터 패킷이 손실되면 재전송하며, 데이터 순서를 보장
• UDP(User Datagram Protocol) : 신속한 전송이 필요한 경우 사용. 신뢰성은 낮지만 속도가 중요한 상황에서 유용
• SCTP(Stream Control Transmission Protocol) : TCP와 UDP의 장점을 결합한 프로토콜로, 멀티스트리밍을 지원하여 여러 데이터 스트림을 동시에 전송 가능
• DCCP(Datagram Congestion Control Protocol) : 데이터그램 방식의 전송을 지원하며, 혼잡 제어 기능이 추가된 프로토콜

03번 해설
물리 계층의 주요 특징과 역할
물리 계층은 데이터 전송의 기반을 제공하며, 상위 계층들이 네트워크상에서 데이터를 처리하고 통신할 수 있도록 하는 중요한 역할을 한다.

기출 해설
해설로 문제의 출제 포인트를 확인하고 복습하세요.

시험의 모든 것

STEP 01 실기 응시 자격 조건

- 필기 시험 합격자
- 필기 시험 합격일부터 2년간 필기 시험 면제

STEP 02 실기 원서 접수하기

- 1년에 4회 시행
- q-net.or.kr에서 접수

STEP 03 실기 시험

- 신분증, 수험표, 필기구 지참
- 필답형(1시간 30분) 진행

STEP 04 실기 합격자 발표

- 100점 만점 중 60점 이상 득점
- q-net.or.kr에서 발표

정보처리기능사 실기 출제기준

출제 기준 상세 보기

- **적용 기간** : 2023년 1월 1일~2025년 12월 31일
- **큐넷 홈페이지** : [고객지원–자료실–출제기준] 게시판에서 확인 가능

주요항목	세부항목	세세항목
응용 SW 기초 기술 활용	운영체제 기초 활용	• 운영체제의 특징을 파악할 수 있다. • 운영체제의 기본 명령어를 활용하여 실무작업을 처리할 수 있다. • 운영체제의 핵심기능을 파악하여 실무작업을 수행할 수 있다.
	데이터베이스 기초 활용	• 관계형 데이터베이스의 개념을 이해하고 실무에 활용할 수 있다. • 데이터베이스 관리에 관한 개념을 이해하고 실무작업을 수행할 수 있다.
	네트워크 기초 활용	• 네트워크 계층 구조를 파악할 수 있다. • 네트워크 프로토콜을 파악할 수 있다.
프로그래밍 언어 활용	알고리즘 구현	• 절차형 프로그래밍 언어로 알고리즘을 처리할 수 있다. • 객체지향형 프로그래밍 언어로 알고리즘을 처리할 수 있다.
	프로그래밍 언어 활용	• 프로그래밍 언어의 기본 문법을 이해하고 언어의 특성을 활용하여 프로그래밍 작업을 수행할 수 있다. • 라이브러리를 활용하여 프로그래밍 작업을 수행할 수 있다.
애플리케이션 테스트 수행	애플리케이션 테스트 수행	• 애플리케이션의 테스트 개념을 이해하고 실무작업을 수행할 수 있다. • 애플리케이션의 결함 관리 개념을 이해하고 실무작업을 수행할 수 있다.
	애플리케이션 결함 조치	• 애플리케이션의 결함조치의 우선순위를 이해하고 결정할 수 있다. • 애플리케이션의 결함 조치 관리를 이해하고 실무작업을 수행할 수 있다.
SQL 활용	기본 SQL 작성하기	• DDL문을 활용하여 기본 SQL을 작성할 수 있다. • DML문을 활용하여 기본 SQL을 작성할 수 있다. • DCL문을 활용하여 기본 SQL을 작성할 수 있다.
	고급 SQL 작성하기	• 인덱스를 활용한 쿼리를 작성할 수 있다. • 뷰를 활용하여 쿼리를 처리할 수 있다. • 다중 테이블 검색을 할 수 있다.

시험의 모든 것 11

시험은 이렇게 출제된다!

정보처리기능사 실기 시험을 공부할 때 가장 많이 하는 질문은 '어디에서부터 어떻게 공부를 해야 하는가?'입니다. NCS 과목이 공개되었을 때부터 기존 시험문제와 다르게 새로 출제되는 프로그래 밍 언어 활용과 애플리케이션 테스트 수행 부분이 추가되면서 처음 보게 되는 문제들에 대한 생소함 으로 인한 두려움 때문이었는데요. 2020년부터 2024년까지 출제되었던 문제들의 유형을 살펴보면 알 수 있듯이 새로 출제되는 프로그래밍 언어와 기존 시험부터 꾸준하게 계속 출제되고 있는 데이터 베이스, SQL 부분이 매 시험의 60%~70%를 차지하고 있습니다. 상대평가가 아닌 합격 점수가 있는 절대평가 시험이다 보니 합격 점수를 넘기 위해 과목별로 공부 전략을 짜는 것이 매우 중요합니다.

NCS 능력 단위별 기출문제 분석

① 2022년

구분		1회	2회	3회	4회
프로그래밍 언어 활용	알고리즘 구현	–	–	–	–
	프로그래밍 언어 활용	5문제	6문제	7문제	6문제
애플리케이션 테스트 수행	애플리케이션 테스트 수행	–	1문제	1문제	1문제
	애플리케이션 결함 조치	1문제	–	–	–
응용 SW 기초 기술 활용	운영체제 기초 활용	3문제	3문제	4문제	3문제
	네트워크 기초 활용	3문제	3문제	2문제	3문제
	데이터베이스 기초 활용	2문제	2문제	2문제	2문제
SQL 활용	기본 SQL	3문제	3문제	2문제	2문제
	고급 SQL	3문제	2문제	2문제	3문제

② 2023년

구분		1회	2회	3회	4회
프로그래밍 언어 활용	알고리즘 구현	–	–	–	–
	프로그래밍 언어 활용	5문제	6문제	6문제	6문제
애플리케이션 테스트 수행	애플리케이션 테스트 수행	1문제	–	1문제	1문제
	애플리케이션 결함 조치	–	1문제	1문제	–
응용 SW 기초 기술 활용	운영체제 기초 활용	4문제	3문제	4문제	3문제
	네트워크 기초 활용	4문제	3문제	2문제	3문제
	데이터베이스 기초 활용	3문제	3문제	2문제	3문제
SQL 활용	기본 SQL	1문제	1문제	1문제	2문제
	고급 SQL	2문제	3문제	3문제	2문제

③ 2024년

구분		1회	2회	3회	4회
프로그래밍 언어 활용	알고리즘 구현	–	–	–	–
	프로그래밍 언어 활용	6문제	6문제	6문제	6문제
애플리케이션 테스트 수행	애플리케이션 테스트 수행	1문제	–	1문제	1문제
	애플리케이션 결함 조치	–	1문제	–	–
응용 SW 기초 기술 활용	운영체제 기초 활용	3문제	2문제	3문제	3문제
	네트워크 기초 활용	3문제	4문제	3문제	3문제
	데이터베이스 기초 활용	3문제	3문제	3문제	3문제
SQL 활용	기본 SQL	2문제	2문제	2문제	2문제
	고급 SQL	2문제	2문제	2문제	2문제

① 프로그래밍 언어 활용

알고리즘은 개정 초반에 출제된 후 나오지 않고 있습니다. 알고리즘의 추천 학습 방법은 프로그래밍 코드 부분에서 나오는 부분과 함께 프로그램의 진행 순서와 방향에 대한 부분을 공부하면 좋습니다.

프로그래밍 언어 부분은 공통적으로 들어가게 되는 연산자와 명령어들의 대한 파악을 우선적으로 한 후 각각 모듈별로 차이점을 공부하는 것을 추천해 드립니다.

프로그래밍 문제에 대해서는 요즘 들어 일반적인 진행 방향에서 다른 방향으로 진행하거나 출력 부분이나 호출 부분을 속이는 함정 문제가 번번히 출제되고 있어 기본서 안에서도 설명하는 유형 파트별 풀이 방법을 우선적으로 공부하고 문제를 풀어보는 것을 추천합니다.

② 데이터베이스 기초 활용, SQL 활용

데이터베이스 부분은 기존에 필기 시험에서 학습해왔던 부분에서 정의와 용어에 대한 부분을 우선적으로 암기한 후 SQL 부분을 추가하여 공부해 준다고 생각하면 좋습니다.

실제로 출제되고 있는 데이터베이스와 SQL 부분은 반복적으로 등장하는 문제가 많아서 접근하기 쉬운 만큼 틀렸을 때 점수 손실이 커서 주의 깊게 공부하는 것이 좋습니다.

③ 운영체제

운영체제 부분에서는 생소한 문제가 자주 출제되었습니다. 기본적으로 공개되었던 NCS 자료에 없었던 상식 문제까지 출제되어서 당황할 수 있지만 반복적으로 단축키와 운영체제 관련 명령어들이 출제되고 있으니 이에 집중하여 공부해 주세요.

④ 네트워크

우선적으로 OSI 7 계층과 TCP 계층을 파악하는 것을 추천드립니다. 그 후에 관련 계층에 따른 프로토콜 부분이 꾸준히 출제되고 있으니 이 부분에 집중하여 공부하세요.

⑤ 애플리케이션 테스트

개정된 후 필기 부분에서 학습해보지 못한 유형이기 때문에 생소하고 당황스러울 수 있으나 일반적인 프로그램의 생성부터 테스트, 실행, 실행 후 조치에 관한 정의와 용어가 출제되기 때문에 이 부분을 집중적으로 공부하면 좋습니다.

공부하는 순서는 위에 나와 있듯이 이론에 기술된 내용을 파악한 후 기출문제를 풀어보고 모의고사를 풀어보는 것을 추천합니다. 시험 시 주의사항으로는 필답형 문제이다 보니 영어 대·소문자나 띄어쓰기는 크게 상관 없지만 고유하게 정의되어 있는 답안은 꼭 해당 언어로 작성해야 하며, SQL 명령문의 경우 스펠링이나 형식이 틀리면 오답입니다. 출제되고 있는 20개의 문항 중 다중 답안은 부분 점수를 가지고 있습니다. 상세한 배점은 공개하지 않고 있지만 전체적인 문제를 맞힐 수 없다면 부분 점수를 획득하는 것도 중요합니다.

실기 시험에 대한 일반 사항

Q 정보처리기능사 실기 시험의 시행처는 어디인가요?

A 정보처리기능사 시험은 한국산업인력공단(큐넷)에서 시행하고 있습니다. 시험의 일정, 수수료, 합격 기준, 합격자 발표 등 시험의 전반적인 내용을 확인할 수 있습니다.

Q 한국산업인력공단의 홈페이지 주소는 무엇인가요?

A 한국산업인력공단의 자격증 홈페이지는 '큐넷'으로 검색 가능하며, 홈페이지 주소는 http://q-net.or.kr입니다.

Q 정보처리기능사 실기의 시험과목은 무엇인가요?

A '정보처리 실무'이며, 자세한 출제기준은 시행처 홈페이지에서 다운로드 받을 수 있습니다.

Q 정보처리기능사 실기는 어떻게 시험을 보나요?

A 실기라고 해서 컴퓨터로 시험을 보는 것은 아니며, 필답형 시험으로 진행됩니다. 1시간 30분 동안 100점 만점으로, 직접 답안을 작성하면 됩니다.

Q 시험 일정은 어떻게 되나요?

A 정보처리기능사 실기의 경우, 1년에 4회 시행됩니다. 대부분 4월, 6월, 8월, 11월에 시행되지만 시행처의 일정에 따라 변경될 수 있으니 반드시 확인하고 공부 일정을 세우시길 바랍니다.

Q 합격기준을 알고 싶어요.

A 과목별 과락 점수는 없으며, 100점 만점으로 하여 60점 이상이면 합격입니다.

Q 자격증 발급은 어떻게 해야 하나요?

A

신규 발급 안내	인터넷 신청 후 우편 배송

인터넷
발급 방법
	• 인터넷 발급 신청하여 우편 수령
	• 인터넷 자격증 발급 신청 접수기간 : 월요일~일요일(24시간) 연중 무휴
	• 인터넷을 이용한 자격증 발급 신청이 가능한 경우
	  – 배송 신청 가능자 : 공단이 본인 확인용 사진을 보유한 경우(2005년 9월 이후 자격취득자 및 공인인증 가능자)
	• 인터넷 우편 배송 신청 전 공단에 직접 방문하여야 하는 경우
	  – 공단에서 확인된 본인 사진이 없는 경우
	  – 신분 미확인자인 경우(사진 상이자 포함)
	  – 법령 개정으로 자격종목의 선택이 필요한 경우
	• 인터넷 자격증 발급 시 비용
	  – 수수료 : 3,100원 / 배송비 : 3,010원

발급 문의	29개 지부 / 지사

자격증 발급과 관련된 기타 사항은 시행처(한국산업인력공단, 큐넷)에 문의해 주세요.

기타 문의사항

Q 동영상 강의는 어디에서 볼 수 있나요?

A 이기적에서 제공하는 동영상은 영진닷컴 이기적 홈페이지(license.youngjin.com)에서 제공됩니다. 로그인 후 도서 인증 단계를 거치면 해당 도서의 영상을 시청할 수 있습니다.

Q 공부하다가 궁금한 사항이 있으면 어떻게 해요?

A 혼자 공부를 하다가 막히는 부분이 있으면 답답하고 어려울 것입니다. 이기적 스터디 카페(cafe.naver.com/yjbooks)에서는 전문가 선생님께서 직접 1:1문의를 받고 있습니다. 도서명, 페이지, 문의 내용을 적어주시면 빠르게 답변받을 수 있습니다.

Q 책에 있는 문제 말고 더 많은 문제를 풀어보고 싶어요.

A 제공하고 있는 문제 이외에 문제를 풀어볼 수 있도록 노력하겠습니다. 각종 마케팅 및 추가 문제 배포는 이기적 스터디 카페에서 제공하고 있으니 많이 활용해 주세요. 도서 출간 후 수험생들에게 더욱 많은 도움을 드릴 수 있도록 노력하는 이기적이 되겠습니다.

Q 도서에 오타, 오류가 있는 것 같아요.

A 수험서의 특성상 오타 및 오류가 없어야 합니다. 공부하는 데 불편을 드린 점 죄송하다는 말씀드립니다. 계속 교정을 보는데도 사람의 일이라 완벽하지 않다는 것을 항상 마음에 담고 최대한 정확한 정보를 전달할 수 있도록 하겠습니다. 만약 도서를 보시다가 오타 및 오류라고 생각하는 부분은 스터디 카페로 문의주시면 답변해 드리겠습니다.

Q 기출 문제를 복원하는 데 도움을 드리고 싶어요.

A 시험이 끝난 후 열심히 외워온 기출 문제를 혼자만 알고 있기 아쉽다고요? 이기적 스터디 카페에서는 실기 시험이 끝나고 기출 복원 이벤트를 진행하고 있습니다. 도서를 만드는 데 도움도 주고 선물도 받아갈 수 있는 기회를 놓치지 마세요.

프로그래밍 언어 활용

1과목 소개

응용 소프트웨어 개발에 사용되는 프로그래밍 언어의 기초 문법을 적용하고 언어의 특징과 라이브러리, 그리고 알고리즘(순서도)을 활용하여 기본 응용 소프트웨어를 구현할 수 있다.

CHAPTER 01

알고리즘 구현

학습 방향

1. 순서도의 기본 개념을 이해하고 순서도 작성법에 따라 작성할 수 있다.
2. 프로그램의 알고리즘에 대한 순서도를 분석하고 평가할 수 있다.

출제빈도

SECTION 01	하	70%
SECTION 02	하	30%

SECTION

01

알고리즘

출제빈도 상 중 (하)
반복학습 ① ② ③

▶ 합격 강의

빈출 태그 프로그램 설계, 해결을 위한 과정, 순서도

01 알고리즘의 개념

• 넓은 의미에서는 자료 구조와 함께 프로그램을 구성하는 요소를 의미하고, 좁은 의미에서는 어떤 문제에 대한 답을 찾는 해법을 의미한다.
• 프로그램 작성 과정 중 설계/계획 단계에 포함되며, 문제 해결을 위한 일련의 절차나 방법을 공식화한 형태 또는 계산을 실행하기 위한 단계적 절차를 말한다.

02 알고리즘의 5가지 특성

• 알고리즘은 기본적인 명령어를 통해서도 작성 가능하며, 아래와 같은 5가지 특성을 만족하여야 한다.

입력	외부로부터 입력되는 자료가 0개 이상이어야 한다.
출력	출력되는 결과가 1개 이상이어야 한다.
명확성	각 명령어의 의미가 명확하여야 한다.
유한성	정해진 단계를 지나면 종료되어야 한다.
유효성	모든 명령은 실행이 가능한 연산들이어야 한다.

🅑 기적의 TIP

알고리즘의 표현은 자연어, 순서도, 의사 코드, 프로그래밍 언어 등을 이용하는 방법이 있으며, 꼭 프로그래밍 언어가 아니더라도 알고리즘의 표현은 가능합니다.

01 어떠한 문제를 해결하기 위해 정해진 일련의 절차나 방법을 공식화 한 형태를 무엇이라고 하는지 쓰시오.

•답 :

정답 알고리즘

해설
알고리즘이란 여러 분야에서 문제를 해결하기 위해 정해진 일련의 절차나 방법을 공식화 한 형태로 표현한 것을 의미하며 계산을 실행하기 위한 단계적 절차이다.

02 다음 보기에서 알고리즘의 5가지 특성으로 올바르지 않은 것을 고르시오.

유효성
명확성
유한성
무결성

•답 :

정답 무결성

해설
• 입력 : 알고리즘은 0 또는 그 이상 외부에서 제공된 자료가 존재해야 한다.
• 출력 : 알고리즘은 최소 1개 이상의 결과를 가져야 한다.
• 명확성 : 알고리즘의 각 단계는 명확하여 애매함이 없어야 한다.
• 유한성 : 알고리즘은 단계들을 유한한 횟수로 거친 후 문제를 해결하고 종료해야 한다.
• 유효성(효과성) : 알고리즘의 모든 명령들은 어떠한 상황에서도 실행 가능해야 한다.

▶ 합격 강의

01 순서도

- 알고리즘을 표현하는 여러 방식 중 하나이다.
- 미리 약속된 기호와 그림을 통해 논리적 절차, 흐름, 연산 등을 시각적으로 표현한 것을 말한다.

02 순서도 도형

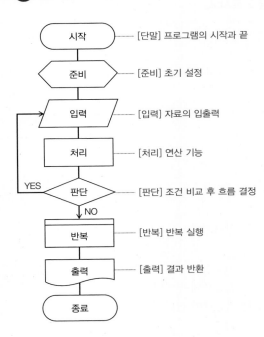

시작 ——— [단말] 프로그램의 시작과 끝

준비 ——— [준비] 초기 설정

입력 ——— [입력] 자료의 입출력

처리 ——— [처리] 연산 기능

판단 ——— [판단] 조건 비교 후 흐름 결정

YES

NO

반복 ——— [반복] 반복 실행

출력 ——— [출력] 결과 반환

종료

03 순서도 연산

1) 순서도 산술 연산

+	더하기	/	나누기
−	빼기	%, mod	나머지
*	곱하기	^	거듭제곱

기적의 TIP

나머지는 순서도에서 %와 mod 둘 다 사용 가능하지만, 프로그래밍에서는 %만 사용 가능합니다.

2) 순서도 관계 연산

〉	크다(초과)
〉=	크거나 같다(이상)
〈	작다(미만)
〈=	작거나 같다(이하)
=	같다
〈〉, ≠, !=	같지 않다(다르다)

- 관계연산은 의미 그대로를 식에 대입하는 것이 중요하다.
  A 〉 10 : A가 10보다 크다.
  A 〈= 7 : A가 7보다 작거나 같다.
  7 〉 3 : 7은 3보다 크다(True).
  3 〉 7 : 3은 7보다 크다(False).

04 순서도의 기초 공식

1) 변수와 상수

- 변수 : 고정되어 있지 않은 값 또는 어떤 값을 주기억장치에 기억하기 위해서 사용하는 공간이다.
- 상수 : 고정되어 있는 값 또는 이미 지정되어 있는 변하지 않는 값이다.
- 예를 들어 a = 10이란, 변수 a에 정수 10을 입력하라는 의미이다.
- 처리 기호 안에서 =(equal)은 같다는 의미가 아닌 대입 또는 입력으로 쓰인다.

기적의 TIP

순서도 안에서 데이터들은 특정한 규칙을 가지고 연산을 하게 됩니다.

2) 수의 증감

① 수(i)의 초기값이 설정되어 있는 경우

- $i = i + 1$, $i = i - 1$
- **예**

i의 초기값이 없는 것은 0 값이 아닌 NULL Value(값 없음)을 의미한다.

② 수(k)의 초기값이 설정되어 있지 않은 경우

- $k = $ 고정값 $-$ 변수
- **예**

```
┌──────────┐
│ i = 0, k │
└──────────┘
     ↓
┌──────────┐
│ i = i + 1 │
└──────────┘
     ↓
┌──────────┐
│ k = 10 - i │
└──────────┘
  i = 1, k = 9
```

3) 합의 공식

- 합계 = 합계 + 수
- **예**

```
┌──────────┐
│ sum = 0 │
└──────────┘
┌──────────────┐
│ sum = sum + i │
└──────────────┘
```
합계의 초기값은 기본적으로 0으로 초기화하며 합계변수에 증감변수를 이용하여 누적한다.

4) 평균 공식

• 평균(avg) = 합계(sum) / 개수(cnt)

▶ 예제

다음은 1부터 10까지의 합과 평균을 구하는 알고리즘이다. 빈칸에 들어갈 알맞은 말을 쓰시오.

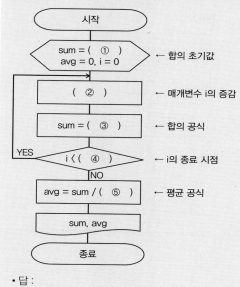

• 답 :

[정답]
① 0
② i = i + 1
③ sum + i
④ 10
⑤ i or 10

[해설]
i의 위 연산 종료 시 저장되어 있는 10을 이용하거나 고정수 10을 이용하여 개수를 계산한다.

5) 부호 변경

• 부호의 변경은 판단 기호를 이용하여 계산하거나 '부호 = 부호 * (−1)'을 이용하여 연산한다.

▶ 예제

1 − 2 + 3 − 4 + 5 − 6 + 7 − 8 + 9 − 10을 연산하는 알고리즘의 두 가지 방법이다. 빈칸에 들어갈 알맞은 말을 쓰시오.

[방법1]

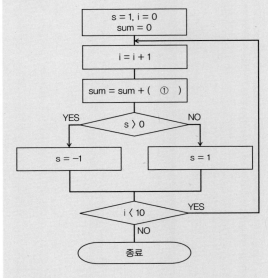

[방법2]

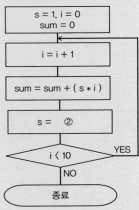

• 답 :

[정답]

① (s * i)

② s * (−1)

[해설]

• 방법1의 순서도에서는 마름모 도형의 조건문으로 s값을 +, − 변경을 해주기 때문에 수의 변수 i를 s로 고정하여 곱한다.

• 방법2의 순서도에서는 s * i로 계산식이 고정되어 있어 s * (−1)로 s변수의 부호를 변경해 준다.

6) 몫과 나머지

① 몫

- '값 / 수'로 표현한다.
- 결과값을 정수형으로 표현한다. → int
- 4 / 2 = 2, 5 / 2 = 2

② 나머지

- '값 % 수' 또는 '값 mod 수'로 표현한다.
- 7 % 3 = 1, 5 mod 2 = 1

▶ 예제

입력된 수 N의 짝수/홀수를 출력하는 알고리즘이다. 빈칸에 들어갈 알맞은 말을 쓰시오.

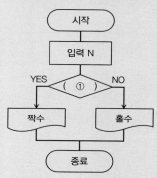

- 답 :

[정답]

N % 2 = 0 또는 N mod 2 = 0

[해설]

알고리즘에서 ①이 YES이면 짝수이므로 N을 2로 나누었을 때 나머지가 0이어야 한다.

🅱 기적의 TIP

순서도 안에서 나머지는 %와 mod 둘 다 사용할 수 있지만, 프로그래밍에서는 나머지를 구하기 위해 %만 사용합니다.

7) 배열

- 배열은 번호에 대응하는 데이터들로 이루어진 자료 구조를 말하는데, 변수를 연속적으로 저장하기 위해 확보한 메모리 공간을 의미한다.
- a[5] = a[0], a[1], a[2], a[3], a[4]의 주소로 이루어진다.
- 프로그래밍의 배열에서의 주소값은 0부터 시작이 고정이지만, 순서도에서는 0 또는 1로 시작이 가능하다.

▶ 예제

저장되어 있는 배열 A의 7개 정수 중, 최대값과 최소값을 구하는 알고리즘이다. 빈칸에 들어갈 알맞은 말을 쓰시오.

- A[7] = { 55, 66, 77, 11, 22, 44, 99 }
- 최대값 = MAX
- 최소값 = MIN
- 수열 = I

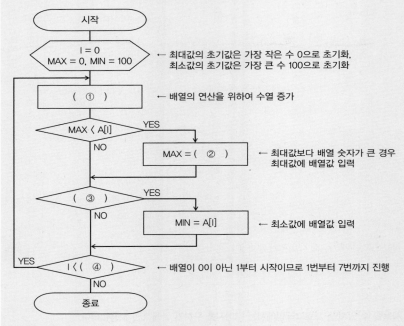

- 답 :

[정답]
① I = I + 1
② A[I]
③ MIN 〉 A[I]
④ 7

[해설]
최대값의 초기값은 가장 작은 수로, 최소값의 초기값은 가장 큰 수로 선언하고 배열들을 순서대로 비교한 후 변수에 대입한다. 프로그래밍과 다르게 순서도에서는 0번 또는 1번으로 시작할 수 있기 때문에 시작 주소값이 가장 중요한데, 문제에서는 배열의 주소값은 1부터 시작하여 7번까지 진행된다.

01 정수 N을 입력 받아 3의 배수이면서 5의 배수인 수를 출력하는 알고리즘을 완성하시오.

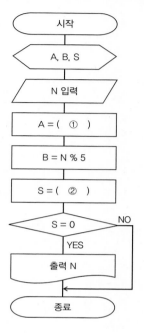

• 답 :

정답 ① N % 3

　　② A + B

해설

• ① : 3의 배수를 계산하기 위해 N의 변수를 3으로 나눈 나머지를 계산해야 하므로 N % 3이다.

• ② : 3으로 나눈 나머지를 저장한 A와 5로 나눈 나머지를 저장한 B를 합하여 S에 저장하고, S의 값이 0이면 3의 배수이면서 5의 배수이다.

02 배열 A에 있는 모든 정수의 합과 평균을 구하는 알고리즘을 완성하시오.

- A[6] = {7, 22, 4, 19, 11, 12}
- 합 : SUM
- 평균 : AVG
- 수열 : I

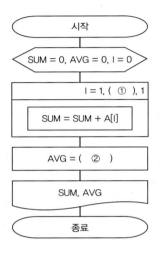

- 답 :

해설
- ① : 반복문은 'I = 어디부터, 어디까지, 얼만큼씩'을 의미한다. 배열의 개수가 6개이고 시작 숫자가 1이므로 ①은 6이다.
- ② : 평균은 합 / 개수이므로, 합의 변수 SUM과 현재 순서도의 수열값인 I를 이용하거나 배열의 총 개수인 6을 이용한다.

CHAPTER **02**

프로그래밍 언어 활용

학습 방향

1. 프로그래밍 언어별 특성을 파악하고 설명할 수 있다.
2. 응용 소프트웨어 개발에 필요한 프로그래밍 언어의 데이터 타입을 적용하여 변수를 사용할 수 있다.
3. 프로그래밍 언어의 연산자와 명령문을 사용하여 애플리케이션에 필요한 기능을 정의하고 사용할 수 있다.
4. 애플리케이션을 최적화 하기 위해 프로그래밍 언어의 특성을 활용할 수 있다.

출제빈도

SECTION 01	상 ▬▬▬▬▬▬▬▬▬▬	80%
SECTION 02	중 ▬	10%
SECTION 03	중 ▬	10%

빈출 태그 변수, 데이터 타입, 연산자, 명령문

01 프로그래밍 언어 활용의 개요

- 프로그래밍 언어란 컴퓨터 시스템을 동작시키기 위한 프로그램 작성 언어를 말한다.
- 프로그램은 다소 단순해 보이는 명령어들의 조합으로 구성되는데, 이러한 조합들은 비트(Bit)라고 불리는 0과 1의 값으로 작성되거나 변환되어 컴퓨터가 이해할 수 있도록 한다.

1) 비트(Bit)

- 비트는 컴퓨터를 이해하기 위한 가장 기본적인 용어로, Binary Digit의 약칭이다.
- 0과 1로만 구성된 이진법(예 101001)을 이용하며, 컴퓨터 이용 시 흔히 접할 수 있는 1바이트(Byte)는 8비트(Bit)를 의미한다.

바이트	1Byte(B) = 8bit, 1bit = 0.125B
킬로바이트	1Kilobyte(KB) = 8,192bit, 2^{10}(1024)byte
메가바이트	1Megabyte(MB) = 8,388,608bit, 2^{20}byte
기가바이트	1Gigabyte(GB) = 8.5899e+9bit, 2^{30}byte
테라바이트	1Terabyte(TB) = 8.7961e+12bit, 2^{40}byte
페타바이트	1Petabyte(PB) = 9.0072e+15bit, 2^{50}byte
엑사바이트	1Exabyte(EB) = 9.2234e+18bit, 2^{60}byte

2) 컴퓨터 시스템의 구조

- 컴퓨터는 전달받은 0과 1의 값들을 정해진 순서대로 실행하며 그 과정에서 처리(Processing), 저장(Store) 등을 수행한다.
- 프로그램 실행 및 데이터 처리는 중앙처리장치(CPU)에서 수행하고, 저장은 기억장치(Memory)에서 수행하며, 중앙처리장치(CPU)로부터 명령을 받아 데이터를 입력 또는 출력하는 일은 입출력장치(I/O Device)에서 수행한다.

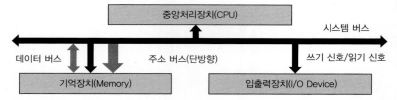

- 중앙처리장치에서는 목적에 따라 연산 등을 수행하는데, 연산을 위한 명령어를 실행하고 기록하기 위해서는 일반적으로 '인출, 해석, 실행, 기록'의 단계를 거쳐야 한다.

IF	ID	EX	WB
Fetch(인출)	Decode(해석)	Execute(실행)	Write Back(기록)

02 프로그래밍 언어의 기본 문법 및 용어

1) 프로그래밍 기본 용어

- 변수 : 어떤 값을 주기억장치에 기억하기 위해서 사용하는 공간을 의미한다.
- 식별자 : 프로그램의 구성요소를 구별하기 위한 기준으로, 변수명이 식별자에 속한다.
- 바인딩 : 변수와 변수에 관련된 속성을 연결하는 과정으로, 정적 바인딩과 동적 바인딩으로 구분된다.
  - 정적 바인딩 : 프로그램 실행 시간 전에 속성을 연결하는 방식
  - 동적 바인딩 : 프로그램 실행 시간에 속성을 연결하는 방식
- 선언 : 변수에 이름, 데이터 타입 등의 속성을 부여하는 작업으로, 명시적 선언과 묵시적 선언으로 구분된다.
  - 명시적 선언 : 선언문을 이용하며 변수 이름을 나열하고 속성을 부여하는 방식
  - 묵시적 선언 : 별도의 선언문 없이 디폴트 규칙에 의해 속성을 부여하는 방식
- 영역 : 이름이 사용되는 범위를 의미하며, 정적 영역과 동적 영역으로 구분된다.
  - 정적 영역 : 변수를 찾을 때 구조에 기반하는 방식
  - 동적 영역 : 변수를 찾을 때 구조보다는 순서에 기반하는 방식
- 할당 : 변수에 메모리 공간을 바인딩하는 작업을 의미한다.
- 데이터 타입 : 변수가 가질 수 있는 속성값의 길이 및 성질을 의미한다.
- 연산자 : 데이터 처리를 위해 연산을 표현하는 기호로 +, − 등과 같은 연산자를 포함한다.
- 명령문 : 프로그램을 구성하는 문장으로, 지시 사항을 처리하는 단위를 의미한다.

2) 변수와 데이터 타입

① 변수

- 변수는 저장하고자 하는 어떠한 값이 있을 때, 그 값을 주기억장치에 기억하기 위한 공간을 의미한다.

▶ 변수의 개념도

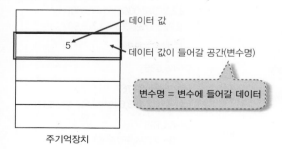

주기억장치

② 변수 선언 규칙

- 변수는 프로그램 소스코드의 공유, 유지 관리, 표준화 등을 위해 일정한 규칙에 따라 작성된다.
- 변수 선언의 대표적인 규칙
  - 영문 대문자/소문자(대소문자 구분), 숫자, 밑줄(_)의 사용이 가능하다.
  - 첫 번째 자리는 숫자로 시작할 수 없다.
  - 변수 이름의 중간에는 공백을 사용할 수 없다.
  - 이미 사용되고 있는 예약어(키워드)는 변수로 사용할 수 없다.

기적의 TIP

예약어란 for, short, union, if, char 등과 같이 프로그래밍 언어에서 이미 사용하고 있는 단어를 의미합니다.

③ 데이터 타입 : 변수에 들어갈 값의 특성을 구분하여 그 특성에 맞게 저장할 수 있도록 하는 데이터 속성값의 길이 및 성질을 의미한다.

④ 데이터 타입 유형

- 프로그래밍 언어에 따라 데이터 타입의 유형을 구분하는 기준에 차이가 있다.
- 일반적으로 아래와 같은 유형으로 나눈다.

불린 타입	• 참과 거짓을 의미하는 데이터 타입으로 bool이라고도 함 • 참을 의미하는 True와 거짓을 의미하는 False, 두 가지의 값을 가지고 있음			
문자 타입	문자 하나를 저장할 때 사용 `char a = 'A';`			
문자열 타입	• 문자열을 저장할 때 사용 `string a = "welcome";` • C++, JAVA에서 사용 • C언어에서는 지원하지 않음(C언어에서는 배열 이용)			

• 정수값을 저장하고자 할 때 사용
• Java와 C/C++의 정수 타입

정수 타입	구분	타입	크기	범위
	Java	byte	1byte	−128~127
		short	2byte	−32,768~32,767
		int	4byte	−2,147,483,648~2,147,483,647
		long	8byte	−9,223,372,036,854,775,808 ~9,223,372,036,854,775,807
	C/C++	short	2byte	−32,768~32,767
		unsigned short	2byte	0~65,535
		int	2byte(or 4byte)	−32,768~32,767 (or −2,147,483,648~2,147,483,647)
		unsigned int	2byte(or 4byte)	0~65,535 (or 0~4,294,967,295)
		long	4byte	−2,147,483,648~2,147,483,647
		unsigned long	4byte	0~4,294,967,295

부동 소수점 타입	소수점을 포함하는 실숫값을 저장하고자 할 때 사용

배열 타입	• 여러 데이터를 하나로 묶어서 저장하고자 할 때 사용
	• C언어에서는 배열의 공간(크기)을 선언, JAVA는 비워 둠
	　– C언어 정수형 배열 선언
	
	`Array[5]={1,2,3,4,5};`
	
	　– JAVA 정수형 배열 선언
	
	`Array[]={1,2,3,4,5};`

▶ 예제1

다음의 출력 결과를 작성하시오.

```
#include <stdio.h>
main(void) {
    int num = 4;
    char str='a';
    printf("%d",sizeof(num)+sizeof(str));
}
```

• 답 :

[정답]

5

[해설]

sizeof(num)는 int로 4의 크기를 가지고, sizeof(str)는 char로 1의 크기를 갖는다.

▶ 예제2

다음의 출력 결과를 작성하시오.

```
#include <stdio.h>
main(void) {
    int num1[4] = {1,2,3};
    int num2[2] = {9,9};
    printf("크기 = %d",sizeof(num1)+sizeof(num2));
}
```

• 답 :

[정답]

크기 = 24

[해설]

• num1 배열은 안에 값이 3개만 입력되어 있지만 선언 시 전체 크기로 설정되기 때문에 num1은 4개의 공간에 하나씩 int로 크기가 측정되어 16의 size가 생성된다.

• num2도 마찬가지로 선언 시 2개의 크기로 배열이 선언되어 있어서 8로 size가 생성된다.

⑤ 서식 지정자

- 변수 혹은 값을 출력문을 통해 출력하기 위해 사용한다.
- printf는 문자열만을 출력하며, 이스케이프(탈출)문과 같이 문자열 선언을 탈출하여 변수를 인식시키는 것을 서식 지정자라고 한다.

> **기적의 TIP**
>
> 이스케이프(탈출)문이란, 출력문 내에서 특정 단축키 및 단어를 출력하기 위한 구문입니다.
> 예 \n : 강제 개행, \t : 탭

	%d	부호 있는 10진수 정수
정수형	%u	부호 없는 10진수 정수
	%o	부호 없는 8진수 정수
	%x	부호 없는 16진수 정수
실수형	%f	소수점 6번째까지의 실수
	%e	0.000000e+00, 실수 지수 표현
	%g	숫자 값의 크기에 따라 %e나 %f로 표현
문자형	%c	단일 문자 출력
	%s	문자열 출력

```c
#include <stdio.h>

int main(void) {      // 자료형 변수 = 값;
    char num1 = 65;  // num1에 65 대입(정수형)
    // =란 "같다"가 아닌 "대입"의 뜻
    // 우측의 값을 좌측에 대입

    int  num2 = 2000;  // num2에 2000 대입(정수형)
    float num3 = 1.23; // num3에 1.23 대입(실수형)

 //  printf(서식 지정자, 값(변수 및 상수));
    printf("%d %d", num1, num2);      // 출력 : 65 2000
    printf("%f", num3);               // 출력 : 1.230000

}
```

```
#include <stdio.h>

int main(void) {  // 자료형 변수 = 값;
    char PATH = 'A';  // PATH에 A 대입(문자형)
                      // ' '(작은따옴표)는 단일 문자를 선언할 때 사용
                      // " "(큰따옴표)는 문자열을 선언할 때 사용

    printf("%c\n", PATH); 출력 : A(문자형)
    printf("%d\n", PATH); 출력 : 65(정수형) // char의 경우
                                정수를 ASCII 코드로 변환하기 때문에 문자를 출력
                          // 반대로 A의 값을 %d(정수형)로 출력하면
                          // ASCII 코드 A에 해당하는 숫자를 출력
}
```

❸ 연산자

- 프로그램 실행을 위해 연산을 표현하는 기호로, 프로그램 내에서는 +, −와 같은 연산자가 사용된다.
- 연산자에는 산술 연산자, 시프트 연산자, 관계 연산자, 논리 연산자 등이 있다.

1) 산술 연산자

▶ 종류

+	양쪽의 값을 더한다.	예 10 + 5 결과 : 15
−	왼쪽 값에서 오른쪽 값을 뺀다.	예 10 − 5 결과 : 5
*	두 개의 값을 곱한다.	예 10 * 2 결과 : 20
/	왼쪽 값을 오른쪽 값으로 나눈다.	예 10 / 2 결과 : 5
%	왼쪽 값을 오른쪽 값으로 나눈 나머지를 계산한다.	예 10 % 2 결과 : 0

- 산술 연산자 우선순위 : 프로그래밍 언어도 수학과 동일한 연산자 우선순위를 따른다.

우선순위	1	2	3
연산자	(괄호)	* / %	+ −

기적의 TIP

같은 우선순위 안에서는 왼쪽부터 우선적으로 연산합니다.

▶ 예제

다음의 계산결과를 쓰시오.

```
#include <stdio.h>
int main(){
    int result1, result2;
    result1 = 10 + 15 % 4 - 20 % 9;
    result2 = 10 * 15 % 4 - 20 % 9 + 5;

    printf("결과 : %d %d", result1, result2);

    return 0;
}
```

• 답 :

[정답]

결과 : 11 5

[해설]

• result1 : 10 + 15 % 4 − 20 % 9 = 10 + 3 − 2 = 11
• result2 : 10 * 15 % 4 − 20 % 9 + 5 = 150 % 4 − 2 + 5 = 2 − 2 + 5 = 5

2) 시프트 연산자

• 10진수의 값을 2진수로 변환하여 비트의 위치를 이동시키는 연산자이다.

		예
《 (Left)	우측 값만큼 비트의 위치를 좌측으로 이동	int num = 5;　　　　// 0000 0101
》 (Right)	우측 값만큼 비트의 위치를 우측으로 이동	int result = num 《 2;　// 0001 0100(20) printf("%d", result);　　// 20 출력

▶ 예제

다음의 계산결과를 쓰시오.

```
#include <stdio.h>
main()
{
    int num1, num2, result;
    num1 = 15;
    num2 = 4;
    result = num1 >> 3 << num2;
    printf("%d", result);
}
```

• 답 :

[해설]

- result는 num1(15)를 >> 오른쪽으로 3번 시프트한 뒤 num2(4)만큼 << 왼쪽 시프트하라는 뜻이다.
- num1(15)를 2진수로 치환하면 0 0 0 0 1 1 1 1 → 오른쪽으로 3번하면 0 0 0 0 0 0 0 1 → 이 수를 << num2 즉 왼쪽으로 4번 시프트하면 0 0 0 1 0 0 0 0 → 10진수로 치환하면 16이다.

3) 관계 연산자

- 두 피연산자 사이의 크기를 비교하는 연산자이다.
- 참(True)와 거짓(False)을 구분한다.

>, < (초과), (미만)	printf("%d", 10 > 3); // 결과 : 1(True)
>=, <= (이상), (이하)	printf("%d", 5 <= 5); // 결과 : 1(True)
== (같다)	printf("%d", 10 == 3); // 결과 : 0(False)
!= (다르다)	printf("%d", 5 != 3); // 결과 : 1(True)

기적의 TIP

- 순서도에서 '다르다'는 < >, !=, ≠가 사용 가능하지만, 프로그래밍에서는 !=만 사용 가능합니다.
- !는 Not 연산자로 사용되며, 논리값을 역전시켜 출력합니다.

```
!(10 > 5)    // 결과 : 0(False)
```

▶ 예제

다음의 계산결과를 쓰시오.

```
#include <stdio.h>
int main(void) {
    int num1 = 10, num2 = 5;
    int num3 = 15, num4 = 7;
    int result1, result2;
    result1 = num1 > num2;
    result2 = num3 < num4;

    printf("결과 : %d", result1 < result2);
    return 0;
}
```

- 답 :

4) 논리 연산자

• 두 피연산자 사이의 논리적인 관계를 정의하는 연산자이다.

&& (and)	두 가지의 논리값이 모두 참일 경우 참(True)을 반환하고, 그렇지 않으면 거짓(False)을 반환한다.	예 10 〉 5 && 5 〈 10 // 결과 : 1
|| (or)	두 개의 논리값 중 하나라도 참이면 참(True)을 반환하고, 그렇지 않으면 거짓(False)을 반환한다.	예 10 〉 5 || 5 〉 10 // 결과 : 1

▶ 예제

다음의 계산결과를 쓰시오.

```
#include <stdio.h>
int main(void) {
    int num1 = 7, num2 = 22;
    int num3 = 4, num4 = 19;

    printf("결과1 : %d\n", num1 < num2 && num3 > num4);
    printf("결과2 : %d\n", num1 > num2 || num3 < num4);
}
```

• 답 :

[정답]

결과1 : 0

결과2 : 1

[해설]

결과1은 7 〈 22 and 4 〉 19로 참 and 거짓이 반환되어 거짓(0)이 반환되고, 결과2는 7 〉 22 or 4 〈 19로 거짓 or 참이 반환되어 참(1)이 반환된다.

🅑 기적의 TIP

정보처리기능사 시험은 주관식 답안으로 출력문 안에서 강제개행(\n)과 띄어쓰기에 주의해야 합니다. 위의 문제에서 줄바꿈을 하지 않고 한 줄로 작성 시 오답 처리됩니다.

5) 비트 연산자

- 비트 연산자는 0과 1의 각 자리에 대한 연산을 수행하며, 0 또는 1의 결과값을 가진다.
- 보통 우리가 쓰는 단위를 10진수라고 표현하며, 컴퓨터의 언어를 이진수(비트)로 표현한다.
- **예**

$1_{(10)} \quad \longrightarrow 0000\ 0001_{(2)}$

$2_{(10)} \quad \longrightarrow 0000\ 0010_{(2)}$

$3_{(10)} \quad \longrightarrow 0000\ 0011_{(2)}$

$10_{(10)} \quad \longrightarrow 0000\ 1010_{(2)}$

& (and)	두 값을 비트로 연산하여 모두 참이면 참(True)을 반환하고, 그렇지 않으면 거짓(False)을 반환한다.
| (or)	두 값을 비트로 연산하여 하나라도 참이면 참(True)을 반환하고, 그렇지 않으면 거짓(False)을 반환한다.
^ (xor)	두 값을 비트로 연산하여 서로 다르면 참(True)을 반환하고, 그렇지 않으면 거짓(False)을 반환한다.

▶ 예제

다음의 계산결과를 쓰시오.

```
#include <stdio.h>
int main(void){
    int num1, num2, result1, result2;
    num1 = 37;
    num2 = 13;
    result1 = num1 & num2;
    result2 = num1 | num2;
    printf("result1 = %d", result1);
    printf("result2 = %d", result2);
}
```

- 답 :

[정답]

result1 = 5 result2 = 45

[해설]

주어진 변수를 비트(2진수)로 변환하면

37 = 0 0 1 0 0 1 0 1

13 = 0 0 0 0 1 1 0 1

result1은 and 연산으로 모두 1일 때만 1이므로 result1 = 0 0 0 0 0 1 0 1

result2는 or 연산으로 하나라도 1이면 1이므로 result2 = 0 0 1 0 1 1 0 1

출력 시 주어진 두 수는 다시 10진수로 치환하여 출력된다.

6) 증감 연산자

- 피연산자를 1씩 증가시키거나 감소시킬 때 사용하는 연산자이다.
- 부호의 위치에 따라 전위 연산자와 후위 연산자로 구분한다.
    - 전위 연산자(++a / --a) : 피연산자 증감 후, 해당 라인 연산 수행

```
int a = 5; int b = 5;
printf("%d %d", ++a, --b)    // 결과 : 6 4
printf("%d %d", a, b)        // 결과 : 6 4
```

    - 후위 연산자(a++ / a--) : 해당 라인 연산 수행 후, 피연산자 증감

```
int a = 5; int b = 5;
printf("%d %d", a++, b--)    // 결과 : 5 5
printf("%d %d", a, b)        // 결과 : 6 4
```

▶ 예제

다음의 계산결과를 쓰시오

```
#include <stdio.h>
void main(){
    int x=7;
    int y=7;
    int result;
    result = ++x + y--;

    printf("결과 : %d %d %d", result, x, y);
}
```

- 답 :

[정답]

결과 : 15 8 6

[해설]

result = ++7 + 7--로 result 연산 시 전위 연산자 x는 증가 후 8이 되고, 후위 연산자 y는 7 연산 후 1이 감소한 6이 된다.

7) 복합 대입 연산자

• 산술 연산자와 대입 연산자(=)를 간결하게 사용하는 작업이다.

+=	a += 2 → a = a + 2
-=	a -= 2 → a = a - 2
*=	a *= 2 → a = a * 2
/=	a /= 2 → a = a / 2
%=	a %= 2 → a = a % 2

▶ 예제

다음의 계산결과를 쓰시오.

```
#include <stdio.h>
void main(){
int num = 13;
  num += 1;
  num -= 2;
  num *= 3;
  num /= 4;
  num %= 5;
printf("결과 : %d", num);
}
```

• 답 :

[정답]

결과 : 4

[해설]

num = 13

num = num + 1 → 14

num = num - 2 → 12

num = num * 3 → 36

num = num / 4 → 9

num = num % 5 → 4

num = 4

8) 삼항 연산자

• 조건에 부합할 경우, True와 False에 해당하는 값을 출력하는 연산자이다.

▶ 구문

```
조건 ? True : False
// ? = 조건과 결과 구분
// : = 참과 거짓 구분
```

▶ 예제

다음의 계산결과를 쓰시오.

```
#include <stdio.h>
int main() {
int a = 10; int b = 3;
char result;
result = a > b ? 'A' : 'B'
printf("result = %c", result);
```

• 답 :

[정답]

result = A

[해설]

10 〉3 ? 'A' : 'B'는 조건이 참이므로 result에 문자 'A'를 입력한다.

9) 진법 입력 및 출력 연산자

• 프로그래밍에서 기본적으로 10진법 형태의 숫자를 사용하지만 다른 진법으로 표현하면 다음과 같다.

구분	C언어	파이썬	JAVA
입력	2진법 = 0b 8진법 = 0 16진법 = 0x	2진법 = 0b 8진법 = 0o 16진법 = 0x	2진법 = Integer.valueOf(int, 2) 8진법 = Integer.valueOf(int, 8) 16진법 = Integer.valueOf(int, 16)
출력	10진법 = %d 8진법 = %o 16진법 = %x	2진법 = bin() 8진법 = oct() 16진법 = hex()	2진법 = Integer.toBinaryString(int) 8진법 = Integer.toOctalString(int) 16진법 = Integer.toHexString(int)

▶ 예제

다음의 계산결과를 쓰시오.

C언어	파이썬	JAVA

`#include <stdio.h>`
`int main(void) {`
`    int num= 0b11010;`
 	
`    printf("10진수 : %d\n", num);`
`    printf("8진수 : %o\n", num);`
`    printf("16진수 : %x\n", num);`
`}`
	`num = 30`
	`b = bin(num)`
	`o = oct(num)`
	`h = hex(num)`
	
	`print(b)`
	`print(o)`
	`print(h)`
		`public static void main (String[] args){`
		`    int i = 100;`
		`    String b = Integer.toBinaryString(i);`
		`    String o = Integer.toOctalString(i);`
		`    String h = Integer.toHexString(i);`
		
		`    System.out.println(b);`
		`    System.out.println(o);`
		`    System.out.println(h);`
		`}`

• 답 :

[정답]

10진수 : 26	0b11110	1100100
8진수 : 32	0o36	144
16진수 : 1A	0x1E	64

[해설]
• C언어 num의 2진수 26이 입력되어 출력 시 각각
  10진수 26, 8진수 32, 16진수 1A로 출력
• 파이썬 num = 30이 입력되어 출력 시 각각
  2진수 0b11110, 8진수 0o36, 16진수 0x1E 출력
• JAVA i = 100이 입력되어 출력 시 각각
  2진수 1100100, 8진수 144, 16진수 64 출력

04 명령문

• 프로그램을 구성하는 문장으로, 지시 사항을 처리하는 단위이다.
• 기본적인 문법들의 종류가 매우 많은 것은 아니며, 각 언어마다 유사한 문법 체계를 사용한다.

1) 조건문

조건문은 조건의 참, 거짓 여부에 따라 실행 경로를 달리하는 if문과 여러 경로 중에 하나를 선택하는 switch case문으로 구분한다.

① if, if-else문
- if문은 FORTRAN에서 처음 사용하였으며, 현재 대다수의 프로그래밍 언어에서 기본 명령문으로 사용한다.
- if문의 경우 단순 if문, 선택 if문, 중첩 if문의 유형으로 구분되는데 프로그래밍 언어마다 기본 형태는 다음과 같다.

C언어, JAVA	파이썬

``
if (조건){   // 중괄호의 경우 두 줄 이상 시에 작성한다.
    실행문;   // if 구문은 중괄호가 없을 시 하단 1줄까지 인식
}
else if(조건){
    실행문;
}
else{
    실행문;
}
``
	``
	if 조건:
	  명령;
	elif 조건:
	  명령;
	else:
	  명령;
	``

📘 기적의 TIP

C언어와 JAVA에서의 구조는 같고 파이썬에서 조금 차이를 보이게 되는데, 이때 파이썬에서 if 부분과 아래 부분에 들여쓰기가 없다면 오류가 발생합니다.

▶ 예제

다음의 계산결과를 쓰시오

```c
#include <stdio.h>
void main() {
    int num = 3;
    if(num >= 5)
        printf("Hello");
    else if(num >= 3)
        printf("Youngjin");
    else
        printf("Miracle");
    return 0;
}
```

- 답 :

[정답]
Youngjin

[해설]
num = 3으로 입력되어 if 구문 중 조건 num >= 3을 만족하여 Youngjin 출력

② switch case문

• if문은 산술 또는 논리적 비교가 가능하나 switch case문은 조건이 동일한지의 여부만 확인한다.

▶ 기본 형태

C언어, JAVA	파이썬

`switch(변수){`
    `case 값 :`
       `실행문;`
`default :`
       `실행문;`
`}`
	파이썬은 `switch case`문이 없음

🅱 기적의 TIP

• case 조건은 콜론(:)으로 구분하며, break로 처리를 종료합니다.
• break문이 없다면 조건이 만족하는 부분부터 switch문이 종료되는 곳까지 실행문이 모두 실행됩니다.
• default는 if문의 else와 같은 역할을 합니다.

▶ 예제1

다음의 계산결과를 쓰시오.

```c
#include <stdio.h>
int main(){
    int num;
    num = 1;

    switch(num){
        case 1:
            printf("%d\n", num + 2);
            break;
        case 2:
            printf("%d\n", num + 1);
            break;
        case 3:
            printf("%d\n", num + 3);
            break;
        default:
            printf("%d\n", num);
            break;
    }
}
```

• 답 :

[정답]

3

[해설]

num = 1이 입력되어 case 1로 구분되며 num + 2로 num은 3으로 출력 후 <u>아래 break문을 통해 switch문을 탈출하여</u> 해당 코드가 종료된다.

▶ 예제2

다음의 계산결과를 쓰시오.

```c
#include <stdio.h>
int main(){
    int num;
    num = 1;

    switch(num){
        case 1:
            printf("%d\n", num + 2);
        case 2:
            printf("%d\n", num + 1);
        case 3:
            printf("%d\n", num + 3);
        default:
            printf("%d\n", num);
    }
}
```

• 답 :

[정답]

3

2

4

1

[해설]

• num = 1이 입력되어 case 1로 구분되며 num + 2로 num은 3으로 연산된 후 출력된다.

• 이때 예제1과는 다르게 아래 break문이 없기 때문에 아래 case2 구문이 실행되어 num + 1, 즉 2가 출력된다.

• 마찬가지로 아래 구문인 case 3으로 이동하여 num + 3의 연산인 4가 출력된 후 default문인 num까지 출력되어 1이 출력된다.

• switch case 코드 문제에서는 break 유무로 연속적인 실행과 종료가 나누어진다.

2) 반복문(for)

• 반복문은 특정 부분을 조건이 만족할 때까지 실행하도록 하는 명령문으로 while문과 for문, do-while문이 있다.

• FORTRAN의 do문이 시초라고 볼 수 있으며, 최근에는 while문과 for문이 주로 사용된다.

for문	`for(기준값; 조건문; 증감문){`
	`    실행문;`
	`}`
		시작과 종료 조건을 지정하여 참인 동안에는 해당 문장을 반복해서 실행한다.

while문	`while(조건문){`
	`            실행문;`
	`}`
		수식이 거짓이 될 때까지 해당 문장을 반복해서 실행한다.

do-while문	`do{`
	`        실행문;`
	`}while(조건문);`
		while문과 동일하지만 조건이 부합하지 않더라도 한 번은 반복하게 된다.

▶ 예제

1부터 10까지의 합(sum)을 출력하시오.

		for	while	do − while
01		`#include <stdio.h>`	`#include <stdio.h>`	`#include <stdio.h>`
02		`int main(){`	`int main(){`	`int main(){`
03		`   int sum = 0, i;`	`   int sum = 0, i = 1;`	`   int sum = 0, i = 1;`
04				
05		`   for(i=1; i<=10; i++)`	`   while(i <= 10)`	`   do`
06		`   {`	`   {`	`   {`
07		`       sum += i;`	`       sum += i;`	`       sum += i;`
08		`   }`	`       i++;`	`       i++;`
09			`   }`	`   }while(i <= 10);`
10		`   printf("sum = %d",`	`   printf("sum = %d",`	`   printf("sum = %d",`
		`sum);`	`sum);`	`sum);`
11		`}`	`}`	`}`
결과		sum = 55	sum = 55	sum = 55

🅑 기적의 TIP

반복문에서 for문은 구문 안에 기준값이 있으므로 03 라인 초기값에 다른 수가 설정되어 있지 않아도 프로그램의 실행에 문제가 없지만 while문과 do−while문은 초기값(기준값)을 선언해 주는 것이 중요합니다. 또한 for문은 구문 안에 기준값과 조건 증감문이 있지만 while문과 do−while문은 조건문만 있어 기준값과 증감문을 따로 지정해 주는 것이 중요합니다.

3) 제어문

① break, continue

- 일반적으로 특정 조건에서 빠져 나가기 위해 조건문 구문과 같이 사용하거나, 반복문 내에서 반복된 흐름을 벗어나기 위해 사용한다.

break (멈추다)	해당 반복문을 멈추고, 탈출하는 데 사용합니다.
continue (계속하다)	반복문을 유지하면서, 다음 반복으로 건너뜁니다.

🅑 기적의 TIP

continue문에서 다음 반복으로 건너뛴다는 것은 아래 구문을 실행하지 않고 다시 위의 반복으로 돌아간다고 생각해도 됩니다.

▶ break와 continue의 차이

```
for(int i = 5; i >= 0; i--){
   if ( i % 2 == 0 )
      ① break;    ② continue;
    printf("%d", i);
  }
```

① break	• ①의 결과는 5 • if 조건을 만족했을 때 break문으로 해당 반복문을 탈출하여 반복문 종료 • i가 5일 때 i % 2 == 0 조건을 만족하지 않으므로 아래 printf문 출력 • i가 4일 때 i % 2 == 0 조건을 만족하므로 반복문 탈출
② continue	• ②의 결과는 531 • if 조건을 만족했을 때 continue는 아래 구문을 실행하지 않고 다음 반복문으로 건너뜀 • i가 5일 때 i % 2 == 0 조건을 만족하지 않으므로 아래 printf문 출력 • i가 4일 때 i % 2 == 0 조건을 만족하므로 continue문으로 다음 반복으로 건너뜀(이때 아래 구문을 실행하지 않고 for문으로 가게 되므로 출력 없음) • i가 3일 때 i % 2 == 0 조건을 만족하지 않으므로 아래 printf문 출력 • i가 2일 때 i % 2 == 0 조건을 만족하므로 다음 반복문으로 건너뜀 • i가 1일 때 i % 2 == 0 조건을 만족하지 않으므로 아래 printf문을 출력하고 반복문 종료

② 함수(JAVA : 메서드)

• 반복적인 코드의 사용을 방지하기 위하여, 하나의 항을 만들어서 필요할 때마다 해당 값을 호출하여 반환하는 역할을 수행한다.

구문	예시

자료형 함수명(매개변수)
{
    실행문;
    return 함수명;
 	
}
	```int function(int num1, int num2){ ②```
	``` printf("%d %d", num1, num2);```
	``` // 1 2 출력```
	``` return function(num1, num2);```
	``` // function 함수 재호출 ③```
	```}```
	```int main(){```
	``` function(1, 2); // function 함수 호출 ①```
	```}```

▶ 예시

예제1	예제2	해설

```#include <stdio.h>```
```int main(void) {```
```   int n = 10;```
```   n = num(n);```
```   printf("%d", n);```
```}```
```int num(int s)```
```{   s = s + 1;```
```   return s;```
```}```
	```#include <stdio.h>```
	```int main(void) {```
	``` int n = 10;```
	``` num(n);```
	``` printf("%d", n);```
	```}```
	```int num(int s)```
	```{ s = s + 1;```
	``` return s;```
	```}```
		두 함수에서 밑줄친 부분처럼 〈예제1〉에서는 함수 호출 후 저장되는 부분이 있지만 〈예제2〉는 저장되는 부분이 없기 때문에 〈예제1〉은 11, 〈예제2〉는 10이 출력된다.

05 사용자 정의 자료형

- C/C++, JAVA와 같은 프로그래밍 언어에서는 사용자가 직접 자료형을 만드는 것이 가능하다.
- 이렇게 직접 만드는 자료형을 사용자 정의 자료형이라고 하며, C++의 경우 열거체, 구조체, 공용체로 구분하여 사용자 정의 자료형의 작성이 가능하다.

1) 열거체

- 괄호 안에 연속적인 값이 들어가는 자료형이다.
- 특정 값을 넣어주지 않으면 1씩 늘어나기 때문에 상수 배열이라고도 한다.

구문	예시	해설

enum
{
    상수 멤버 1
    상수 멤버 2
    상수 멤버 3
};
	enum color {
	black,
	red,
	yellow=10,
	green};
		• 열거체에서 아무 값도 지정해 주지 않으면 초기값은 0이 되고 숫자를 지정하게 되면 그 숫자로 초기화 된다.
		• 지정한 다음부터는 별도로 지정해 주지 않아도 1씩 증가한다.
		• 따라서
		black = 0
		red = 1
		yellow = 10
		green = 11
		로 정의된다.

2) 구조체

- 괄호 안에 멤버 변수를 사용하는 자료형이다.
- 내부에 멤버 변수 자료형을 마음대로 선언할 수 있으며, 멤버 함수의 작성도 가능하다.

구문	예시	해설

struct 구조체이름
{
    자료형 변수명;
    자료형 변수명;
    ...
}
	struct Test
	{
	    int kor;
	    int eng;
	    int mat;
	};
	main()
	{
	    struct Test t1;
	    t1.kor = 90;
	    t1.eng = 80;
	    t1.mat = 100;
	}
		• 구조체 정의 후 메인문에서 구조체 변수를 다시 선언한다.
		• 구조체 변수는 점(.)으로 구조체 멤버에 접근하여 값을 할당한 후 출력한다.

3) 공용체

- 공용체는 구조체와 거의 유사하나 조금 더 범주가 크다고 볼 수 있다.
- 열거체나 구조체와 달리 공용체명을 작성하여야 하며, 구조체를 멤버로 사용할 수 있다.

구문	예시	해설

union 공용체명
{
    자료형 변수명 1
    자료형 변수명 2;
    자료형 변수명 3;
    ...
}
	union Test
	{
	    int kor;
	    int eng;
	    int mat;
	};
	
	main()
	{
	    union Test t1;
	    t1.kor = 90;
	    t1.eng = 80;
	    t1.mat = 100;
	}
		• 구조체와 문법은 거의 비슷하다.
		• 공용체는 구조체와 달리 메모리 공간을 공유하여 크기를 작게 사용하므로 임베디드나 통신 분야에서 많이 쓰인다.

4) 추상화와 상속

① 추상화

- 복잡한 문제의 본질을 이해하기 위해 세부 사항은 배제하고 중요한 부분을 중심으로 간략화 하는 기법이다.

▶ 추상화의 종류

기능 추상화	입력 자료를 출력 자료로 변환하는 과정을 추상화 하는 방법
자료 추상화	자료와 자료에 적용할 수 있는 오퍼레이션(Operation)을 함께 정의하는 방법
제어 추상화	외부 이벤트에 대한 반응을 추상화 하는 방법

② 상속

- 상위 수준 그룹의 모든 특성을 하위 수준 그룹이 이어받아 재사용 또는 확장하는 특성이다.
- 상속에는 단일 상속과 다중 상속이 있으며, 상위 수준의 그룹이 하나만 존재할 때 이를 단일 속성이라고 부른다.

③ 구체화

- 하위 수준 그룹이 상위 수준 그룹의 추상적인 부분을 구체화 시키는 것을 의미한다.

▶ 구체화의 예시

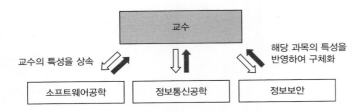

01 다음 C언어로 구현된 프로그램의 출력 결과를 쓰시오.

```
#include <stdio.h>
void main(){
    int x = 5, y = 5, a;
    a = --x + y++;
    printf("%d %d %d",a,x,y);
}
```

• 답 :

정답 9 4 6

해설
• a = --x + y++는 a = --5 + 5++로 치환된다.
• x는 전위 연산자로 1 감소한 4가 연산되고, y는 후위 연산자로 연산 후 1 증가하므로 a = 4 + 5++로 볼 수 있다.
• a에 9가 저장되고 후위 연산자인 y는 1 증가하여 6이 된다.
• 최종적으로 a = 9, x = 4, y = 6이 출력된다.

02 다음 C언어로 구현된 프로그램의 출력 결과를 쓰시오.

```
#include <stdio.h>
int main(void)
{
    int a, b, result1, result2;
    a = 12, b = 4;
    result1 = a&b;
    result2 = a|b;
    printf("%d\n", result1);
    printf("%d", result2);
}
```

• 답 :

정답 4
        12

해설
• a = 12는 2진수 1 1 0 0, b = 4는 2진수 0 1 0 0이다.
• &는 AND 연산으로 둘 다 1일 때에만 1값이 반환되어 result1에는 0 1 0 0, 즉 10진수 4가 된다.
• |는 OR 연산으로 둘 중 하나라도 1일 때 1값이 반환되어 result2에는 1 1 0 0, 즉 10진수 12가 된다.
• 출력 시 \n 강제 개행 기호가 있으므로 정답을 입력할 때 줄바꿈을 필수로 기입해야 한다.

03 다음 JAVA로 구현된 프로그램의 출력 결과를 쓰시오.

```
class function 1{
    public static void main (String[] args){
        int n = 5;
        System.out.println(fact(n));
    }
    public static int fact(int n){
        if ( n == 1 )
            return 1;
        return n * fact(n-1);
    }
}
```

• 답 :

정답 120

해설

• 재귀 함수란 함수 안에서 자기 자신을 다시 호출하여 해당 구문을 재수행하는 함수이다.

```
fact(int n) {
    n = 5;
    return n * fact(n-1);
                ▶5 * fact(5-1)
                    └▶4 * fact(4-1)
                        └▶3 * fact(3-1)
                            └▶2 * fact(2-1)
                                └▶1
}
```

• n = 5일 때 if(n==1) 조건을 만족하지 않아 return n * fact(n-1),
  즉 5 * fact(5-1)로 함수 재호출 fact(5-1) → fact(4)로 연산되고
• fact(4)로 n = 4일 때 if 조건을 만족하지 않아 return n * fact(n-1),
  즉 4 * fact(4-1)로 함수 재호출 fact(4-1) → fact(3)으로 연산되고
• fact(3)으로 n = 3일 때 if 조건을 만족하지 않아 return n * fact(n-1),
  즉 3 * fact(3-1)로 함수 재호출 fact(3-1) → fact(2)로 연산되고
• fact(2)로 n = 2일 때 if 조건을 만족하지 않아 return n * fact(n-1),
  즉 2 * fact(2-1)로 함수 재호출 fact(2-1) → fact(1)로 연산되고
• fact(1)로 n = 1일 때 if 조건을 만족하게 되어 return 값 1을 돌려주게 된다.

04 다음 C언어로 구현된 프로그램의 출력 결과를 쓰시오.

```c
#include <stdio.h>
int main(){
    int a, sum;
    a = sum = 0;
    while( a <= 10 ){
        a += 1;
        if(a%2 == 1)
            continue;
        sum += a;
    }
    printf("sum = %d", sum);
    return 0;
}
```

• 답 :

정답 sum = 30

해설

• while문의 조건은 a가 10보다 작거나 같으면 그동안 아래 구문을 반복한다.
• a += 1 → a = a + 1로 a++와 같이 1씩 증가한다.
• if 조건이 a % 2 == 1, 즉 a가 홀수일 때 아래 continue 구문을 실행하게 되는데 continue는 현재 구문을 건너뛰고 다음 반복문을 수행한다.
• 즉 a = 0일 때 a가 1 증가되어 1이 되고 if 조건문을 만족하여 continue문을 실행하므로 아래 구문을 실행하지 않고 반복문으로 돌아간다.
• 그래서 1 증가하여 a가 2가 되고 이때 if 조건을 만족하지 않아 아래 sum += a(sum = sum + a) 2가 sum에 누적된다.
• 다시 반복문으로 돌아가 a는 3이 되고 if 조건문을 만족하여 continue문을 실행하므로 다음으로 a가 4가 되고 if 조건문을 만족하지 않아 sum에 4가 누적된다.
• 이러한 방식으로 a가 증가되면 조건을 만족하는 홀수일 때는 continue로 누적되지 않고 짝수일 때만 누적되어 sum 변수에는 2, 4, 6, 8, 10이 저장된다.

05 다음 C언어로 구현된 프로그램의 출력 결과를 쓰시오.

```c
#include <stdio.h>
int main(void) {
    enum subject {kuk, mat=5, eng};
    int a, b;

    a = kuk;
    b = eng;
    printf("a = %d\n", a);
    printf("b = %d\n", b);

    return 0;
}
```

• 답 :

정답 a = 0
　　　 b = 6

해설
• 열거체는 기본적으로 상수로 선언되며 아무 기본값이 없다면 0으로, 그 전에 숫자가 선언되었다면 자동으로 1씩 증가되어 저장된다.
• kuk = 0, mat = 5, eng = 6

06 다음의 출력 결과를 작성하시오.

```c
#include <stdio.h>
void main(void) {
    int ary[5] = {47,95,64,21,66};
    int temp;
    for(int i = 0; i < 5; i++){
        for(int j = 0; j < i; j++){
            if(ary[i] < ary[j]){
                temp = ary[i];
                ary[i] = ary[j];
                ary[j] = temp;
            }
        }
        for(int x = 0; x < 5; x++){
            printf("%d ",ary[x]);
        }
        printf("\n");
    }
}
```

• 답 :

정답   47 95 64 21 66

      47 95 64 21 66

      47 64 95 21 66

      21 47 64 95 66

      21 47 64 66 95

해설
• 해당 코드는 선택 정렬의 형태로 출력되는 코드로, 디버깅을 연습하면서 순서대로 진행하는 부분을 작성할 수 있는지를 강조한 문제 형태이다.
• 처음 if문의 조건상 j가 0일 때 i도 0으로, j < i의 조건을 만족하지 않기 때문에 처음은 반복이 실행되지 않고 출력된다.
• 조건을 진행하며 i와 j의 값이 조건이 만족하였을 때 교환하는 형태를 띠게 된다.
• 대부분 문제에서는 마지막에 나오는 출력값을 정답으로 처리하지만 디버깅 확인용으로 제출한 문제로 중간 단계를 확인하며 시험 문제에 대비해보자.

07 다음의 출력 결과를 작성하시오.

```c
#include <stdio.h>
void main(void) {
    int ary[5] = {47,95,64,21,66};
    int temp;
    for(int i = 0; i < 5; i++){
        for(int j = 0; j < 5-i-1; j++){
            if(ary[j] < ary[j+1]){
                temp = ary[j];
                ary[j] = ary[j+1];
                ary[j+1] = temp;
            }
        }
        for(int x = 0; x < 5; x++){
            printf("%d ",ary[x]);
        }
        printf("\n");
    }
}
```

• 답 :

정답 95 64 47 66 21

　　 95 64 66 47 21

　　 95 66 64 47 21

　　 95 66 64 47 21

　　 95 66 64 47 21

해설
• 해당 코드는 버블 정렬의 코드로, 디버깅을 연습하면서 순서대로 진행하는 부분을 작성할 수 있는지를 강조한 문제 형태이다.
• if 안의 조건은 선택 정렬과 같은 조건이지만 디버깅 진행 시 파악할 수 있도록 순서대로 진행하며 교환되는 형태를 확인할 수 있다.
• 대부분 문제에서는 마지막에 나오는 출력값을 정답으로 처리하지만 디버깅 확인용으로 제출한 문제로 중간 단계를 확인하며 시험 문제에 대비해보자.

08 다음의 출력 결과를 작성하시오.

```java
public class Path {
    public static void main(String[] args) {
        int[] arr = {4, 6, 9, 1, 2};
        insertionSort(arr);
    }
    public static void insertionSort(int[] arr) {
        int n = arr.length;
        for (int i = 1; i < n; i++) {
            int key = arr[i];
            int j = i - 1;
            while (j >= 0 && arr[j] > key) {
                arr[j + 1] = arr[j];
                j--;
            }
            arr[j + 1] = key;
            for (int element : arr) {
                System.out.print(element + " ");
            }
            System.out.println();
        }
    }
}
```

• 답 :

정답 4 6 9 1 2

　　　 4 6 9 1 2

　　　 1 4 6 9 2

　　　 1 2 4 6 9

해설
• 위 코드는 JAVA를 활용한 삽입 정렬의 코드로, 디버깅을 연습하면서 순서대로 진행하는 부분을 작성할 수 있는지를 강조한 문제 형태이다.
• 기본 형태의 if가 아닌 while 안의 조건을 이용하여 조건을 만족할 때 값이 교환되는 형태를 확인할 수 있다.
• 대부분 문제에서는 마지막에 나오는 출력값을 정답으로 처리하지만 디버깅 확인용으로 제출한 문제로 중간 단계를 확인하며 시험 문제에 대비해보자.

▶ 합격 강의

01 프로그래밍 언어의 발전 과정

1960년대 이전	1960년대	1970년대	1980년대	1990년대 이후
ASSEMBLY (1950년대)	COBOL (1960년대)	PASCAL (1971년)	ADA (1983년)	RUBY (1993년)
FORTRAN (1950년대)	PL/I (1964년)	C (1972년)	C++ (1983년)	JAVA (1995년)
LISP (1959년)	BASIC (1964년)	SMALLTALK (1972년)	PYTHON (1986년)	JAVASCRIPT (1995년)
		PROLOG (1973년)	PROLOG (1989년)	C# (2000년)

02 프로그래밍 언어별 특성

① FORTRAN

• 1954년에 초기 버전이 개발된 언어이다.
• 시스템 의존적이고, 프로그램 작성을 위해서는 컴퓨터 시스템 관련 지식이 많이 필요하다.

② COBOL

• 1960년에 미국 국방성에 의해 개발되었다.
• 단순한 입출력 구현 시에도 많은 형식적인 문장이 필요하며, 비교적 프로그램 크기가 크고 구문이 복잡하다.
• 순차적 방식의 언어로, 웹 응용 프로그램과 쉽게 통합할 수 있다.
• 자료 구조의 선언 부분과 프로그램의 실행 부분을 분리하였다.
• FORTRAN과 마찬가지로 대문자로만 작성된다.

③ PASCAL

• 1971년 개발되어 1980년대 말까지 많이 쓰인 언어이다.
• 잘 짜인 구조와 간결성으로 인해 프로그래밍 언어로서 성공하였으나, 분리 컴파일과 문자열의 적절한 처리 등을 제공하지는 못하였다.
• 사용자 정의 추상화 기능은 제공하나 정보 은닉 기능이 없어 현대의 프로그래밍 기법을 적용하기에는 다소 부족하다는 단점이 있다.

④ C

- 1972년에 개발된 언어로, UNIX 운영체제 구현에 사용되는 언어이다.
- 범용 언어로 개발되었으나 문법의 간결성, 효율적 실행, 효과적인 포인터 타입 제공이라는 특징으로 인해 가장 많이 사용되는 시스템 프로그래밍 언어가 되었다.

⑤ C++

- C언어를 발전시킨 언어로 클래스, 상속 등을 제공하는 객체 지향 프로그래밍 언어이다.
- 대형 프로젝트 수행 시 모듈별 분리가 가능하여 개발과 유지 관리에 적합하다.

⑥ JAVA

- C++에 비해 단순하고 분산 환경 및 보안성을 지원한다.
- JAVA 언어는 컴파일을 거쳐야 하며, 컴파일을 통해 생성된 class 파일을 가상 머신을 통해 실행하여야 한다.

⑦ JAVASCRIPT

- 1995년에 개발된 객체 지향 스크립트 언어로 웹 페이지 동작을 구현할 수 있다.
- 빠른 시간에 코드를 완성할 수 있고 확장성이 좋으며 배우기 쉽다는 장점이 있으나, 보안이나 성능이 다른 언어에 비해 부족하다는 단점이 있다.

⑧ PERL

- 텍스트 처리에 주안점을 두고 개발된 인터프리터 언어로 CGI용으로도 많이 사용된다.
- 변수를 명시적으로 선언할 필요가 없다.

⑨ PYTHON

- 배우기 쉽고 이식성이 좋은 언어로 다양한 함수들도 많이 제공되어 스타트업과 글로벌 기업에서도 많이 사용한다.
- PERL 언어처럼 인터프리터 언어이면서 객체 지향 언어, 스크립트 언어이다.

⑩ C#

- 2000년에 .NET 환경에 맞춰 설계된 언어이다.
- C와 C++의 발전된 형태로, Visual Basic과 같이 사용자 인터페이스를 쉽게 만드는 컴포넌트 기능을 제공하기도 한다.
- .NET 환경에서 실행되기 때문에 .NET 환경이 설치되어야 하고, C# 컴파일러를 필요로 한다.

⑪ GOLANG

- 2009년 Google에서 만든 언어로 짧게 GO라고도 부른다.
- C언어와 직접적인 연관을 가지며, 내장 라이브러리가 많이 지원된다.
- 대체로 C언어의 문법과 유사하나 if, for, switch를 포함한 제어 구조를 가지며, 하드웨어 사양이 낮더라도 빠른 컴파일이 가능하다.

⑫ DART
- JAVASCRIPT와 JAVA의 영향을 받아 개발되었으며, 객체 지향적인 언어이다.
- 백그라운드에서 작동한다는 점에서 JAVASCRIPT와 차이를 가지고 있으며, JAVASCRIPT와 유사하나 단순화하였다.
- 별도의 라이브러리 설치 없이 HTML 페이지를 수정할 수 있다.

⑬ CEYLON
- JAVA에 기반을 둔 언어로 모듈성을 주요 특징으로 가진다.
- 코드를 패키지와 모듈로 정리하여 가상 머신에서 컴파일을 수행하며, CEYLON Herd라는 저장소에서 모듈을 발행한다.

03 프로그래밍 언어의 유형 분류

① 개발 편의성에 따른 분류
- 저급 언어 : 기계가 이해할 수 있도록 만들어진 언어이다. 추상화 수준이 낮고, 프로그램 작성이 어렵다. 기계어, 어셈블리어가 저급 언어에 속한다.
- 고급 언어 : 개발자가 소스코드를 작성할 때 쉽게 이해할 수 있도록 작성된 언어로 C, C++, JAVA 등이 고급 언어에 속한다.

② 실행 방식에 따른 분류
- 명령형 언어 : 컴퓨터에 저장된 명령어들이 순차적으로 실행되는 프로그래밍 방식으로 절차형 언어라고도 한다. FORTRAN, COBOL, PASCAL, C 등이 명령형 언어에 속한다.
- 함수형 언어 : 수학적 수식과 같은 함수들로 프로그램을 구성하여 호출하는 방식이다. LISP 등의 프로그래밍 언어가 함수형 언어에 속한다.
- 논리형 언어 : 규칙에 대한 활성화 조건이 만족되면 연관된 규칙이 실행되는 구조로, 추론과 관계 규칙에 의해 원하는 결과를 얻어내는 방식이다. PROLOG 등이 논리형 언어에 속한다.
- 객체 지향 언어 : 객체 간의 메시지 통신을 이용하여 프로그래밍 하는 방식이다. JAVA와 C++ 등이 객체 지향 언어에 속한다.

③ 구현 기법에 따른 분류
- 컴파일 방식의 언어 : 고급 언어를 기계어로 번역하는 방식의 언어를 의미하며, FORTRAN, PASCAL, C, C++ 등이 컴파일 방식의 언어에 속한다. 컴파일 방식은 실행에 필요한 정보가 컴파일 시간에 계산되어 실행 속도가 높다.
- 인터프리터 방식의 언어 : 고급 언어 명령문을 하나씩 번역하고 실행하는 방식의 언어를 의미하며, BASIC, PROLOG, LISP, SNOBOL 등이 인터프리터 방식의 언어에 속한다. 프로그램 실행 시에 계산된다는 특징이 있다.
- 혼합형 방식의 언어 : 고급 언어를 컴파일하여 중간 언어로 변환한 후 인터프리터에 의해 번역을 실행하는 방식의 언어를 의미하며, JAVA가 이에 속한다.

01 다음 중 1990년대 이후로 개발된 프로그래밍 언어가 아닌 것을 골라 쓰시오.

PYTHON, JAVA, C#, RUBY

• 답 :

정답 PYTHON

해설
90년대 이후에 개발된 프로그래밍 언어에는 RUBY, JAVA, JAVASCRIPT, C# 등이 있고, PYTHON은 1986년
에 개발되었다.

02 프로그래밍 언어 중 .NET 환경에서 실행되기 때문에 .NET 환경의 설치가 요구되는 언어는 무엇인지 쓰시오.

• 답 :

정답 C#

해설
마이크로소프트에서 개발한 객체 지향 프로그래밍 언어로, .NET 프레임워크의 한 부분으로 만들어졌으며 C++과
자바의 문법과 비슷한 문법을 가지고 있다.

03 프로그램 언어 중 수학적 수식과 같은 함수로 이루어진 대표적인 함수형 언어는 무엇인지 쓰시오.

• 답 :

정답 LISP

해설
LISP는 FORTRAN에 이어 두 번째로 오래된 고급 프로그래밍 언어로, 대표적인 함수형 언어이고 괄호를 사용하
는 독특한 문법으로 유명하다.

SECTION

03 라이브러리

출제빈도 상 (중) 하
반복학습 ① ② ③

빈출 태그 라이브러리, 모듈, 패키지

합격 강의

01 라이브러리의 개념

1) 라이브러리 정의

- 효율적인 프로그램 개발을 위해 필요한 프로그램을 모아 놓은 집합체로서, 필요할 때 찾아서 쓸 수 있도록 모듈화 되어 제공되는 프로그램을 말한다.
- 프로그래밍 언어에 일반적으로 도움말, 설치 파일, 샘플 코드 등을 제공한다.

🅱 기적의 TIP

- **도움말** : 라이브러리를 사용할 수 있도록 하는 도움말 문서이다.
- **설치 파일** : 라이브러리를 적용하기 위해 제공되는 설치 파일이다.
- **샘플 코드** : 라이브러리를 이해하고 손쉽게 적용하기 위해 제공되는 샘플 소스코드이다.

2) 라이브러리 종류

- 표준 라이브러리
  - 표준 라이브러리는 프로그래밍 언어가 기본적으로 가지고 있는 라이브러리를 의미한다.
  - 각 프로그래밍 언어의 표준 라이브러리는 여러 종류의 모듈과 패키지를 가진다.
  - 표준 라이브러리를 이용하면 별도의 파일 설치 없이 날짜와 시간 등의 기능을 이용할 수 있다.
- 외부 라이브러리
  - 외부 라이브러리는 표준 라이브러리와 달리 별도의 파일을 설치하여야 한다.
  - 누구나 개발하여 설치할 수 있으며, 인터넷 등을 이용하여 공유할 수도 있다.

3) 모듈과 패키지

- 라이브러리는 모듈과 패키지를 총칭한다.
- 개별 파일을 모듈이라고 하고, 모아놓은 폴더를 패키지라고 한다.

🅱 기적의 TIP

모듈과 패키지
- **모듈** : 특정 기능들(변수, 함수, 클래스 등)이 한 개의 파일에서 기능을 제공한다. 예 import(모듈명)
- **패키지** : 여러 개의 모듈을 한 개의 폴더에 묶어서 기능을 제공한다. 예 import(패키지명), (모듈명)

❷ 라이브러리의 활용(표준 C언어 라이브러리)

함수	헤더파일	설명	예
log	math.h	로그 계산	double log(double a);
log10	math.h	밑이 10인 로그 계산	double log10(double a);
pow	math.h	값 a의 b제곱 계산	double pow(double a, double b);
sqrt	math.h	제곱근 계산(루트)	double sqrt(double a);
tan	math.h	탄젠트 계산	double tan(double a);
abs	stdlib.h	정수 인수 n의 절대값 계산	int abs(int n);
atoi	stdlib.h	문자열을 정수로 변환	int atoi(char str);
malloc	stdlib.h	동적 메모리 할당	void *malloc(size_t size);
rand	stdlib.h	임의의 난수 생성	int rand(void);
strcat	string.h	string2를 string1에 연결	char *strcat(char *string1, const char *string2);
strcpy	string.h	string2를 string1에 복사	char *strcpy(char *string1, const char *string2);
strlen	string.h	string 문자열 길이 계산	size_t strlen(const char *string);

❸ 라이브러리의 활용(표준 JAVA 라이브러리)

함수	설명	예
random()	0.0 이상 1.0 미만의 범위에서 임의의 값을 생성하여 반환	Math.random() // 0.0 이상 1.0 미만 난수
abs	전달된 값이 양수이면 인수를 그대로 반환 전달된 값이 음수이면 그 값의 절댓값을 반환	Math.abs(10) // 10 Math.abs(−10) // 10
ceil	소수 부분을 무조건 올리고 반환	Math.ceil(10.1) // 11.0 Math.ceil(10.000000001) // 11.0
floor	소수 부분을 무조건 버리고 반환	Math.floor(10.1)); // 10.0 Math.floor(10.9)); // 10.0
round	소수점 첫째 자리에서 반올림한 정수 반환	Math.round(10.4) // 10 Math.round(10.9) // 11
rint	값과 가장 가까운 정수값 반환	Math.rint(100.67) // 101 Math.rint(10.3) // 10
max	전달된 두 값을 비교하여 큰 값 반환	Math.max(14, 11) // 14
min	전달된 두 값을 비교하여 작은 값 반환	Math.min(14, 11); // 11
pow	두 개의 값을 가지고 제곱 연산을 수행하여 반환	Math.pow(5, 2) // 25
sqrt	값의 제곱근 반환	Math.sqrt(25) // 5

01 다음은 C언어로 구현된 1~10까지의 난수를 구하는 프로그램이다. 빈칸에 알맞은 라이브러리 함수를 입력하시오.

```
#include <stdio.h>
#include <stdlib.h>
int main(){
  printf("%d\n", (1 + (   ①   ) % 10));
}
```

• 답 :

정답   rand 또는 rand()

해설

rand() 함수는 0~32767 사이의 수를 무작위로 생성하는데, 1~10까지의 수를 구해야 하므로 %10을 하여 0~9 까지의 숫자로 범위를 고정한다.

02 다음 JAVA로 구현된 프로그램을 분석하여 그 실행 결과를 작성하시오.

```
class path{
    public static void main(String[] args)
    {
        System.out.printf("%d",(int)Math.sqrt(25) + (int)Math.log(10));
    }
}
```

• 답 :

정답 7

해설
• sqrt 함수 : 해당 숫자의 제곱근을 구하기 위한 함수 // sqrt(25) = 5
• log 함수 : 수학의 자연로그 함수 // log(10) = 2
• 자바에서 log는 자연로그값을 구하는 메소드이다. 10에 대한 자연로그값은 2.302585092994046이므로, 이 값을 정수형으로 변환하였기 때문에 2가 된다. log( )는 자연로그, log10( )은 상용로그를 의미한다.

03 다음의 출력 결과를 작성하시오.

```
public class test {
    public static void main(String[] args) {
        double a = 6.454;
        double b = 8.111;

        System.out.println(Math.ceil(a+b));
        System.out.println(Math.floor(a+b));
    }
}
```

• 답 :

정답 15.0

   14.0

해설
• ceil은 올림 메소드로, 연산된 소수점 단위에 있는 부분에서 숫자가 0이 아닐 때 올림으로 처리하여 연산된다.
• floor은 버림 메소드로, 연산된 소수점 단위에 있는 부분에서 숫자들을 전부 버림으로 처리하여 연산된다.

애플리케이션
테스트 수행

2과목 소개

요구사항대로 응용 소프트웨어가 구현되었는지를 검증하기 위해서
분석된 테스트 케이스에 따라 테스트를 수행하고 결함을 조치할 수 있다.

CHAPTER 01

애플리케이션
테스트 수행

1. 애플리케이션 테스트 계획에 따라 서버 모듈, 화면 모듈, 데이터 입출력, 인터페이스
   등 기능 단위가 요구사항을 충족하는지에 대한 테스트를 수행할 수 있다.

SECTION 01	상	40%
SECTION 02	상	40%
SECTION 03	중	10%
SECTION 04	중	10%

▶ 합격 강의

출제빈도 (상) 중 하
반복학습 1 2 3

빈출 태그 테스트, V모델, 결함, 파레토 법칙, 살충제 패러독스

01 테스트의 개념

1) 개요

- 테스트란, 개발된 응용 애플리케이션이나 시스템의 사용자가 요구하는 기능과 성능, 사용성, 안전성 등을 확인하고 노출되지 않은 숨어있는 결함을 찾아내는 활동이다.
- 테스트 과정에 필요한 역할은 소프트웨어 아키텍트와 테스트 매니저이다.
  - 그림과 같이 두 역할은 소프트웨어 생명 주기(Life Cycle)의 V 모델에서 각각 좌측과 우측의 핵심 역할을 담당하고 서로 보완 관계에 있다.
  - 소프트웨어 생명 주기는 요구사항, 분석, 디자인, 구현 또는 개발 순으로 진행되며, 프로젝트의 특성과 방법론에 따라 반복적으로 수행되기도 한다.
  - 테스트는 단위 테스트, 통합 테스트, 시스템 테스트, 인수 테스트의 순으로 진행된다.

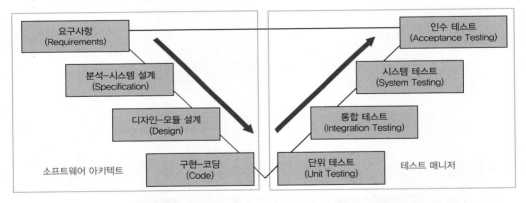

🅱 기적의 TIP

소프트웨어 아키텍쳐
- 소프트웨어의 골격이 되는 기본 구조
- 구성요소(Component) 간의 관계를 표현하는 시스템 구조 또는 구조체

2) 테스트의 7가지 원칙

① 테스트는 계획 단계부터 한다.

- 테스트 활동은 소프트웨어 개발 주기에서 가능한 초기부터 시작해야 한다.

② 테스트는 결함을 밝히는 활동이다.

- 테스트의 목적은 결함의 제거가 아닌, 결함의 발견이다.
- 테스트는 결함이 있다는 것을 보여줄 수 있지만, 결함이 없다는 것을 증명할 수는 없다.

③ 완전한 테스트는 불가능하다.

- 모든 것(입력값, 경로, 타이밍)에 대한 테스팅은 자원의 한계로 불가능하다.

④ 테스트는 상황에 따라 다르다.

- 애플리케이션 테스트에서도 동일한 테스트에 대한 비정상적인 결함 검수가 이루어질 수 있으므로, 이러한 현상을 방지하기 위해서는 다양한 방법으로 테스트하는 것이 필요하다.

⑤ 결함 집중을 고려한다.

- 대부분 결함은 소수의 특정 모듈에 집중되어 발생하는 경향을 보인다.
- 결함의 80%는 20% 코드에 집중되어 있다. 즉, 결함이 높은 곳에 자원이 집중되어 있다(파레토 법칙).

⑥ 살충제 패러독스를 고려한다.

- 동일한 테스트 케이스에 의한 반복적 테스트로 새로운 버그를 찾지 못하는 내성 현상을 의미한다.

⑦ 오류 부재의 궤변을 고려한다.

- 개발한 제품이 사용자의 필요와 기대에 부응하지 못하고 쓸모가 없다면 결함을 찾는 활동은 의미가 없다.
- 개발한 제품은 요구 사항과 일치하고 사용에 적합해야 한다.

01 소프트웨어의 구조 또는 소프트웨어의 설계와 구성요소들 사이에서 유기적으로 관계를 표현하는 용어를 무엇이라 하는지 쓰시오.

• 답 :

정답 소프트웨어 아키텍처

해설

소프트웨어 아키텍처란, 소프트웨어를 구성하는 컴포넌트와 컴포넌트의 관계를 추상적인 수준에서 정의하여 시스템 설계와 개발 시 적용되는 원칙과 지침을 제공하는 시스템 구조이다.

02 다음 보기 중 테스트의 7가지 원칙으로 올바르지 않은 것을 고르시오.

ㄱ. 초기 테스트
ㄴ. 완전한 테스트는 불가능하다.
ㄷ. 살충제 패러독스
ㄹ. 테스트는 결함을 제거하기 위해 존재한다.

• 답 :

정답 ㄹ

해설

〈테스트의 7가지 원칙〉
• 테스트는 계획 단계부터 한다.
• 테스트는 결함을 밝히는 활동이다.
• 완전한 테스트는 불가능하다.
• 테스트는 상황에 따라 다르다.
• 결함 집중을 고려한다.
• 살충제 패러독스를 고려한다.
• 오류 부재의 궤변을 고려한다.

프로젝트 수행 단계에 따른 테스트의 분류

▶ 합격 강의

01 단위 테스트

- 작은 소프트웨어 단위(컴포넌트 또는 모듈)를 테스트하는 것으로, 일반적으로 개발자 자신에 의해 진행된다.
- 과거에는 시간 부족을 이유로 단위 테스트가 생략되었으나 최근에는 개발 도구의 발전으로 개발 과정 중에 자동으로 진행된다.
- 단위 테스트는 아주 중요한 부분이므로 개발 도구에서 지원하지 않아도 반드시 수행해야 한다.
- 구조적 테스트, 기능성 테스트, 리소스 관련 테스트, 강건성 테스트 등 특정 비기능성 테스트 등이 포함되어 수행된다.
- 컴포넌트 명세, 소프트웨어 상세 설계, 데이터 모델 명세 등을 이용하여 테스트한다.

▶ 방법

테스트 방법	설명	테스트 목적
구조 기반	• 업무 단위별 제어 흐름과 조건 결정에 따른 결과를 테스트하는 데 목적이 있다. • 프로그램 내부 구조 및 복잡도를 검증하는 화이트박스(White box) 테스트가 속한다.	제어 흐름, 조건 결정
명세 기반	• 동등 분할과 경계값 분석을 위하여 사용자의 입력, 출력, 내부 이벤트 등을 확인하는 데 목적이 있다. • 목적 및 실행 코드 기반의 실행을 통한 블랙박스(Black box) 테스트가 속한다.	동등 분할, 경계값 분석

🅑 기적의 TIP

화이트박스 테스트와 블랙박스 테스트

화이트박스 테스트	• 개발자 관점 구조와 동작 기반의 테스트 • **종류** : 기초 경로 테스트, 제어 흐름 테스트, 조건 테스트, 루프 테스트, 데이터 흐름 테스트, 분기 테스트
블랙박스 테스트	• 사용자 관점, 명세(요구사항과 결과물의 일치) 기반의 테스트 • **종류** : 균등 분할(동치분해), 한계값(경계값) 테스트, 원인 효과 그래프 테스트, 비교 테스트

02 통합 테스트

- 모듈 사이의 인터페이스, 통합된 컴포넌트 간의 상호작용을 테스트한다.
- 하나의 프로세스가 완성된 경우 부분적으로 통합 테스트를 수행하는 경우도 있다.
- 일반적으로 빅뱅 방식보다는 순차적(Incremental) 형태와 아키텍처에 대한 이해를 바탕으로 진행된다.
- 빅뱅, 상향식, 하향식, 샌드위치, Central, Collaboration, 레이어 통합 등의 테스트가 있다.

구분	빅뱅(Big Bang)	상향식(Bottom Up)	하향식(Top Down)
수행 방법	모든 모듈을 동시 통합 후 수행	최하위 모듈부터 점진적으로 상위 모듈과 함께 수행	최상위 모듈부터 하위 모듈들을 통합하며 수행
더미 모듈	×	드라이버 필요	스텁 필요
장점	• 단시간 테스트 가능 • 작은 시스템에 유리	• 장애 위치 파악 쉬움 • 모듈 개발 시간 낭비가 없음	• 장애 위치 파악 쉬움 • 이른 프로토타입 가능 • 중요 모듈의 선 테스트 가능 • 결함 조기 발견 가능
단점	• 장애 위치 파악 어려움 • 모든 모듈 개발	• 이른 프로토타입 어려움 • 중요 모듈이 마지막으로 테스트될 가능성 높음	• 많은 스텁이 필요 • 하위 모듈들의 불충분한 테스트 수행

기적의 TIP

- **드라이버** : 상향식 테스트 방식의 존재하지 않는 상위 모듈 간의 인터페이스 역할
- **스텁** : 하향식 테스트 방식의 작성이 쉬운 시험용 모듈

03 시스템 테스트

- 통합된 단위 시스템의 기능이 시스템에서 정상적으로 수행되는지를 테스트하는 것으로, 성능 및 장애 테스트가 여기에 포함된다.
- 시스템 테스트는 개발 프로젝트 차원에서 정의된 전체 시스템의 동작과 관련된다.
- 환경 제한적 장애 관련 리스크를 최소화하기 위하여 실제의 최종 사용자 환경과 유사하게 시스템 성능, 관련된 고객의 기능/비기능적인 요구사항 등이 완벽하게 수행되는지를 테스트한다.
- 요구사항 명세서, 비즈니스 절차, 유스케이스, 리스크 분석 결과 등을 이용한다.

> **🅱 기적의 TIP**
>
> **유스케이스**
> - 시스템의 동작을 사용자의 입장에서 표현한 시나리오
> - 시스템에 관련한 요구사항을 알아내는 과정

- 업무 기반의 기능적 요구사항과 시스템적인 비기능적 요구사항으로 나누어진다.

기능적 요구사항	요구사항 명세서, 비즈니스 절차, 유스케이스 등 명세서 기반의 블랙박스 테스트
비기능적 요구사항	성능 테스트, 회복 테스트, 보안 테스트, 내부 시스템의 메뉴 구조 웹 페이지의 네비게이션 등의 구조적 요소에 대한 화이트박스 테스트

04 인수 테스트

- 일반적으로 최종 사용자와 업무에 따른 이해관계자 등이 테스트를 수행함으로써 개발된 제품에 대해 운영 여부를 결정하는 테스트로, 실제 업무 적용 전에 수행한다.
- 시스템의 일부 또는 특정한 비기능적인 특성을 확인한다.

▶ 방법

사용자 인수 테스트	비즈니스 사용자가 시스템 사용의 적절성 여부 확인
운영상의 인수 테스트	시스템 관리자가 시스템 인수 시 수행하는 테스트 활동으로 백업/복원 시스템, 재난 복구, 사용자 관리, 정기 점검 등을 확인
계약 인수 테스트	계약상의 인수/검수 조건을 준수하는지 확인
규정 인수 테스트	정부 지침, 법규, 규정 등 규정에 맞게 개발하였는지 확인
알파 테스트	개발하는 조직 내 잠재 고객에 의해 테스트 수행
베타 테스트	실제 환경에서 고객에 의해 테스트 수행

01 모듈 사이의 인터페이스, 통합된 컴포넌트 간의 상호작용을 테스트하는 것으로, 하나의 프로세스가 완성된 경우 부분적으로 통합 테스트를 수행하는 테스트를 의미한다. 테스트 방식으로는 상향식, 하향식, 빅뱅 등이 있는 테스트 방식을 무엇이라고 하는지 쓰시오.

• 답 :

정답 ▍ 통합 테스트

02 일반적으로 최종 테스트를 수행함으로써 개발된 제품에 대해 운영 여부를 결정하는 테스트를 무엇이라고 하는지 쓰시오.

• 답 :

정답 ▍ 인수 테스트

해설

운영 여부를 결정하기 전 최종 사용자와 업무에 따른 이해관계자 등이 테스트를 수행하는 테스트이며, 시스템의 일부 또는 특정한 비기능적인 특성까지도 확인한다.

테스트 케이스와 테스트 오라클

▶ 합격 강의

출제빈도 상 ⓒ 하
반복학습 ① ② ③

빈출 태그 테스트 케이스, 테스트 오라클

01 테스트 케이스

- 명세 기반 테스트의 설계 산출물이다.
- 특정한 프로그램의 일부분 또는 경로에 따라 수행하거나, 특정한 요구사항을 준수하는지 확인하기 위해 설계된 입력값, 실행 조건, 기대 결과로 구성된 테스트 항목의 명세서를 말한다.
- 미리 설계하여 오류를 방지할 수 있고 테스트 수행에 필요한 인력, 시간 등의 낭비를 축소할 수 있다.

▶ 테스트 케이스 작성 절차

```
계획 검토 및 참조 문서 수집
        ⬇
내부 검토 및 우선순위 결정
        ⬇
요구사항 정의
        ⬇
테스트 설계와 방법 결정
        ⬇
테스트 케이스 정의
        ⬇
테스트 케이스 타당성 확인 및 유지보수
        ⬇
테스트 수행
```

02 테스트 오라클

- 테스트의 결과가 참인지 거짓인지를 판단하기 위해서 사전에 정의된 참 값을 입력하여 비교하는 기법 및 활동을 말한다.

▶ 테스트 오라클 유형

참 오라클	모든 입력값의 기대 결과를 생성해서 발생된 오류를 모두 검출
샘플링 오라클	특정한 입력값들에 대해서만 기대하는 결과 제공
휴리스틱(추정) 오라클	샘플링 오라클을 개선한 오라클이며, 특정 입력값에 대해 올바른 결과를 제공하고 나머지 값들에 대해서는 휴리스틱(추정)으로 처리
일관성 검사 오라클	애플리케이션 변경이 있을 때, 수행 전과 후의 결과값이 동일한지 확인

합격을 다지는 / 예상문제

01 다음 보기에서 설명하는 용어를 작성하시오.

> 특정 프로그램 경로를 실행하거나 검증하는 것과 같이 목표를 달성하기 위한 테스트를 정의하는 항목에 대한 명세 기반 테스트의 산출물이다.

- 답 :

정답 테스트 케이스

해설
- 특정한 프로그램의 일부분에 대한 수행이나 특정 요구사항을 확인하기 위해 입력값, 실행 조건, 기대 결과로 구성된 테스트 항목의 명세서를 의미한다.
- 미리 설계하며 오류를 방지할 수 있고 테스트 수행에 필요한 인력, 시간 등의 낭비를 줄일 수 있다.

02 다음 빈칸에 들어가는 테스트 케이스의 작성 절차를 작성하시오.

계획 검토 및 참조 문서 수집
내부 검토 및 우선순위 결정
( )
테스트 설계와 방법 결정
테스트 케이스 정의
테스트 케이스 타당성 확인 및 유지보수
테스트 수행

• 답 :

정답 요구사항 정의

해설

테스트 케이스의 작성 절차 : 계획 검토 및 참조 문서 수집 → 내부 검토 및 우선순위 결정 → 요구사항 정의 → 테스트 설계와 방법 결정 → 테스트 케이스 정의 → 테스트 케이스 타당성 확인 및 유지보수 → 테스트 수행

03 다음 설명하는 테스트 오라클의 유형을 작성하시오.

> 특정한 입력값들에 대해서만 기대하는 결과를 제공하는 샘플링 오라클을 개선한 오라클이며, 특정 입력값에 대해 올바른 결과를 제공하고 나머지는 기대값으로 처리한다.

• 답 :

정답 휴리스틱(추정) 오라클

해설

• 샘플링 오라클 : 특정한 입력값들에 대해서만 기대하는 결과를 제공한다.
• 휴리스틱(추정) 오라클 : 샘플링 오라클을 개선하여 입력값에 대해서는 올바른 결과를 제공하고, 나머지는 휴리스틱(추정)으로 처리하는 오라클이다.

SECTION

04

테스트 자동화

출제빈도 상 (중) 하
반복학습 ① ② ③

▶합격 강의

빈출 태그 | 테스트 자동화, 휴먼에러, 테스트 케이스, 형상 관리

01 배경

- 소프트웨어 테스트는 소프트웨어 개발에 소요되는 총 시간과 비용의 절반 이상을 차지할 정도로 많은 자원이 투입되는 프로세스이다. 따라서 테스트의 정확성을 유지하면서 시간과 비용을 줄일 수 있는 자동화 도구가 매우 중요하게 되었다.

02 테스트 자동화

1) 테스트 자동화의 개념

- 테스트 자동화란, 사람이 하던 반복적 테스트 절차를 자동화 도구를 활용하여 테스트하는 것이다.
- 준비, 구현, 수행, 분석 등을 스크립트 형태로 구현함으로써 테스트 시간과 인력 투입의 부담을 최소화할 수 있고, 휴먼에러(Human Error)를 줄일 수 있다.
- 운영 중인 시스템의 모니터링 또는 UI가 없는 서비스의 경우에도 정밀한 테스트가 가능하다.

> **기적의 TIP**
>
> 휴먼에러(Human Error)란, 인간의 실수로 발생하는 에러를 의미한다.

2) 테스트 도구의 장점

- 테스트 데이터의 재입력과 재구성 같은 반복 작업의 자동화를 통하여 테스트 인력과 시간을 최소화한다.
- 향상된 요구사항 정의, 성능 및 스트레스 테스트, 품질 측정을 최적화 한다.
- 빌드 확인, 회귀, 다중 플랫폼 호환성, 소프트웨어 구성, 기본 테스트 등의 향상된 테스트 품질을 보장한다.

3) 테스트 도구의 단점

- 도입 후 테스트 도구 전문가 양성 또는 고용이 필요하다.
- 초기에 프로세스 적용에 대한 시간, 비용, 노력에 대한 추가 투자가 필요하다.
- 비공개 상용 소프트웨어의 경우, 고가이며 인력과 교육에 대한 유지관리 비용이 높다.

4) 테스트 자동화 수행 시 고려사항

- 테스트 절차를 고려하여 재사용 및 측정이 불가능한 테스트 프로그램은 제외해야 한다.
- 설계 기준을 고려하여 반복적인 빌드에서 스크립트 재사용성이 가능해야 한다.
- 도구의 한계성으로 모든 수동 테스트 과정을 자동화 할 수 있는 도구는 없으므로, 용도에 맞는 적절한 도구 사용이 필요하다.
- 도구 환경 설정과 도구 습득 기간을 고려하여 프로젝트의 지연을 방지해야 한다.
- 테스트 엔지니어의 늦은 투입은 프로젝트의 이해 부족으로 불완전한 테스트를 초래할 수 있기 때문에, 프로젝트 초기에 적절한 투입 시기와 계획을 수립해야 한다.

03 테스트 도구의 평가 방법 및 요소

테스트 활동	테스트 도구	내용
테스트 계획	요구사항 관리	고객 요구사항 정의 및 변경 사항 관리
테스트 분석/설계	테스트 케이스 생성	테스트 기법에 따른 테스트 데이터 및 케이스 작성
	커버리지 분석	대상 시스템에 대한 테스트 완료 범위의 척도
테스트 수행	테스트 자동화	기능 테스트 등 테스트 도구를 활용하여 자동화를 통한 테스트의 효율성 제고
	정적 분석	코딩 표준, 런타임 오류 등을 검증
	동적 분석	대상 시스템 시뮬레이션을 통한 오류 검출
	성능 테스트	가상 사용자를 인위적으로 생성하여 시스템 처리 능력 측정
	모니터링	시스템 자원(CPU, Memory 등)의 상태 확인 및 분석 지원 도구
테스트 통제	형상 관리	테스트 수행에 필요한 다양한 도구 및 데이터 관리
	테스트 관리	전반적인 테스트 계획 및 활동에 대한 관리
	결함 추적/관리	테스트에서 발생한 결함 관리 및 협업 지원

01 다음 보기에서 나타내는 용어를 작성하시오.

인간이 일으키는 사고로 정의할 수 있으며, 테스트 자동화를 통하여 이 오류 및 테스트 시간과 인력 투입의 부담감을 줄일 수 있고 보다 정밀한 테스트가 가능하다.

• 답 :

정답 휴먼에러(Human Error)

02 다음 중 테스트 자동화 수행 시의 고려사항으로 올바르지 않은 것을 모두 골라 쓰시오.

ㄱ. 불완전한 테스트를 초래할 수 있기 때문에, 프로젝트 초기에 적절한 투입 시기와 계획을 수립해야 한다.
ㄴ. 도구의 한계성으로 인해 용도에 맞는 적절한 도구를 사용하여야 한다.
ㄷ. 테스트 절차를 고려하여 재사용 및 불가능한 테스트 프로그램도 포함하여야 한다.
ㄹ. 설계 기준을 고려하여 반복적인 빌드에서 스크립트 재사용성이 가능해야 한다.

• 답 :

정답 ㄷ

해설
테스트 절차를 고려하여 재사용 및 불가능한 테스트 프로그램을 제외해야 한다.

CHAPTER 02

애플리케이션 결함 조치

학습 방향

1. 애플리케이션 테스트 수행으로 발견된 결함을 유형별로 기록하고 원인을 분석하여 개선 방안을 도출할 수 있다.
2. 애플리케이션 테스트 수행 결과에서 발견된 결함을 식별하고 조치에 대한 우선순위를 결정하여 적용할 수 있다.
3. 결함이 발생한 소스를 분석하고 기존에 구현된 로직과의 연관성을 고려하여 부작용이 최소화 되도록 결함을 제거할 수 있다.

출제빈도

SECTION 01	상	45%
SECTION 02	상	45%
SECTION 03	상	10%

결함 관리

▶ 합격 강의

빈출 태그 결함, 결함 프로세스, 결함 분류, 결함 심각도

01 결함의 정의

- 결함은 프로그램과 명세서 간의 차이, 업무 내용의 불일치이다.
- 결함은 기대 결과와 실제 관찰 결과 간의 차이이다.
- 사용자가 기대하는 타당한 기대치를 시스템이 만족시키지 못할 때 변경이 필요한 모든 것을 결함이라고 한다.

02 결함 관리 프로세스

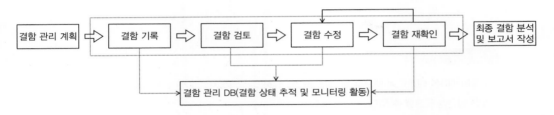

① **결함 관리 계획** : 전체 프로세스에서 결함 관리에 대한 일정, 인력, 업무 프로세스를 확보하여 계획을 수립한다.
② **결함 기록** : 테스터는 발견된 결함에 대한 정보를 결함 관리 DB에 기록한다.
③ **결함 검토** : 등록된 결함에 있어서 주요 내용을 검토하고, 결함을 수정할 개발자에게 전달한다.
④ **결함 수정** : 개발자는 할당된 결함의 프로그램을 수정한다.
⑤ **결함 재확인** : 테스터는 개발자가 수정한 내용을 확인하고 다시 테스트를 수행한다.
⑥ **결함 상태 추적 및 모니터링 활동** : 결함 관리 팀장은 결함 관리 데이터베이스를 이용하여 대시보드 또는 게시판 형태의 서비스를 제공한다.
⑦ **최종 결함 분석 및 보고서 작성** : 발견된 결함에 대한 내용과 이해관계자들의 의견이 반영된 보고서를 작성하고 결함 관리를 종료한다.

03 결함의 상태 및 추적

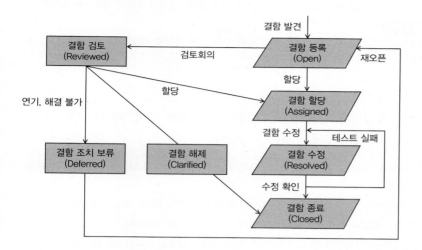

① **결함 등록(Open)** : 테스터와 품질 관리(QA) 담당자에 의해 결함이 처음 발견되어 등록되었지만, 아직 분석이 되지 않은 상태이다.

② **결함 검토(Reviewed)** : 등록된 결함을 담당 모듈 개발자, 테스터, 프로그램 리더, 품질 관리(QA) 담당자와 검토하는 상태이다.

③ **결함 할당(Assigned)** : 결함의 영향 분석 및 수정을 위해 개발자와 문제 해결 담당자에게 할당된 상태이다.

④ **결함 수정(Resolved)** : 개발자에 의해 결함이 수정 완료된 상태이다.

⑤ **결함 조치 보류(Deferred)** : 수정이 필요한 결함이지만 현재 수정이 불가능해서 연기된 상태이며 우선순위, 일정 등을 고려하여 재오픈을 준비하는 상태이다.

⑥ **결함 종료(Closed)** : 발견된 결함이 해결되고 테스터와 품질 관리(QA) 담당자에 의해 종료 승인을 한 상태이다.

⑦ **결함 해제(Clarified)** : 테스터, 프로그램 리더, 품질 관리(QA) 담당자가 결함을 검토한 결과, 결함이 아니라고 판명된 경우이다.

04 결함 분류

- 결함은 여러 가지 유형으로 나뉘며, 결함을 분석하는 단계에서 이러한 유형을 나누어야 한다.
- 결함은 시스템 결함, 기능 결함, GUI(Graphical User Interface) 결함, 문서 결함 등 크게 4가지 유형으로 분류된다.

1) 시스템 결함

- 비정상적인 종료/중단, 응답 시간 지연, 데이터베이스 에러 등 주로 애플리케이션 환경과 데이터베이스 처리에서 발생하는 결함을 말한다.

비정상적인 종료/중단	특정 기능 실행 시 응용 프로그램의 작동 정지, 종료, 시스템 다운이 되는 경우이다.
응답 시간 지연	응용 프로그램 작동 후 조회 또는 보고서 출력 시 지연되는 경우와 메모리 부족, 하드웨어와 소프트웨어의 비일관성으로 발생되는 경우이다.
데이터베이스 에러	응용 프로그램 작동 후 사용자 데이터의 등록, 수정, 삭제, 조회가 정상적으로 작동하지 않는 경우이다.

2) 기능 결함

- 사용자의 요구사항 미반영/불일치, 부정확한 비즈니스 프로세스, 스크립트 에러, 타 시스템 연동 시 오류 등 기획, 설계, 업무 시나리오 단계에서 발생된 결함을 말한다.

요구사항 미반영/불일치	요구사항에 명시된 기능이 응용 프로그램에 구현되지 않은 경우와 다르게 구현되어 작동하는 경우이다.
부정확한 비즈니스 프로세스	기능 자체는 수행되나 내부 프로세스 로직의 문제로 부정확한 결과를 내는 경우이다.
스크립트 에러	특정 기능 실행 시 웹 브라우저에서 스크립트 오류가 발생하는 경우이다.
타 시스템 연동 시 오류	기존 시스템과의 연동을 통해 데이터를 주고받는 과정에서 오류가 발생하는 경우이다.

3) GUI 결함

- GUI 결함은 응용 프로그램의 UI 비일관성, 부정확한 커서/메시지, 데이터 타입의 표시 오류 등으로 사용자 화면 설계에서 발생된 결함을 말한다.

응용 프로그램의 UI 비일관성	프로젝트에서 정의한 UI 표준과 상이하게 구현된 경우이다.
부정확한 커서/메시지	커서의 위치가 입력 대상의 첫 번째 필드에 위치해 있지 않거나, 탭 시퀀스가 순차적으로 동작하지 않는 경우, 각 기능에서 제공하는 메시지 내용이 부정확한 내용을 보여주는 경우이다.
데이터 타입의 표시 오류	입력 필드에 지정된 형식과 다르게 입력해도 저장이 되는 경우와 입력 필드에 유효하지 않은 데이터(Invalid Data)를 입력했을 때 오류가 나는 경우이다.

4) 문서 결함

- 기획자, 사용자, 개발자 간의 의사소통과 기록이 원활하지 않은 경우에 발생하는 결함이다.
- 사용자의 온라인/오프라인 매뉴얼의 불일치, 요구사항 분석서와 기능 요구사항의 불일치로 인한 불완전한 상태의 문서로 발생한 결함을 말한다.

🄄 결함 심각도

- 결함 심각도는 여러 개의 결함 중 전체 시스템에 결함이 미치는 영향을 레벨별로 나타낸다.
- 우선순위는 High, Medium, Low로 정한다.

High	• 시스템이 중단(또는 다운)되어 더 이상 프로세스를 진행할 수 없게 만드는 결함이다. • 시스템의 핵심 요구사항 미구현, 시스템 다운, 장시간 시스템 응답 지연, 시스템 복구 후 데이터 왜곡 등을 말한다.
Medium	• 시스템의 흐름에 영향을 미치는 결함이다. • 부정확한 기능, 부정확한 업무 프로세스, 데이터 필드 형식의 오류, 데이터베이스 에러, 보안 관련 오류 등을 말한다.
Low	• 시스템의 흐름에는 영향을 미치지 않지만 상황에 맞지 않는 용도와 화면 구성(Configuration) 등의 결함이다. • 부정확한 GUI 및 메시지, 에러 시 메시지 미출력, 화면상의 문법/철자 오류 등을 말한다.

01 이것은 프로그램과 명세서 간의 차이 즉, 업무 내용 불일치이다. 사용자가 기대하는 기대치를 만족하지 못할 때 변경이 필요한 모든 것을 이것이라 하는데 이것은 무엇인지 쓰시오.

• 답 :

정답 결함

해설
결함은 기대 결과와 실제 결과 간의 차이를 의미한다. 사용자의 기대에 미치게 하지 못하는 모든 것을 결함이라 한다.

02 결함의 상태 및 추적 단계 중 하나로 개발자에 의해 결함의 수정이 완료된 상태를 무엇이라 하는지 쓰시오.

• 답 :

정답 결함 수정(Resolved)

해설
결함 수정(Resolved)이란, 개발자에 의해 결함이 이미 수정 완료된 상태를 뜻한다.

03 다음 중 결함 분류 유형으로 올바르지 않은 것을 골라 쓰시오.

ㄱ. 실행 결과 결함
ㄴ. 시스템 결함
ㄷ. GUI 결함
ㄹ. 기능 결함

• 답 :

정답 ㄱ

해설
결함은 크게 4가지 유형으로 구분되는데 시스템 결함, 기능 결함, GUI 결함, 문서 결함이 있다.

▶ 합격 강의

빈출 태그 | 테스트 기법, 결함 관련 용어, 테스터

01 소프트웨어 테스트 기법

1) 단위 테스트 기법

- 테스트 가능한 단위인 컴포넌트나 모듈 내의 결함을 찾고 기능을 검증하기 위한 테스트이다.
- 대표적으로 Junit과 Mock 테스트 기법이 있다.

> **기적의 TIP**
>
> **xunit**
> - 다양한 코드 중심의 테스트 프레임워크이며, 소프트웨어의 함수, 클래스 등 서로 다른 구성 단위를 검사한다.
> - JAVA(Junit), C++(Cppunit), .NET(Nunit)
>
> **Mock 테스트**
> 특정 기능 또는 모듈에 대한 응답 결과를 미리 정의해 놓고 테스트하는 기법이다.

Dummy	객체의 전달에만 사용되고 실제로는 사용되지 않으며, 주로 매개 변수 목록을 채우는 데 쓰임
Fake	실제로 동작하도록 구현되지만, 보통 바른 구현을 위해 실제 환경과는 다르게 구현할 수 있음
Stubs	테스트를 위해 미리 준비한 응답만을 제공하는 것으로, 그 외의 상황에 대해서는 정상적인 작동을 하지 못하는 것
Mocks	스펙을 통해 정의된 응답을 받고 다른 응답을 받을 경우 예외를 발생하도록 구현되어 있으며, 응답에 대한 확인을 수행하는 역할

2) 통합 테스트 기법

- 전체 시스템이 통합 완료될 때까지 단위 시스템 간의 연계성 및 기능 요구사항들을 확인하고, 하드웨어와 소프트웨어 구성요소 간의 상호작용을 테스트하는 것이 주요 목적이다.
- 업무 간의 연계성과 상호 운영성 중심의 테스트를 수행한다.

① 설계 기법

- 테스트 설계는 개발된 소프트웨어나 시스템의 요구사항, 요구사항 명세서, 업무 구조, 시스템 구조 등을 기반으로 소프트웨어의 어떤 부분을 어떻게 접근하여 테스트할지에 대한 테스트 상황과 방법을 파악하는 것이다.
- 이를 체계적으로 구체화시켜 테스트 케이스를 도출하고 작성하는 것을 '테스트 구현'이라고 하고, 테스트 상황과 방법을 구체화 시키기 위한 수단 및 도구를 '테스트 설계 방법'이라고 한다.

② 설계 방법

보다 작은 케이스	• 동등 클래스(Equivalence Class) • 한 자리 정수를 더하는 프로그램인 경우, 1+1, 1+2 … 9+9까지 81가지 케이스는 모두 동등한 경우이다. 따라서 이런 경우를 모두 모아서 몇 가지 케이스만 테스트하면 되는 경우
보다 많은 버그 찾기	• 경계 테스트(Boundary Test) • 위의 동등 클래스 중 대표 클래스를 뽑을 때 가장자리, 즉 경계값을 뽑는 경우

3) 시스템 테스트 기법

- 시스템 테스트 업무의 진행 전체를 총괄할 수 있도록 절차 및 각 프로세스별 세부 업무를 알아야 하고 결과에 대한 분석 및 해결 방안을 제시할 수 있어야 한다.
- 시스템 테스트 기법으로는 부하 및 성능 테스트, 장애 복구 테스트, 보안 테스트가 있다.

4) 인수 테스트 기법

- 최종 사용자가 요구한 기능이 제대로 반영되었는지, 인수 조건에 만족하는지를 테스트하는 기법이다.
- 요구 기능 만족 여부, 사용 편리성에 대하여 실제 운영 환경에서 실행되며 고객이 주도하는 테스트이다.

02 결함 관리의 이해

1) 결함 관련 용어

① 에러(Error) : 소프트웨어 개발 또는 유지 보수 수행 중에 발생한 부정확한 결과로, 개발자의 실수로 발생한 오타, 개발 명세서의 잘못된 이해, 서브루틴의 기능 오해 등이 있다.

② 오류(Fault) : 프로그램 코드 상에 존재하는 것으로 비정상적인 프로그램과 정상적인 프로그램 버전 간의 차이로 인하여 발생되며, 잘못된 연산자가 사용된 경우에 프로그램이 서브루틴으로부터의 에러 리턴을 점검하는 코드가 누락된 것을 말한다.

③ 실패(Failure) : 정상적인 프로그램과 비정상적인 프로그램의 실행 결과 차이를 의미하며, 프로그램 실행 중에 프로그램의 실제 실행 결과를 개발 명세서에 정의된 예상 결과와 비교함으로써 발견한다.

④ 결함(Defect) : 버그, 에러, 오류, 실패, 프로그램 실행에 대한 문제점, 프로그램 개선 사항 등의 전체를 포괄하는 용어이다.

2) 결함의 판단 기준

🅑 기적의 TIP

결함의 판단은 기능 명세서를 기준으로 합니다.

① 기능 명세서에 가능하다고 명시된 동작을 수행하지 않는 경우
② 기능 명세서에 불가능하다고 명시된 동작을 수행하는 경우
③ 기능 명세서에 명시되어 있지 않은 동작을 수행하는 경우
④ 기능 명세서에 명시되어 있지 않지만 수행해야 할 동작을 수행하지 않는 경우
⑤ 테스터의 시각에서 볼 때 문제가 있다고 판단되는 경우

🅑 기적의 TIP

테스터의 시각에서 이해하기 어려운 기능, 사용이 까다로운 기능, 비정상적으로 느린 기능 등도 결함에 포함됩니다.

03 테스트 격언(Testing Axioms)

1) 소프트웨어를 완벽하게 테스트하는 것은 불가능하다.

- 가능한 입력의 수가 너무 많다.
- 가능한 출력의 수가 너무 많다.
- 소프트웨어 명세서가 주관적이다.
- 소프트웨어 결함도 주관적이다.

2) 소프트웨어 테스트는 위험을 수반하는 훈련이다.

- 가능한 모든 테스트 시나리오와 테스트 케이스를 테스트하지 않을 경우 위험을 감수하기로 했다는 뜻과 같다.
- 테스터는 무엇이 중요하고 무엇이 중요하지 않은지 현명한 판단을 하여야 한다.

3) 테스트 작업으로 결함이 존재하지 않는다는 사실을 입증할 수 없다.

- 테스트를 통해 소프트웨어에 결함이 없다는 것을 보장할 수는 없으며, 단지 테스트 결과로 결함이 있다는 사실만을 보여줄 수 있다.
- 테스트 결과 결함이 발견되지 않았다 하더라도 이는 결함이 없음을 의미하는 것은 아니다.

4) 아래와 같은 사유로 인하여 발견한 모든 결함을 수정할 수는 없다.

- 쫓기는 작업 일정
- 외부적인 요인(테스트 환경 미비, 사용자 환경 자체 장애, 법률 또는 규정 변경 등)으로 결함이 아님에도 결함으로 판단되는 경우
- 각각의 프로그램 간에 서로 결합도가 높아 고치기 위험한 결함
- 현실에서 발생할 가능성(자연재해)이 낮아 고칠 가치가 없는 결함

5) 발견한 결함이 많을수록 남아 있는 결함의 수도 많다.

04 소프트웨어 테스터

1) 소프트웨어 테스터의 역할

- 결함을 발견한다.
- 결함을 가능한 한 빨리 발견한다.
- 결함을 가능한 한 빨리 발견하여 결함이 수정 · 보완되었는지 확인한다.

2) 소프트웨어 테스터의 능력

- 탐구심과 문제 해결력을 갖추어야 한다.
- 때로는 창의력을 발휘하여 결함을 찾기 위해 새로운 접근법도 사용해야 한다.
- 완벽함을 추구하지만, 가능한 한도 내에서 적당한 수준의 완벽성을 추구한다.
- 테스터는 항상 나쁜 소식을 전하는 사람이므로 개발자에게 그들의 작품에 결함이 있다고 말하려면 재치와 능숙함 그리고 설득력이 필요하다.

01 다음 빈칸에 알맞은 용어를 작성하시오.

(①)	소프트웨어 개발 또는 유지 보수 수행 중에 발생한 부정확한 결과로, 개발자의 실수로 발생한 오타, 개발 명세서의 잘못된 이해, 서브루틴의 기능 오해 등이 있다.
(②)	프로그램 코드 상에 존재하는 것으로 비정상적인 프로그램과 정상적인 프로그램 버전 간의 차이로 인하여 발생한다.
(③)	정상적인 프로그램과 비정상적인 프로그램의 실행 결과 차이를 의미하며, 프로그램 실행 중에 프로그램의 실제 실행 결과를 개발 명세서에 정의된 예상 결과와 비교함으로써 발견한다.
(④)	버그, 에러, 오류, 실패, 프로그램 실행에 대한 문제점, 프로그램 개선 사항 등의 전체를 포괄하는 용어이다.

• 답 :

정답 ① 에러(Error)

② 오류(Fault)

③ 실패(Failure)

④ 결함(Defect)

해설

• 에러(Error) : 개발자의 오타나 이해 부족 또는 오해에서 비롯된 현상이다.

• 오류(Fault) : 프로그램 코드 상에 존재하는 것으로 코드가 누락된 것을 의미한다.

• 실패(Failure) : 장애라고도 하며, 결함(Defect)의 결과이다.

• 결함(Defect) : 기대 결과와 실제 결과 간의 불일치를 의미한다. 에러(Error)로부터 생성되며 주로 검증 단계에서 발견된다.

02 다음 Mock 테스트 중 빈칸에 들어가는 유형을 작성하시오.

Dummy	객체의 전달에만 사용되고 실제로는 사용되지 않으며, 주로 매개 변수 목록을 채우는 데 쓰임
( )	실제로 동작하도록 구현되지만, 보통 바른 구현을 위해 실제 환경과는 다르게 구현할 수 있음
Stubs	테스트를 위해 미리 준비한 응답만을 제공하는 것으로, 그 외의 상황에 대해서는 정상적인 작동을 하지 못하는 것
Mocks	스펙을 통해 정의된 응답을 받고 다른 응답을 받을 경우 예외를 발생하도록 구현되어 있으며, 응답에 대한 확인을 수행하는 역할

• 답 :

정답 Fake

해설

Mock 테스트란 특정 모듈에 대한 응답 결과를 미리 정의해 놓고 테스트하는 기법을 의미하는데, 그 중 Fake는 실제로 동작되는 것처럼 구현되게 하는 테스트를 의미한다.

▶ 합격 강의

빈출 태그 소프트웨어 인스펙션, 코드 인스펙션, 워크스루, 소프트웨어 형상 관리

01 프로그램 코드 검토 기법

1) 소프트웨어 인스펙션의 개요

- 코드 인스펙션(Code Inspection) 외에도 설계 및 설계 산출물까지 포괄하여 소프트웨어 인스펙션 (Software Inspection)으로 부르기도 한다.
- 코드 인스펙션은 매우 효과적인 테스트 방법이며, 어떠한 다른 테스트 방법으로 대체할 수 없다. 이는 상당한 시간이 필요한 작업이며, 통계에 따르면 인스펙션을 적절히 잘 수행하기만 하면 포함된 에러의 90%까지 찾아낼 수 있다.
- 코드 인스펙션, 워크스루와 같이 몇 시간 동안 수행되는 단위 미팅과는 구별되어야 한다. 적절한 코드 인스펙션은 여러 날이 필요하고 도구의 도움이 있어야 한다.

> **F 기적의 TIP**
>
> **워크스루**
> 코드의 품질을 평가하고 개선하기 위한 목적으로 수행되는 검토 기법으로, 검토회의라고도 한다.

- 적절한 인스펙션은 소프트웨어 개발의 전체 수명 주기에 걸친 리소스 절감과 그에 따른 비용 감소 그리고 산출물의 품질을 향상시킬 수 있다.
- 인스펙션을 해야 하는 비즈니스적인 이유는 다음과 같다.
  - 결함을 빨리 찾을수록 수정(fix) 비용이 적게 든다.
  - 인스펙션의 데이터를 통해 업무에 집중할 수 있다.
  - 인스펙션을 함으로써 교차 교육(Cross-training)을 돕는다.
  - 제품의 're-engineering'이 가능한 영역을 식별하도록 돕는다.
  - 소프트웨어를 개발하고 유지하는 데 적은 비용이 든다.
  - 스케줄에 긍정적인 효과를 준다.
  - 품질을 향상시킨다.

2) 소프트웨어 인스펙션 중점 항목

- 프로젝트에서 소프트웨어 인스펙션 업무는 품질보증(QA)이 주관하여 담당 또는 부서에서 실시하나, 아키텍트가 각 단계에서 원활한 업무 수행을 위해 지원을 하여야 한다.
- 소프트웨어 인스펙션 중 특히 코드 인스펙션과 관련하여, 아키텍트는 코드 인스펙션의 프로세스 전반과 각 단계별 수행 업무 등을 전체적으로 이해할 필요가 있다.

- 아래와 같이 검토 절차에서 아키텍트는 Overview와 Rework가 잘 수행될 수 있도록 지원하는 것이 중요하다.
  - 자동 코드 인스펙션을 위한 환경 지원, 계획 수립 지원 활동
  - 체크리스트 정합성 검토 지원 활동
  - 인스펙션 결과 리뷰 참석
  - 발견된 결함을 수정하기 위한 개발자 리딩 지원 활동

3) 코드 인스펙션 태스크별 수행 내용

① 코드 인스펙션 프로세스

구분	수행 단계	주요 내용
자동 수행	1. 범위 계획(Caplacity Plan)	인스펙션의 범위와 범위 선정 기준 결정
	2. 시작(Overview)	자동 인스펙션 수행
준비 단계	3. 준비(Preparation)	계획서 작성, 체크리스트 작성, 계획 공지, 대상 산출물 준비
이행 단계	4. 인스펙션 회의(Inspection Meeting)	사전 검토 실시, 미팅 실시
시정 조치	5. 재작업(Rework)	개발 원작자가 직접 작업
	6. 후속 처리(follow-up)	결과서 작성 및 보고

② 코드 인스펙션 태스크별 수행 내용

구분	작업	수행 내용	산출물
자동 수행	1. 자동 인스펙션 수행	전수 검사, Quality Metric, 결함 분석	코드 인스펙션 결과
준비 단계	2. 계획서 작성	일정 및 관련자, 대상 산출물 및 준비물 정의	인스펙션 계획서
	3. 체크리스트 작성	표준 체크리스트를 테일러링하여 인스펙션 체크리스트 작성	인스펙션 체크리스트
	4. 계획 공지	메일이나 공지를 통해 관련자에게 사전 공지	
	5. 대상 산출물 준비	산출물 작성자가 인스펙션 시 필요한 자료를 준비	
이행 단계	6. 착수 회의 실시	• 진행자는 참여자에게 검토 주안점, 검토 방법, 역할 등을 교육 • 작업자는 대상 산출물 및 참조 자료에 대한 개요 소개	
	7. 사전 검토 실시	• 산출물, 체크리스트, 사전검토서 양식 배포 • 참여자별로 자료를 개별 검토하여 발견된 부적합 사항 기록	인스펙션 결과서
	8. 미팅 실시	• 사전 검토에서 발견한 부적합 사항 검증 • 미팅에서 발견된 부적합 사항 추가 기재 • 부적합 사항 목록 정리 또는 조치 계획 수립	인스펙션 결과서
	9. 결과 정리	진행자는 최종 확정된 결함 내용을 인스펙션 결과서에 정리한 후 작성자에게 배포	
시정 조치	10. 보완 작업 실시	작성자는 각 결함에 대한 보완 작업을 실시	
	11. 시정 조치 결과 확인	진행자는 보완 완료 여부를 확인(필요 시 재검토 실시)	
	12. 결과 보고	진행자는 결과서를 작성하여 관련자에게 보고	인스펙션 결과서

③ 코드 인스펙션의 프로세스와 수행 내용
- 자동 코드 인스펙션 : 전체 개발된 프로그램을 대상으로 자동 인스펙션 수행
- 수동 코드 인스펙션
  - 자동 코드 인스펙션 코드 중 에러가 많은 경우
  - 업무 중에 복잡한 처리 로직이 있는 경우
  - 처음 투입되는 개발자의 산출물

④ 코드 인스펙션 수행 시 고려사항
- 일반적으로 인스펙션의 목적은 개발 가이드에 따른 표준 준수성을 파악하기 위함에 있으므로 기능적으로 이상이 없는 소스코드를 대상으로 검증한다.
- 인스펙션의 효과는 개발 가이드에 따른 체크 항목 파악, 결함 유형 파악에 따른 차후 코딩 시 유념, 다른 개발자의 기술 습득 등으로 다양하지만, 실제적으로는 테스트 전 결함 발견에 따른 이익을 수행 팀원들이 인식하는 것이 가장 크다고 할 수 있다.

4) 인스펙션과 워크스루의 차이점

구분	인스펙션	워크스루
목적	결함 파악 및 제거	산출물 평가 및 개선
수행 조건	완성도가 기준 이상일 때	팀이나 관리자가 필요할 때
결함 수정 여부	모든 결함은 제거되어야 함	저자 결정
변경 사항 검증	진행자가 재작업 결과 확인	저자 결정
검토자 인원	3~6명	2~7명
참여자	동료	기술 전문가 및 동료
검토 인도자	교육받은 진행자(Moderator)	저자
검토 준비 여부	체크리스트를 이용한 검토	일반적으로 준비하지 않음
검토 분량	상대적으로 적음	상대적으로 적음
검토 속도	상대적으로 느림	빠름
발표자	산출물에 의존도가 높은 사람(Reader)	저자
지표 수집 여부	모든 검토자들이 기록함	하지 않음
보고서	결함 리스트 및 측정 지표	워크스루 보고서
데이터 측정 여부	필수	권장 사항
체크리스트 사용 여부	사용함	사용하지 않음

🅱 **기적의 TIP**

- **동료 검토(Peer Review)** : 2~3명이 진행하는 리뷰 형태로, 작성자가 명세서 내용을 직접 설명하고 이해 관계자들(동료)이 설명을 들으면서 결함을 발견하는 기법
- **인스펙션(Inspection)** : 명세서 작성자를 제외한 다른 검토 전문가들이 확인하면서 결함을 발견하는 형태로, 저자가 아닌 훈련된 중재자가 주도하는 기법
- **워크스루(Walk Through)** : 검토 자료를 회의 전에 배포하여 사전 검토한 후 짧은 시간 동안 저자가 직접 회의를 주도하는 형태로, 리뷰를 통해 오류를 조기에 검출하는 데 목적을 둔 검증 기법

02 형상 관리 및 구성요소

1) 소프트웨어 형상 관리의 정의

• 소프트웨어 프로세스의 모든 출력물 정보, 컴퓨터 프로그램, 컴퓨터 프로그램 설명 문서, 데이터 등 소프트웨어 프로세스 전반에 걸쳐 소프트웨어 형상의 변경 요인에 대해 소프트웨어 형상을 보호하는 활동이다.

▶ 소프트웨어 형상 관리와 소프트웨어 지원 비교

소프트웨어 형상 관리	소프트웨어 엔지니어링 프로젝트 개시에서 소프트웨어 소멸 시점까지의 활동
소프트웨어 지원	소프트웨어가 고객에게 인도되고 운영되는 시점에 발생하는 소프트웨어 엔지니어링 활동

2) 기준선과 소프트웨어 형상 관리 항목

① 기준선(Baseline)

• 변경을 통제하게 도와준다.
• 정식으로 검토 및 합의된 명세서나 제품 개발의 바탕으로서, 정식의 변경 통제 절차를 통해서만 변경 가능하다.

② 소프트웨어 형상 관리 항목(SCI)

• Software Configuration Item이다.
• 소프트웨어 형상과 개발 도구의 합성으로 개발 단계별로 기준선을 기준으로 형상 항목을 관리한다.

개발 단계	기준선	소프트웨어 형상 항목
계획	사용자 요구사항	시스템 명세서, 개발 계획서, 구성 관리 계획서, 품질 평가 계획서, 개발 표준 및 절차 매뉴얼
요구 분석	사용자 요구 기능이 하위 시스템 간에 어떻게 분배되는가 여부	자료 흐름도, 자료 사전, 자료 흐름도 명세서
설계	개발 전 설계 명세	입출력 명세서, 화면 설계서, 초기 사용자 매뉴얼, 초기 시스템 매뉴얼, 자료 구조도, 시스템 구조도
구현	시험 계획서	원시코드, 목적코드, 실행코드, 단위시험 보고서
시스템 통합 및 시험	제품	통합 시험 보고서, 기능/성능/과부하 시험 보고서, 인증 시험 보고서
설치 및 운영	운영	목적/실행코드, 운영자 매뉴얼, 사용자 매뉴얼

3) 형상 관리의 주요 활동

• 형상 관리의 주요 기능은 형상을 식별하고 관리하는 데에 있다.

형상 식별	형상 관리 대상을 구분하고 관리 목록 번호 부여
버전 관리	진화 그래프 등을 통해 SCI의 버전 부여/갱신
변경 통제	SCI에 대한 접근 및 동기화 제어
형상 감사	SCI 무결성을 평가하여 공식적으로 승인
상태 보고	개발자와 유지 보수자에게 변경 사항을 공지

4) 형상 관리 도구

• 소프트웨어 변경 과정, 처리 상태를 기록 및 보고하며, 부합하는 해당 사항에 대하여 추적, 통제하고 관리하여 품질 향상 및 안전성을 높이는 데에 지원하는 도구이다.

CVS(Concurrent Version System)	• 가장 오래된 형상 관리 도구 중 하나이다. • 서버는 단순한 명령구조를 가진다는 장점이 있고, 텍스트 기반의 코드만 지원한다는 단점도 있다.
SVN(Subversion)	• CVS의 단점을 보완해 현재 가장 대중화 된 도구 중 하나이다. • 다양한 GUI 도구가 존재하고 압축을 통해 서버의 공간을 절약할 수 있다.
Git	• 리눅스 커널 개발을 위해 만든 형상 관리 시스템이다. • CVS와 SVN의 단점을 모두 보완하는 장점이 있으나, 중앙 집중형이 아닌 분산형 방식으로 스스로 저장공간이 필요하며, 개념이 다르므로 개발자에게 학습할 시간이 필요하다.

01 다음 보기에서 설명하는 용어를 작성하시오.

> • 전문가가 하는 가장 공식적인 검토 방법
> • 체크리스트를 기반으로 검토

• 답 :

정답 인스펙션

해설
인스펙션은 전문가가 체크리스트를 기반으로 검토하고, 워크스루는 저자가 직접 검토한다.

02 산출물을 검토하고 결합을 찾아내기 위하여 요구사항 명세서를 미리 배포하여 사전 검토한 후 오류를 조기에 검출하는 데 목적을 두는 검토 방법을 무엇이라고 하는지 쓰시오.

• 답 :

정답 워크스루

해설
체크리스트를 기반으로 검토하는 인스펙션과는 다르게 워크스루는 저자가 직접 주도하여 산출물을 작성하는 중 산출물을 검토하고 결함을 찾아내기 위해 진행하는 기법을 의미한다.

03 소프트웨어 변경 과정 및 처리 상태를 기록/보고하고 소프트웨어의 안전성을 높이는 데에 지원하는 도구를 무엇이라고 하는지 쓰시오.

• 답 :

정답 형상 관리 도구

해설
소프트웨어의 형상을 보호하는 데 쓰이는 도구로서, 대표적으로 CVS, SVN, Git 등이 있다.

PART

03

응용 SW 기초
기술 활용

3과목 소개

응용 소프트웨어 개발을 위하여 운영체제, 데이터베이스, 네트워크의 기초 기술을
적용하고 응용 개발에 필요한 환경을 구축할 수 있다.

CHAPTER 01

운영체제

운영체제 기초 활용

▶ 합격 강의

출제빈도 상 (중) 하
반복학습 [1] [2] [3]

빈출 태그 운영체제, 윈도우, 유닉스, 리눅스

01 운영체제

1) 운영체제의 특징

• 운영체제는 사용자로 하여금 컴퓨터의 하드웨어를 보다 쉽게 사용할 수 있도록 인터페이스를 제공해 주는 소프트웨어이다.
• 하드웨어는 컴퓨터의 장치를 제어하고 데이터를 처리하는 중앙처리장치, 데이터를 저장하는 기억장치, 외부와의 통신을 담당하는 통신장치 그리고 데이터 입력과 출력을 담당하는 입출력장치 등으로 구분될 수 있다.
• 운영체제는 사용자 편의성을 위한 인터페이스인 동시에 다양한 자원을 관리하는 자원 관리자이다.

▶ 운영체제의 제어 범위

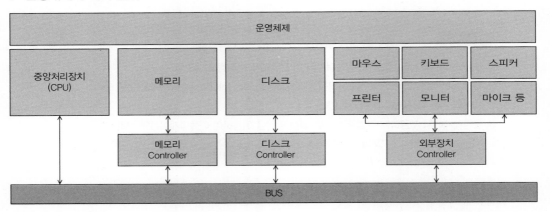

2) 운영체제의 목적

운영체제의 목적이자 성능 평가 항목은 아래와 같다.

처리 능력(Throughput)	일정한 단위 시간 내에 처리할 수 있는 일의 양
반환 시간(Turn Around Time)	하나의 작업을 시작한 시간에서부터 결과를 얻을 때까지 걸린 시간
사용 가능도(Availability)	시스템을 이용하려 할 때 얼마나 빨리 사용할 수 있는지의 정도
신뢰도(Reliability)	시스템이 주어진 문제를 정확하게 해결할 수 있는지의 정도

3) 운영체제 발달 과정

① 1950년대 : 일괄 처리 시스템, 버퍼링, 스풀링
- 일괄 처리 시스템 : 데이터를 모아두었다가 묶어서 처리한다.
- 버퍼링 : 입출력장치와 프로세서의 속도 차이를 보완하기 위해 다음 레코드를 주기억장치에 보관함으로써 CPU가 필요로 하는 레코드를 기다림 없이 전달해 줄 수 있다. 이 레코드를 저장하는 주기억장치를 버퍼라고 한다.
- 스풀링 : 버퍼링과 다르게 스풀링은 주기억장치 대신 디스크를 매우 큰 버퍼처럼 사용한다. 여러 작업의 입출력과 계산을 함께 할 수 있다는 장점이 있다.

② 1960년대 : 다중 프로그래밍, 시분할 시스템, 다중 처리 시스템, 실시간 시스템
- 다중 프로그래밍 : 여러 프로그램을 메모리에 나눠 적재한 후 번갈아 할당하며 여러 프로그램을 동시에 실행한다.
- 시분할 시스템 : 다중 프로그래밍 시스템을 확장하여 프로세서 스케줄링이라는 개념을 더한 시스템으로, 여러 사용자에게 짧은 간격으로 프로세서를 번갈아 가며 할당해 마치 혼자 독점하는 것처럼 사용할 수 있다.
- 다중 처리 시스템 : 하나의 시스템에서 여러 개의 프로세서를 사용하는 시스템이다.
- 실시간 시스템 : 데이터가 발생하는 즉시 응답하는 시스템이다.

③ 1970년대 초반 : 다중 모드, 범용 시스템
- 다중 모드 : 일괄, 시분할, 실시간, 다중 처리 등을 모두 제공하는 시스템으로, 고가이며 계획한 시간과 예상을 초과하여 완성되었으며 사용에도 고도의 훈련이 필요하다.
- 범용 시스템 : 특별히 정해진 용도로만 사용되는 것이 아니라 메모리에 적재되어 실행되는 프로그램에 따라 여러 가지 용도로 사용할 수 있는 시스템이다.

④ 1970년대 중반 이후 : 분산 처리 시스템, 병렬 처리 시스템
- 분산 처리 시스템 : 독립적인 처리 능력을 가진 컴퓨터 시스템을 통신망으로 연결하여 네트워크 상에서 서로 통신하며 협력하여 처리하는 시스템이다.
- 병렬 처리 시스템 : 하나 이상의 연산을 동시에 수행하여 연산 속도를 증가시키는 시스템이다.

⑤ 2000년대 : 모바일 및 임베디드, 가상화 및 클라우드 컴퓨팅
- 임베디드 : 내장형 시스템, 기계나 기타 제어가 필요한 시스템에 대해 특정 기능을 수행하는 시스템으로 장치 내에 존재한다.
- 가상화 : 물리적 하드웨어 등을 사용자로부터 은폐하여, 대체품으로 논리적인 리소스를 제공하거나 하나의 물리적인 리소스를 여러 개로 보이게 하는 기술이다.
  - 호스트 OS형 : 물리적 하드웨어 위에 OS를 설치하여 가상화 소프트웨어와 가상머신을 이용하는 방식이다. 예 기존 OS 위에 가상화 OS를 설치
  - 하이퍼바이저형 : HOST OS를 필요로 하지 않고, 직접 물리 하드웨어를 움직여 독립한 호스트와 같이 행동하는 방식이다. 예 가상화를 위한 독립적 OS를 직접 설치
  - 컨테이너형 : 컨테이너라는 가상화 소프트웨어를 이용하여 사용하는 방식이다. 예 미리 구축해 놓은 가상화 OS(컨테이너)를 설치

- 클라우드 컴퓨팅 : 인터넷 기반으로 구동되는 컴퓨팅 기술, 정보를 자신의 컴퓨터가 아닌 클라우드 (인터넷)에 연결된 다른 컴퓨터로 처리하는 기술이다.
  - IaaS 인프라형 : 사용자가 관리할 수 있는 범위가 가장 넓은 클라우드 컴퓨팅으로 서버 OS, 미들웨어, 런타임, 데이터 등 직접 구성하고 관리할 수 있다.
  - PaaS 플랫폼형 : 미리 구축된 플랫폼을 이용하는 클라우드 컴퓨팅으로 관리상의 자유도가 낮지만 개발 자체에 집중할 수 있다.
  - SaaS 서비스형 : 소프트웨어 및 관련 데이터는 중앙 호스팅이 되고, 사용자는 제공해 주는 소프트웨어를 서비스 받아 사용한다.

02 운영체제 계열별 특징

1) 윈도우 계열

- 마이크로소프트사에서 1995년도에 윈도즈 95(Windows 95)를 발표한 이후 지속적으로 98, ME, XP, 7, 8, 10 등의 버전으로 출시되고 있다.
- 사용자가 컨트롤하는 마우스의 아이콘을 이용하여 소프트웨어를 실행시키는 편리한 인터페이스를 지원하는 것이 특징이다.
- 마이크로소프트사만이 수정 및 배포할 수 있으며 고객 지원이 체계적이라는 장점을 가지고 있지만, 문제점(버그 등)이 발견되었을 시 수정에 시간이 걸린다는 단점이 있다.
- 문제 발생과 해결의 시간적인 차이를 이용하는 악성 해커들로 인해 유닉스 계열의 운영체제에 비하여 보안에 취약하다는 문제점이 지속적으로 제기되고 있다.

▶ 윈도우의 특징 및 용어

선점형 멀티태스킹	운영체제가 수행 중인 각 프로그램의 실행시간을 할당하고 실행 중에 문제가 발생하면 해당 프로그램을 강제 종료시킨 후, 모든 시스템 자원을 반환하는 멀티태스킹 운영 방식
PNP(Plug& Play)	장치와 장치를 연결할 때, 별도의 사용자 조작이 필요 없이 자동으로 장치를 인식하여 사용 가능
핫플러그	시스템 전원이 켜져 있는 상태에서 장치를 추가하는 것은 가능하나, 제거하는 것은 불가능
핫스왑	핫플러그와 다르게 전원이 켜져 있는 상태로 장치의 교체 가능
가상화	단일 호스트에서 서로 다른 운영체제를 구동할 수 있게 하는 기능
하이퍼바이저	단일 호스트에서 다른 운영체제를 가상으로 구동 지원하는 플랫폼, 대표적으로 VRWARE사의 VM-WARE, ORCLE사의 Virtualbox 등
FAT 파일 시스템	파일 할당 테이블(File Allocation Table)을 의미하며, 운영체제를 운용하는 데 디스크 공간을 할당
NTFS 파일 시스템	Windows가 현재 사용 중인 압축 파일 시스템으로 이전 버전의 FAT에 비해 신뢰성, 성능 등이 개선되어 디스크 공간을 효율적으로 사용 가능
ReFS 파일 시스템	MS에서 NTFS를 대체하기 위해 개발한 차세대 파일 시스템

2) 유닉스 계열

- 유닉스는 1960년대 AT&T Bell 연구소, MIT 그리고 General Electric이 공동 연구로 개발에 착수하여 개발한 운영체제이다.
- 멀티태스크 기능에 초점을 맞추었으며 초기 운영체제 Multics를 만들었다.
- C언어로 재이식되어 대중화의 기반을 마련하였고, 1970년대 AT&T가 본격적으로 유닉스 시스템을 판매하게 되었다.
- 이후 많은 변화를 거쳐 SYSTEM V 계열과 BSD(Berkely Software Distribution) 계열로 발전해 왔으나, 현재는 이 둘의 장점을 통합한 버전의 유닉스가 배포되고 있다.
- IBM의 사용 운영체제인 AIX, 오라클의 솔라리스(Solaris), HP의 UX가 그 예이다.

▶ 유닉스의 구성

커널	운영체제의 핵심적인 구성요소 중 하나로서 프로세스 수행에 필요한 하드웨어의 성능 등을 조정할 수 있도록 이어주는 서비스를 제공
쉘	실행한 프로세스 등을 커널에게 전달할 수 있도록 번역해 주는 명령 번역기
유틸리티	운영체제에서 제공하는 것이 아닌 그 외의 실행 가능한 프로그램

▶ 유닉스의 특징 및 용어

시분할 시스템	사용자에게 컴퓨터의 자원을 시간에 따라 분할하는 시스템으로 사용자와 컴퓨터 간의 대화를 통해 작업을 처리하는 시스템
UFS 파일 시스템	유닉스 파일 시스템(Unix File System)으로 유닉스 및 유닉스 기반의 운영체제 등에서 쓰이는 디스크 기반의 파일 시스템
아이노드(i-node)	정규 파일, 디렉터리 등의 파일 시스템을 보유한 유닉스 시스템 및 유닉스 계열의 운영체제에서 사용하는 자료 구조 시스템
소프트 링크(심볼릭 링크)	유닉스 계열 운영체제에서 사용되는 기능이며, i-node를 이용하여 Windows의 바로가기와 동일하게 링크 파일 삭제 시 원본을 유지시키는 링크 시스템
하드 링크	소프트 링크와는 다르게 원본과 동기화 된 바로가기 기능이며, 링크 파일 삭제 시에 원본 파일도 삭제되는 링크 시스템

3) 리눅스 계열

- 리눅스는 유닉스의 호환 커널이다.
- 1991년 리누스 토발즈(Linus Tovalds)는 '자유 소프트웨어(Free Software)' 정책 하에서 완전히 자유롭고 재배포가 가능한 운영체제인 리눅스를 만들었다.

P 기적의 TIP

자유 소프트웨어란 금전적 무료가 아닌 원하는 대로의 실행, 무료나 유료로 복제물 재배포, 필요에 따른 개작 등 포괄적인 '자유'를 부여하는 것을 의미한다.

- 리눅스는 수천 명 이상의 개발자들이 코드를 보고 업데이트를 하고 있으므로 버그 발생 시 다수의 개발자가 수정에 참여하여 빠른 업데이트가 가능하지만, 윈도즈와 같은 체계적인 지원이 상대적으로 부족하여 일반인들보다는 전문가들이 사용하고 있다.
- 리눅스는 데비안, 레드헷, Fedora, Ubuntu, Cent OS와 같이 다양한 버전으로 다양한 회사에서 출시되고 있어 배포 정책, 배포 주기, 사상 등이 각기 다르다.
- 리눅스는 현재 서버 시장과 슈퍼 컴퓨터 시장에서 매우 높은 점유율을 가지고 있다.

▶ 유닉스와 리눅스의 차이점

분류	리눅스	유닉스
비용	대부분 무료이며 지원 정책에 따라 일부 유료 서비스 제품도 있음	대부분 유료
주 사용자	개발자, 일반 사용자	메인프레임, 워크스테이션 등 대형 시스템 관리자
개발사	커뮤니티	IBM, HP 등
개발 배포	오픈소스 개발	대부분 사업자에 의해 배포
사용량	모바일폰, 태블릿 등 다양하게 사용	인터넷 서버, 워크스테이션 등 대형 서비스에 주로 사용
사용자 편의	• GUI 제공, 파일 시스템 지원 • BASH Shell 사용	• 커맨드 기반이 주였으나 GUI도 제공하는 추세 • 기본은 Bourne Shell, 현재는 다른 많은 Shell과 호환 가능

4) 매킨토시 운영체제(OS X)

- 유닉스 기반으로 만들어져 애플사의 제품군에서만 사용이 가능한 그래픽 기반 운영체제이다.
- 애플사는 OS라는 운영체제를 오랜 기간 유지하여 왔으나, 1999년 OS X로 업데이트를 하였다. 이후에는 클라이언트 버전, 서버 제품 등으로 제품군을 확대하였으며 2017년 OS X 시에라, 2018년 모하비 등을 지속적으로 발표하고 있다.
- 매킨토시 OS는 프로그램을 카피하고 삭제함으로써 install과 uninstall의 과정을 단순화하였으며, 드라이버 설치 또한 OS의 확장 폴더에 넣고 재부팅을 하면 인식되어 매우 간단하다.

01 다음 운영체제의 목적을 나타내는 표에서 빈칸을 완성하시오.

(①)	일정한 단위 시간 내에 처리할 수 있는 일의 양
반환 시간(Turn Around Time)	하나의 작업을 시작한 시간에서부터 결과를 얻을 때까지 걸린 시간
사용 가능도(Availability)	시스템을 이용하려 할 때 얼마나 빨리 사용할 수 있는지의 정도
(②)	시스템이 주어진 문제를 정확하게 해결할 수 있는지의 정도

• 답 :

정답 ① 처리 능력(Throughput)

② 신뢰도(Reliability)

해설

운영체제의 목적이자 성능 평가 항목은 처리 능력, 반환 시간, 사용 가능도, 신뢰도이다.

02 다음 보기에서 설명하는 운영체제의 이름을 작성하시오.

> 지원 정책에 따라 일부 유료 서비스 제품도 있지만 대부분 무료이며 모바일폰, 태블릿 등 다양한 용도로 사용이 가능하다.

• 답 :

정답 리눅스(Linux)

해설

리눅스는 대부분 무료이며, 유닉스는 대부분 유료이다. 리눅스는 모바일, 태블릿 등 소형 서비스에서 주로 사용하며 유닉스는 서버, 워크스테이션 등 대형 서비스에서 주로 사용한다.

▶ 합격 강의

01 운영체제 기본 명령어

- 운영체제를 제어하기 위한 방법에는 CLI와 GUI가 있다.
  - CLI(Command Line Interface) : 사용자가 직접 명령어를 입력하여 컴퓨터에게 명령을 내리는 방식
  - GUI(Graphic User Interface) : 마우스로 화면을 클릭하여 컴퓨터를 제어하는 방식
- 초기 운영체제들은 CLI 기반의 운영체제를 많이 사용하였으나 마우스 기반의 제어 시스템인 GUI가 개발되며 CLI의 사용 빈도가 줄어들었다.
- 현재는 오픈소스 기반의 개발 환경이 급격히 늘어나며 GitHub 등의 사용이 증가하여 CLI의 기본 개념과 명령어들의 중요성이 다시 높아지고 있다.

🅟 기적의 TIP

GitHub
분산 버전 관리 툴인 Git을 사용하는 웹 호스팅 서비스

02 CLI 기본 명령어

1) 윈도우

- CLI 명령어를 입력하기 위해서는 Command 창이 필요하다.
- 프로그램 및 파일 검색에서 'CMD'를 입력하거나 윈도우 보조 프로그램 중 명령 프롬프트를 실행하여 입력할 수 있다.

2) 리눅스/유닉스 계열

- 리눅스와 유닉스 명령어는 쉘에서 입력할 수 있다.
- 쉘이란 컴퓨터 내부를 관리하는 커널과 사용자 간을 연결하는 창이다.
- 쉘의 주요 기능
  - 세션별 변수를 설정, 운영체제를 사용자가 원하는 상태로 설정하도록 지원
  - 사용자 요청에 기반한 명령열 작성
  - 백그라운드 처리, 서브 쉘 설정
  - 일련의 명령어를 묶어 처리하는 스크립트 기능 지원

3) 리눅스 디렉터리 구조

- 리눅스 디렉터리란 윈도우의 폴더와 같은 개념이다.
- 기본적으로 윈도우에서는 ₩ 또는 역슬래시(\)를 사용하고 리눅스에서는 슬래시(/)를 사용한다.
- 최상위 디렉터리는 /이며 root는 최상위 디렉터리 아래의 root 계정의 홈 디렉터리임을 의미한다.

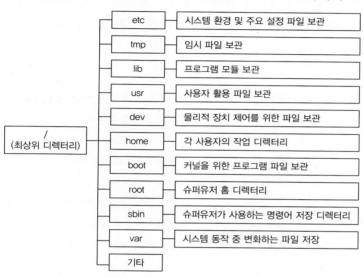

/ (최상위 디렉터리) 하위	설명
etc	시스템 환경 및 주요 설정 파일 보관
tmp	임시 파일 보관
lib	프로그램 모듈 보관
usr	사용자 활용 파일 보관
dev	물리적 장치 제어를 위한 파일 보관
home	각 사용자의 작업 디렉터리
boot	커널을 위한 프로그램 파일 보관
root	슈퍼유저 홈 디렉터리
sbin	슈퍼유저가 사용하는 명령어 저장 디렉터리
var	시스템 동작 중 변화하는 파일 저장
기타	

4) CLI 대표 명령어

기능	윈도우/MS-DOS	리눅스
경로 변경	cd	cd
목록 출력	dir	ls
파일 복사	copy	cp
구조 복사	xcopy	cp
디렉터리 생성	mkdir	mkdir
하위 파일 삭제	del	rm
권한 설정	attrib	chmod
화면 표시	type	cat
목적지까지 경로	tracert	traceroute
프로세스 종료		kill
실행 중 프로세스 표시		ps
디렉터리 경로 표시		pwd
네트워크 상태 점검		ping
접속해 있는 사용자 표시		who

03 GUI 기본 명령어

- 윈도우 내에서 파일을 이동하고 프로그램을 실행하는 것 등 모든 것이 GUI 명령에 해당한다. 메모리나 디스크 제어 등이 필요할 경우에는 제어판에서 필요 기능을 선택하여 명령을 내릴 수 있다.
- 리눅스의 GUI는 윈도즈와 같이 기본 설정이 아닌 경우가 많아 버전별로 별도의 설치 방법에 따라 GUI 환경을 설치해야 한다. 설치 뒤에는 GUI 환경과 CLI 환경을 이동하는 명령어를 사용하여 두 환경을 이동할 수 있다.

▶ 윈도우 단축키

Ctrl+C	복사	⊞+A	윈도우 알림 센터
Ctrl+X	잘라내기, 오려두기	⊞+M	열려 있는 창 최소화
Ctrl+V	붙여넣기	⊞+S	윈도우 검색창 실행
Ctrl+Z	작업 취소, 실행 취소	⊞+X	윈도우 시스템 관리 메뉴
Ctrl+A	모두 선택	⊞+I	윈도우 설정 실행
Ctrl+W	활성화 된 창 닫기	⊞+Pause	시스템 구성요소(정보) 확인
Alt+F4	실행 종료	⊞+Shift+M	최소화된 창을 복원
Alt+Tab	창 전환	⊞+Shift+S	캡처도구 실행(영역 캡처)
⊞+E	윈도우 탐색기 실행	⊞+Tab	테스크 바 실행 실행 중인 모든 앱 타임라인 보기
⊞+R	윈도우 실행창 실행		
⊞+D	바탕화면 표시	⊞+Ctrl+D	가상 데스크톱 추가
⊞+L	사용자 전환 / 윈도우 잠금	⊞+Ctrl+F4	현재 사용 중인 가상 데스크톱 닫기
		⊞+Shift+←, →	실행 중인 창을 다른 모니터 표시

합격을 다지는 예상문제

01 윈도우 10에서 윈도우 설정을 실행하는 단축키를 작성하시오.

- 답 :

정답 윈도우 키+I

해설

윈도우 키+I는 설정을, 윈도우키+X는 빠른 도구 모음(퀵 링크)을 실행한다.

SECTION

03

난이도 상 ⑨ 하
반복학습 ① ② ③

운영체제 핵심 기능 파악

▶ 합격 강의

빈출 태그 프로세스, 디스패치, 선점형, 비선점형, 가상화, 클라우드

01 운영체제 핵심 기능

- 운영체제는 중앙처리장치, 메모리, 스토리지, 주변 기기 등을 적절히 관리한다. 특히 주기억장치와 메모리, 메모리와 스토리지 사이의 속도차로 인해 여러 가지 관리 기법들이 개발되었다.
- 초기에는 메모리 용량에 제한이 많아 소프트웨어 개발 시 메모리 관리가 매우 중요했으나, 최근에 들어서는 운영체제에서 대부분 자동으로 관리해 주므로 사용이 편리해졌다. 또한 개발 및 시스템 환경이 클라우드화 되면서 자원 관리에 필요한 노력이 많이 줄었다.

1) 메모리 관리

- 메모리 안에는 다수의 프로그램들이 실행된다. 프로그램 실행 중 메모리가 꽉 차게 되면 시스템의 속도가 느려지고 때로는 시스템이 멈추는 현상이 발생한다. 따라서 프로그램의 실행이 종료될 때까지 메모리를 가용한 상태로 유지 및 관리하는 것을 메모리 관리라고 한다. 메모리에 있는 프로그램은 중앙처리장치인 CPU로 이동하여 처리된다.

2) 프로세스 관리

- 프로그램은 파일 형태로 저장하여 관리되다가 실행을 시키면 동작을 하게 된다. 이때 실행 중인 프로그램을 프로세스(Process)라고 하며, 작업(Job) 또는 태스크(Task)라고도 한다.
- 프로세스 관리 기법에는 일시 중지 및 재실행, 동기화, 통신, 교착상태 처리, 프로세스 생성 삭제 등이 있다.
- 윈도우에서는 작업 관리자의 프로세스 탭에서 다양한 프로세스를 조회할 수 있고 프로그램이 정상 동작하지 않을 때 프로그램 끝내기를 통해 프로세스를 중단시킬 수도 있다.

① 프로세스 상태

생성(Create)	사용자에 의해 프로세스가 생성된 상태
준비(Ready)	프로세스가 준비 큐에서 실행을 준비하고 있는 상태
실행(Running)	준비 큐에 있는 프로세스가 CPU를 할당받아 실행
대기(Waiting)	프로세스 수행 중, 입/출력을 위해 대기 상태로 전이
종료(Terminated)	프로세스가 CPU를 할당받아 수행을 종료한 상태

② 프로세스 상태 전이

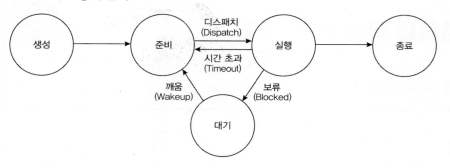

디스패치(Dispatch Process)	• ready → running • 준비 상태에서 실행 상태로 바뀌는 것
보류(Block Process)	• running → blocked • 프로세스 실행 중 시간이 다 되기도 전에 입출력 동작을 해야 할 경우 프로세스가 CPU를 반납하고 보류 상태로 들어가는 것
깨움(Wakeup Process)	• blocked → ready • 보류 상태 이후 다시 준비 상태로 넘어가는 것
시간 제한(Timeout Process)	• running → ready • 클락 인터럽트를 통해 프로세스가 일정 시간만 점유할 수 있게 하는 것

③ 프로세스 스케줄링
• 프로세스를 효율적으로 실행될 수 있도록 여러 자원들 사이의 우선순위를 관리하는 작업이다.
• 선점형 : 이미 할당되어 실행 중인 프로세스라도 강제로 빼앗아 선택하여 사용할 수 있다.

RR(라운드 로빈)	순서대로 시간 단위로 CPU를 할당하는 방식으로, 자원 사용에 제한된 시간이 있고 할당된 시간이 지나면 자원을 반납
SRT(Shortest Remaining Time)	SJF 기법의 장점을 최대화 하여 실행 시간이 가장 짧은 시간을 우선적으로 처리하는 방식
다단계 큐	프로세스를 그룹으로 분류할 수 있을 경우 그룹에 따라 각기 다른 준비 상태의 큐를 사용하는 기법
다단계 피드백 큐	다단계 큐를 보완하여 프로세스 큐들 간의 이동이 허용될 수 있도록 개선한 기법

• 비선점형 : 이미 실행 중인 프로세스를 강제로 빼앗아 사용할 수 없다.

FIFO – FCFS	선입선출(먼저 들어오면 먼저 나가는) 방식으로, 우선순위에 상관없이 먼저 도착한 프로세스부터 처리
SJF(Shortest Job First)	CPU 점유 시간이 가장 짧은 프로세스를 먼저 할당하는 처리
HRN	• SJF 기법을 보완하여 대기시간과 실행시간을 이용하여 처리 • (대기시간 + 실행시간) / 실행시간
우선순위	준비 상태의 프로세스마다 우선순위를 부여하여 가장 높은 프로세스부터 할당하는 기법

02 가상화 및 클라우드

1) 가상화

① 가상화의 개념

- 가상화는 물리적인 리소스들을 사용자에게 하나로 보이게 하거나, 반대로 하나의 물리적인 리소스를 여러 개로 보이게 하는 것을 의미한다.
- 대부분의 서버는 용량의 20% 정도만을 사용하는데, 가상화는 서버의 가동률을 60~70% 이상으로 올릴 수 있다.

② 가상화의 종류

- 플랫폼 가상화 : 하드웨어 플랫폼 위에서 실행되는 호스트 프로그램이 게스트 프로그램을 만들어 마치 독립된 환경을 만들어 낸 것처럼 보여주는 것이다.
- 리소스 가상화 : 메모리, 저장 장치, 네트워크 등을 결합하거나 나누는 것으로, 사용자는 가상화 된 물리적 장치들이 어떤 위치에 있는지 모르는 경우가 많다.

2) 클라우드

① 클라우드의 개념

- 인터넷 기반에서 구동되는 컴퓨팅 기술을 의미한다.
- 클라우드 컴퓨팅을 이용하면 응용 프로그램을 필요에 따라 불러 사용하고, 데이터를 손쉽게 저장 및 추출할 수 있다.
- 태블릿, 휴대폰 등 사용 디바이스가 다양해지면서 클라우드 컴퓨팅은 중요도가 높아지고 있다.

② 클라우드 서비스의 종류

IaaS(Infrastructure as a Service) 인프라형	사용자가 관리할 수 있는 범위가 가장 넓은 클라우드 서비스로, 웹 상에서 구글, 마이크로소프트, 아마존 등에서 제공하는 환경의 네트워크, 보안, 데이터 저장소, 콘텐츠 딜리버리 서비스를 포함한 다양한 인프라를 임대하여 이용할 수 있는 서비스이다.
PaaS(Platform as a Service) 플랫폼형	운영체제가 이미 구성되어 있는 상태에서 사용자는 데이터와 애플리케이션만 직접 관리할 수 있는 서비스로, 미리 구축된 플랫폼을 이용하여 관리상의 자유도가 낮지만 개발 자체에 집중할 수 있다는 장점이 있다.
SaaS(Software as a Service) 서비스형	인프라와 운영체제뿐만 아니라 사용할 수 있는 소프트웨어까지 갖추어져 웹상의 로그인만으로 다양한 소프트웨어를 사용한 만큼 비용을 지불해가며 사용할 수 있는 서비스이다.

01 다음 보기 중 선점형 스케줄링 방식을 모두 골라 쓰시오.

> • RR(라운드 로빈)
> • FIFO
> • SJF
> • HRN
> • SRT
> • 다단계 큐
> • 우선순위

• 답 :

정답 RR(라운드 로빈), SRT, 다단계 큐

해설

선점형 스케줄링 방식이란 이미 실행 중인 프로세스가 있어도 강제로 빼앗아 선택할 수 있는 방식을 의미하며 대표적으로 RR(라운드 로빈), SRT, 다단계 큐, 다단계 피드백 큐가 있다.

02 프로세스의 상태 전이 중 준비 상태에서 있던 프로세스가 실행 상태로 바뀌는 것을 무엇이라고 하는지 쓰시오.

• 답 :

정답 디스패치(Dispatch Process)

해설

디스패치(Dispatch Process)란, 준비 리스트의 맨 앞에 있던 프로세스가 CPU를 점유하게 되는 것, 즉 준비 상태에서 실행 상태로 바뀌는 것을 의미한다.

CHAPTER 02

네트워크

학습 방향

1. 네트워크 계층 구조에서 각 층의 역할을 설명할 수 있다.
2. 응용의 특성에 따라 TCP와 UDP를 구별하여 적용할 수 있다.
3. 패킷 스위칭 시스템을 이해하고, 다양한 라우팅 알고리즘과 IP 프로토콜을 설명할 수 있다.

출제빈도

SECTION 01	상	60%
SECTION 02	중	30%
SECTION 03	하	10%

네트워크 기초 활용

▶ 합격 강의

빈출 태그 네트워크, OSI 7계층, 네트워크 주요 장비

01 네트워크 계층 구조

① 네트워크

• 원하는 정보를 원하는 수신자 또는 기기에 정확하게 전송하기 위한 기반 인프라를 말한다.
• 네트워크를 사용하여 정보를 전달할 때 약속한 규칙에 따라야 하는데, 이를 프로토콜이라고 한다.

② 거리에 따른 네트워크 분류

LAN	근거리 네트워크	한 건물 또는 작은 지역을 커버하는 네트워크
WAN	광대역 네트워크	• 국가, 대륙과 같이 광범위한 지역을 연결하는 네트워크 • LAN에 비해 전송 거리가 넓고, 라우팅 알고리즘이 필요함 • 거리에 제약이 없으나 다양한 경로를 지나 정보가 전달되므로 LAN보다 속도가 느리고 에러율도 높음

③ 데이터 교환 방식

회선 교환 방식	• 물리적 전용선을 활용하여 데이터 전달 경로가 정해진 후 동일 경로로만 전달된다. • 데이터를 동시에 전송할 수 있는 양을 의미하는 대역폭이 고정되어 안정적인 전송률을 확보할 수 있다.
패킷 교환 방식	• 패킷이라는 단위를 사용하여 데이터를 송신하고 수신한다. • 현재 컴퓨터 네트워크에서 주로 사용하는 방식이다. • 정보를 일정한 크기로 분할한 뒤 각각의 패킷에 송수신 주소 및 부가 정보를 입력한다.

02 OSI(Open System Interconnection) 7계층

• 국제 표준화 기구인 ISO(International Standardization Organization)에서 개발한 네트워크 계층 표현 모델이다.
• 각 계층은 서로 독립적으로 구성되고, 하위 계층의 기능을 이용하여 상위 계층에 기능을 제공한다.

- 1계층인 물리 계층부터 7계층인 애플리케이션 계층으로 정의되어 있다.

계층 순서		이름	설명	주요 장비 및 기술
하위 계층	1	물리 계층(Physical)	실제 장비들을 연결하기 위한 연결 장치	허브, 리피터
	2	데이터링크 계층(DataLink)	오류와 흐름을 제거하여 신뢰성 있는 데이터 전송	브리지, 스위치
	3	네트워크 계층(Network)	다수의 중개 시스템 중 올바른 경로를 선택하도록 지원	라우터
	4	전송 계층(Transport)	송신, 수신 프로세스 간의 연결	TCP/IP UDP
상위 계층	5	세션 계층(Session)	송신, 수신 간의 논리적 연결	호스트(PC 등)
	6	표현 계층(Presentation)	코드 문자 등을 번역하여 일관되게 전송하고 압축, 해제, 보안 기능 담당	호스트(PC 등)
	7	응용 계층(Application)	사용자 친화 환경 제공(이메일, 웹 등)	호스트(PC 등)

03 네트워크 주요 장비

① 허브

- 여러 대의 컴퓨터를 연결하여 네트워크로 보내거나 하나의 네트워크로 수신된 정보를 여러 대의 컴퓨터로 송신하기 위한 장비이다.
- 수신한 프레임을 수신 포트를 제외한 모든 포트로 전송한다.
- 허브의 종류로는 대표적으로 더미 허브와 스위치 허브가 있다.
  - 더미 허브 : 데이터를 단순히 연결한 성형 구조로 구성되어 있는 허브
  - 스위치 허브 : 스위치 기능을 가진 허브, 데이터의 유무 및 흐름을 제어하는 지능형 허브로서 요즘 사용되는 대부분의 허브

② 리피터

- 감쇠된 전송 신호를 새롭게 재생하여 다시 전달하는 재생 중계 장치이다.
- 허브 등으로 연결하여 통신할 경우, 감쇠된 디지털 신호를 증폭시켜 주는 역할을 하여 신호가 약해지지 않고 컴퓨터로 수신되도록 한다.

③ 브리지, 스위치

- 브리지와 스위치는 두 시스템을 연결하는 네트워킹 장치이다.
- 두 개의 LAN을 연결하여 훨씬 더 큰 LAN을 만들어 준다.

브리지	스위치
소프트웨어 방식	하드웨어 방식
저속	고속
포트들이 동일한 속도로 전송	포트들마다 다른 속도로 전송
2~3개 포트	수백 개 이상 포트
목적지 주소를 기준으로 1:1 연결	목적지 주소 기준으로 1:N 연결
데이터를 전부 받은 후 처리하는 Store and Forwarding 방식만을 사용	목적지 주소만 확인 후 바로 전송하는 방식인 Cut Through와 브리지의 Store and Forwarding 방식의 장점을 결합한 Fragment Free 방식을 같이 사용

④ 라우터

• 라우터는 네트워크 계층에서 서로 다른 구조의 망을 연결하는 연동 장비이다.

• PC 등의 로컬 호스트가 LAN에 접근할 수 있도록 하며, WAN 인터페이스를 사용하여 WAN에 접근하도록 한다.

• 라우팅 프로토콜은 경로를 설정하여 원하는 목적지까지 지정된 데이터가 안전하게 전달되도록 한다.

⑤ 게이트웨이 : 프로토콜을 서로 다른 통신망에 접속할 수 있게 해주거나 다른 종류의 네트워크 등을 상호 접속하여 정보를 주고받을 수 있는 장치이다.

⑥ NIC(Network Interface Card) : 외부 네트워크와 접속하여 가장 빠른 속도로 데이터를 주고받을 수 있게 컴퓨터 내에 설치되는 장치이다.

🅑 기적의 TIP

IOS 프로토콜

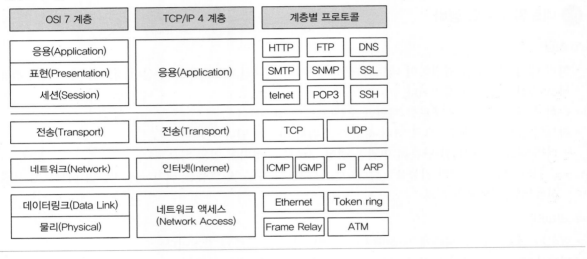

01 다음 보기에서 설명하는 네트워크 장비를 쓰시오.

> 소프트웨어적인 방법을 통해 프레임(데이터)을 목적지 주소를 기준으로 1:1로 연결하여 전송

• 답 :

정답 브리지

해설

브리지는 소프트웨어적 방식의 1:1 연결, 스위치는 하드웨어적 방식의 1:N 연결 방식이다.

02 OSI 7계층은 크게 상위 계층과 하위 계층으로 나눌 수 있는데 다음 보기에 있는 OSI 7계층 중 하위 계층으로 올바르지 않은 것을 모두 골라 쓰시오.

> ㄱ. 세션 계층
> ㄴ. 네트워크 계층
> ㄷ. 물리 계층
> ㄹ. 전송 계층

• 답 :

정답 ㄱ

해설

OSI 7계층 중 물리, 데이터링크, 네트워크, 전송 계층은 하위 계층이며 세션, 표현, 응용 계층은 상위 계층이다.

네트워크 프로토콜 파악

▶ 합격 강의

빈출 태그 프로토콜, IP 주소, TCP/IP 프로토콜

01 네트워크 프로토콜

1) 네트워크 프로토콜의 개념

- 네트워크 프로토콜이란, 컴퓨터나 원거리 통신 장비 사이에서 메시지를 주고받는 양식과 규칙의 체계이다.
- 통신 규약 또는 규칙에는 전달 방식, 통신 방식, 자료의 형식, 오류 검증 방식, 코드 변환 규칙, 전송 속도 등이 있다.
- 다른 기종의 장비는 각기 다른 통신 규약을 사용하는데, 프로토콜을 사용하면 다른 기기 간 정보의 전달을 표준화 할 수 있다.

> 🇧 기적의 TIP
>
> **프로토콜의 기본 요소**
> - 구문(Syntax)
> - 의미(Semantics)
> - 시간(Timing)

① 네트워크 프로토콜의 종류

HTTP	웹(인터넷) 상에서 데이터를 주고받을 수 있는 프로토콜
FTP	• 네트워크를 통해 컴퓨터들 간의 파일을 교환하기 위한 프로토콜 • Anonymous FTP는 익명성을 보장함
Telnet	• 원격 통신에 이용되는 프로토콜의 하나 • 데이터의 전송 시에 암호화 작업이 존재하지 않아 보안성이 낮은 프로토콜 • 포트 번호 : 23
SSH	• 원격 통신에 이용되는 프로토콜의 하나 • 데이터의 전송 시에 암호화 작업이 존재하여 보안성이 높은 프로토콜 • 포트 번호 : 22
rlogin	• UNIX와 같은 시스템의 같은 네트워크 상에서 사용되는 원격 통신 프로토콜 • 포트 번호 : 513
SOAP	HTTP, HTTPS 등을 통해 XML 기반의 데이터를 컴퓨터 네트워크 상에서 교환하는 프로토콜
TCP	데이터를 주고받는 과정에서 데이터를 검수하는 작업을 통해 서로 확인하는 과정을 거쳐 정상적으로 데이터 누락 등을 확인할 수 있는 신뢰성 있는 데이터 전송 프로토콜
UDP	• 데이터를 주고받는 과정에서 확인하는 과정을 거치지 않아 신뢰성이 떨어지는 프로토콜 • 확인하는 과정을 거치지 않기 때문에 TCP보다 데이터 전송이 빠름
DHCP	각종 TCP/IP 프로토콜 및 IP 주소 등을 자동적으로 클라이언트가 제공 및 사용할 수 있도록 해주는 프로토콜(유동 IP 설정)

ARP	Address Resolution Protocol의 약자로 IP(논리적 주소)에 대응되는 이더넷 카드의 MAC(물리적 주소)을 검색하여 변환해 주는 프로토콜
RARP	ARP와 다르게 MAC(물리적 주소)을 IP(논리적 주소)로 변환해 주는 프로토콜
SMTP	전자우편 송신 프로토콜
POP3	전자우편 수신 프로토콜

② 네트워크 프로토콜의 특징

단편화	전송이 가능한 작은 블록으로 나누어지는 것
재조립	단편화 된 조각들을 원래 데이터로 복원하는 것
캡슐화	상위 계층의 데이터에 각종 정보를 추가하여 하위 계층으로 보내는 것
연결 제어	데이터의 전송량이나 속도를 제어하는 것
오류 제어	전송 중 잃어버리는 데이터나 오류가 발생한 데이터를 검증하는 것
동기화	송신과 수신측의 시점을 맞추는 것
다중화	하나의 통신 회선에 여러 기기들이 접속할 수 있는 것
주소 지정	송신과 수신지의 주소를 부여하여 정확한 데이터 전송을 보장하는 것

2) IP(Internet Protocol) 주소

- 전 세계 컴퓨터에 부여되는 유일한 식별자이다.
- IP는 각 나라의 공인 기관에서 할당하고 관리하는데, 우리나라의 경우에는 한국인터넷진흥원(KR-NIC)에서 관리한다.
- IPv4는 인터넷 초기부터 현재까지 쓰고 있는 주소 체계이며 000.000.000.000과 같이 12자리로 표시하고 약 43억 개를 부여할 수 있다. 최근에는 디바이스의 증가로 IPv4가 가진 주소의 양이 부족할 수 있어 IPv6를 공표하였다.
- 2018년부터 현재까지는 IPv4와 IPv6가 공존하면서 두 개의 주소 체계를 변환하여 사용하고 있고, 이를 담당하는 것을 NAT(Network Address Translator)이라고 한다.
- IPv6는 이전 버전에 비하여 효율적인 패킷을 처리하고 보안이 강화되었다는 특징이 있다.

① IPv4와 IPv6의 비교

구분	IPv4	IPv6
주소 길이	32bit	128bit
표시 방법	8비트씩 4부분(10진수) 000.000.000.000	16비트씩 8부분(16진수) 0000:0000:0000:0000
주소 개수	약 43억 개	약 43억 × 43억 × 43억 × 43억 개
주소 할당	A, B, C 등 클래스 단위의 비순차적 할당	네트워크 규모 및 단말기 수에 따른 순차적 할당
품질 제어	지원 수단 없음	등급별, 서비스별로 패킷 구분
보안 기능	IPsec 프로토콜 별도 설치	확장 기능에서 기본으로 제공
헤더 크기	가변	고정
pnp	지원 수단 없음	지원
웹 캐스팅	곤란	용이
전송 방식	멀티캐스트, 브로드캐스트, 유니캐스트	멀티캐스트, 애니캐스트, 유니캐스트

② 네트워크 클래스 : 네트워크 단말의 증가로 가용 가능한 IPv4의 주소가 부족해졌고, 이에 사용 목적
에 따라 IP 대역대를 나누어 각 규모에 따라 관리하기 쉽게 표현한 것이다.

클래스	IP 주소의 첫 번째 옥탯	사용 목적	IP 주소 첫 번째 바이트 범위
A	0xxx xxxx	대형 기관(대륙 간)	0~127
B	10xx xxxx	중형 기관(국가 간)	128~191
C	110x xxxx	소형 기관(기업 간)	192~223
D	1110 xxxx	그룹 통신, 멀티캐스트용	224~239
E	1111 xxxx	연구, 실험용	240~254

③ 서브넷 마스크(Subnet Mask) : IP 주소는 네트워크 주소와 호스트 주소로 구성되는데, 서브넷 마스크
는 이 둘을 구분하는 역할을 한다.

클래스	디폴트 서브넷 마스크
A	255.0.0.0
B	255.255.0.0
C	255.255.255.0

❷ TCP/IP 프로토콜

1) TCP/IP 프로토콜 개념

- TCP/IP이란 TCP와 IP 프로토콜만을 지칭하는 것이 아니라 UDP(User Datagram Protocol), ICMP(Internet Control Message Protocol), ARP(Address Resolution Protocol), RARP (Reverse ARP) 등 관련된 프로토콜을 통칭한다.
- TCP와 UDP로 구분되는 프로토콜은 전송 계층에서 응용 계층과 인터넷 계층 사이의 통신을 담당한다.

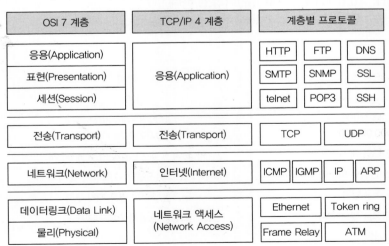

2) TCP와 UDP의 차이점

- TCP와 UDP의 가장 큰 차이점은 데이터 전송의 신뢰성에 있다.
- TCP는 수신측의 수신 가능 상태와 수신 여부 등을 단계별로 체크해 가며 데이터를 전송하는 반면, UDP는 망으로 데이터를 송신할 뿐 확인 작업을 수행하지는 않는다.

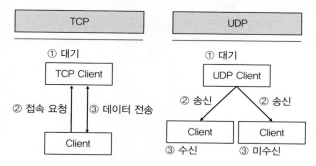

① TCP(Transmission Control Protocol)

- CRC 체크와 재전송 기능을 통해 신뢰성 있는 전송을 확보한다.
- Flow Control 기능을 수행하여 단계별 데이터 전송 상황을 체크한다.
- 논리적인 1:1 가상 회선을 지원하여 해당 경로로만 데이터가 전달되도록 한다.
- 대표 서비스 : FTP, Telnet, Http, SMTP, POP, IMAP 등

② UDP(User Datagram Protocol)

- 연결되어 있으면 데이터를 송신할 수 있다. 단, 수신측의 수신 여부는 확인하기 어렵다.
- Flow Control, Error Control을 하지 않아 신뢰성 있는 데이터 전송에는 부적합하다.
- 하나의 송신 정보를 다수의 인원이 수신해야 할 경우에 사용한다.
- 대표 서비스 : SNMP, DNS, TFTP, NFS, NETBIOS, 인터넷 게임/방송/증권 등

01 다음 보기의 설명 중 OSI 7계층 정의에 맞는 계층을 쓰시오.

> 논리적 주소(IP 주소)를 이용하여 최적의 경로를 선택하며, 데이터가 전송될 수신측 주소를 확인하여 일치하면 다음 계층으로 전송한다.

• 답 :

정답 네트워크 계층

해설

응용	파일 전송, 원격 접속, 메일 서비스 등의 응용 서비스를 담당하며 여러 가지 서비스(인터페이스)를 제공
표현	송신자측에서 수신자측에 맞는 형태로 데이터를 변환(번역)하고, 수신자측에서는 다음 계층에 맞는 형태로 변환
세션	응용 프로그램 간의 통신에 대한 제어 구조를 제공하기 위해 응용 프로그램 간의 접속을 연결, 유지, 종료시켜 주는 역할 수행
전송	프로토콜(TCP, UDP)과 관련된 계층으로 오류 제어 및 흐름 제어 등을 담당하며, 두 시스템 간을 연결하여 신뢰성 있는 데이터 전송
네트워크	논리적 주소(IP 주소)를 이용하여 최적의 경로를 선택하며, 데이터가 전송될 수신측 주소를 확인하여 일치하면 다음 계층으로 전송
데이터링크	물리적 링크를 통해 데이터를 오류와 흐름을 제거하여 신뢰성 있게 프레임 단위로 전송하는 계층으로, 물리적 주소(MAC 주소)를 관리
물리	실제 장비들을 연결하기 위한 기계적, 전기적, 기능적, 절차적 특성 정의

02 IP 주소를 사용 목적에 따라 나누어 각 규모에 따라 관리하기 쉽게 표현한 것을 네트워크 클래스라고 하는데, 그 중 사용 목적이 연구 또는 실험용으로 쓰이는 네트워크 클래스는 무엇인지 쓰시오.

• 답 :

정답 E 클래스

해설

네트워크 클래스는 A~E까지 규모가 나뉘어져 있으며, A는 대형 기관, B는 중형 기관, C는 소형 기관, D는 그룹/멀티캐스트용, E는 연구/실험용으로 구분된다.

▶ 합격 강의

01 패킷 스위칭(패킷 교환)

- 패킷 교환(Packet switching)은 컴퓨터 네트워크 통신 방식 중 하나로, 작은 블록의 패킷으로 데이터를 전송하며 데이터를 전송하는 동안만 네트워크 자원을 사용하도록 하는 방법을 의미한다. 현재 가장 많은 사람들이 사용하는 통신 방식이다.
- 정보 전달의 단위인 패킷은 여러 통신 지점(Node)을 연결하는 데이터 연결 상의 모든 노드들 사이에 개별적으로 경로가 제어된다. 이 방식은 통신 기간 동안 독점적인 사용을 위해 두 통신 노드 사이를 연결하는 회선 교환 방식과는 달리 짤막한 데이터 트래픽에 적합하다.

1) X.25

- X.25는 패킷이라고 불리는 데이터 블록을 사용하여 대용량의 데이터를 다수의 패킷으로 분리하여 송신하며, 수신측에서는 다수의 패킷을 결합하여 원래의 데이터로 복원한다.
- 전기 통신 국제기구인 ITU-T에서 관리 감독하는 프로토콜이다.
- OSI 7계층의 레이어 중 1~3계층까지를 담당한다.

OSI 7계층		X.25	
7	응용 계층	User-defined Process	Packet Switching Network
6	표현 계층		
5	세션 계층		
4	전송 계층		
3	네트워크 계층	X.25 Packet Level ← Packet Interface →	
2	데이터링크 계층	X.25 Frame Level ← Frame Interface →	
1	물리 계층	X.25 Physical Level ← Physical Interface →	

- X.25는 데이터 송수신의 신뢰성을 확보하기 위해 양자 간 통신 연결을 확립해 나가는 프로세스를 거친다. 초기에 에러 제어나 흐름 제어를 위한 복잡한 기능을 가지고 있어 자체로 성능 상의 오버헤드가 발생되었기 때문에 현재는 프레임 릴레이나 ISDN, ATM 등 고속망으로 대체되었다.

2) 프레임 릴레이

- 프레임 릴레이는 ISDN을 사용하기 위한 프로토콜이다.
- ITU-T에 의해 표준으로 작성되었고, 다음과 같은 특징이 있다.
  - X.25가 고정된 대역폭을 갖는 반면, 프레임 릴레이는 사용자의 요청에 따라 유연한 대역폭을 할당한다.
  - 망의 성능 향상을 위해 에러 제어 기능과 흐름 제어 기능을 단순화 시켰다.
  - X.25가 OSI 7계층 중 1~3계층까지를 담당하는 반면, 프레임 릴레이는 1~2계층만을 담당한다.
  - 전용선을 사용하는 것보다 가격이 저렴하며 기술적으로는 X.25에 비해 우위에 있다.

3) ATM(Asynchronous Transfer Mode)

- ATM은 비동기 전송 모드라고 하는 광대역 전송에 쓰이는 스위칭 기법이다.
- 동기화를 맞추지 않아 보낼 데이터가 없는 사용자의 슬롯을 다른 사람이 사용할 수 있도록 하여 네트워크상의 효율성을 높였다.
- ATM망은 연결형 회선이기 때문에 하나의 패킷을 보내 연결을 설정하게 되고 이후 실데이터 전송이 이루어진다.
- ATM은 OSI 7계층과는 다른 고유한 참조 모델을 가지고 있다.

물리 계층	• Physical Layer • 물리적 전송 매체를 다룬다.
ATM 계층	• 셀과 셀 전송을 담당한다. • 셀의 레이아웃을 정의하고 헤더 필드가 의미하는 것을 알려 준다. • 가상 회선의 연결 및 해제, 혼잡 제어를 다룬다.
AAL 계층	• ATM Adaptation Layer • 패킷을 작은 조각인 셀로 전송한 후 다시 조립하여 원래의 데이터로 복원하는 역할을 한다.

02 서킷 스위칭(회선 교환)

- 패킷 스위칭과 달리 네트워크 리소스를 특정 사용층이 독점하도록 하는 것을 서킷 스위칭이라고 부른다.
- 네트워크를 독점적으로 사용하기 때문에 전송이 보장(Guaranteed)된다는 특징이 있다.
- 서킷 스위칭은 서킷을 확보하기 위한 작업을 진행하고 실데이터를 전송하며 서킷을 닫는 프로세스로 진행된다. 이러한 작업이 일어나는 동안 다른 기기들은 해당 경로를 사용할 수 없다.

③ 라우팅 알고리즘

- 데이터는 송신측으로부터 수신측까지 데이터를 전달하는 과정에서 다양한 물리적인 장치들을 거쳐 간다.
- 목적지까지의 최적 경로를 산출하기 위한 법칙이 라우팅 알고리즘이다.

1) 거리 벡터 알고리즘(Distance Vector Algorithm)

- 라우터와 라우터 간의 최단 경로 스패닝 트리를 찾고 그 최적 경로를 이용할 수 없을 경우에 다른 경로를 찾는다.
- 각 라우터가 업데이트 될 때마다 전체 라우팅 테이블을 보내라고 요청하지만 수신된 경로 비용 정보는 이웃 라우터에게만 보내진다. 링크 상태 라우팅 알고리즘보다 계산 면에서 단순하다.

2) 링크 상태 알고리즘(Link State Algorithm)

- 라우터와 라우터 간의 모든 경로를 파악한 뒤 대체 경로를 사전에 마련해 두는 방식이다.
- 링크 상태 알고리즘을 사용하면 네트워크를 일관성 있게 파악할 수 있으나 거리 벡터 알고리즘에 비하여 계산이 더 복잡하고 트래픽을 광범위한 범위까지 전달해야 한다.

3) 라우팅 프로토콜의 종류

RIP	• 최초의 라우팅 프로토콜 • 거리 벡터 알고리즘 활용 • 30초 주기로 전체 라우팅 정보 갱신 • 변화 업데이트 시 많은 시간 소요 • 라우팅 루프 발생 가능
IGRP	• RIP의 문제점 개선을 위해 시스코에서 개발 • 네트워크 상태를 고려하여 라우팅(대역폭, 속도 등)
OSPF	• 링크 상태 알고리즘 사용 • 발생한 변경 정보에 대해 RIP보다 빠른 업데이트 • 토폴로지에 대한 정보가 전체 라우터에 동일하게 유지
BGP	• 규모가 큰 네트워크의 상호 연결 • 대형 사업자(ISP) 간의 상호 라우팅

01 다음 보기 중 라우팅 프로토콜의 종류로 올바른 것만 작성하시오.

- RIP
- FTP
- IGRP
- SMTP

• 답 :

정답 RIP, IGRP

해설
- 라우팅 프로토콜에는 RIP, IGRP, OSPF, BGP가 있다.
- FTP는 파일 전송 프로토콜, SMTP는 메일 송신 프로토콜이다.

02 컴퓨터 네트워크 통신 방식 중 작은 블록의 단위로 데이터를 전송하며 데이터를 전송하는 동안에만 네트워크 자원을 사용하도록 하는 방법으로, 현재 가장 많은 사람들이 사용하는 통신 방법이 무엇인지 쓰시오.

• 답 :

정답 패킷 스위칭(패킷 교환)

해설
네트워크 통신 방식 중 패킷 스위칭(패킷 교환)은 데이터를 작은 블록으로 나누어서 전송하는 것을 말하며, 서킷 스위칭(회선 교환)은 사용층이 독점으로 사용하도록 하는 방식을 의미한다.

CHAPTER 03

데이터베이스

학습 방향

1. 데이터베이스의 종류를 구분하고 응용 소프트웨어 개발에 필요한 데이터베이스를 선정할 수 있다.
2. 주어진 E – R 다이어그램을 이용하여 관계형 데이터베이스의 테이블을 정의할 수 있다.
3. 데이터베이스의 기본 연산을 CRUD(Create, Read, Update, Delete)로 구분하여 설명할 수 있다.

출제빈도

SECTION 01	상	40%
SECTION 02	하	10%
SECTION 03	상	50%

데이터베이스 종류 및 선정

▶ 합격 강의

출제빈도 (상) 중 하
반복학습 ① ② ③

빈출 태그 데이터베이스 특징, 데이터베이스 용어, DBMS

01 데이터베이스

1) 데이터베이스 개념

- 데이터베이스는 다수의 인원, 시스템 또는 프로그램이 사용할 목적으로 통합하여 관리되는 데이터의 집합이다.
- IT 시스템의 발달로 인해 급증하는 데이터에 대한 효과적인 관리가 중요해졌으며 자료의 중복성 제거, 무결성 확보, 일관성 유지, 유용성 보장은 데이터베이스 관리의 핵심이다.

① 데이터베이스 특징
- 실시간 접근성(Real-time Accessibility)
- 계속적인 변화(Continuous Evolution)
- 동시 공유(Concurrent Sharing)
- 내용에 의한 참조(Content Reference)

② 데이터베이스 설계 순서 : 요구조건 분석 → 개념적 설계 → 논리적 설계 → 물리적 설계 → 구현

2) 데이터베이스 용어

- 속성(Attribute) : 릴레이션 내의 하나의 열을 의미하며, 어떤 개체(Entity)를 표현하고 저장한 것으로 흔히 컬럼(Column) 또는 필드(Filed)로 표현하기도 한다.
- 튜플(Tuple) : 릴레이션 내의 하나의 행을 의미하며, 레코드(Record) 또는 로우(Row)로 표현하기도 한다.

🅑 기적의 TIP

- 속성(Attribute)

1	2	3	4

- 튜플(Tuple)

1			
2			
3			

- 차수(Degree) : 하나의 릴레이션 내에 들어 있는 속성의 수를 의미한다.
- 기수(Cardinality) : 하나의 릴레이션 내에 들어 있는 튜플의 수를 의미한다.
- 도메인(Domain) : 릴레이션 내 각각의 속성들이 가질 수 있는 값들의 집합을 의미한다.
- 뷰(View) : 하나 이상의 기본 테이블로부터 유도된 가상의 테이블, 구조와 조작도 기본 테이블과 매우 유사하다.
- 트랜잭션(Transaction) : 데이터베이스 내에서 하나의 작업 수행을 위한 연산들의 집합을 의미한다.

기적의 TIP

ACID(트랜잭션의 안정성)
- 원자성(Atomicity)
- 일관성(Consistency)
- 독립성(Isolation)
- 지속성(Durability)

- 스키마(Schema) : 데이터베이스의 구조와 제약조건에 관한 전반적인 명세를 의미한다.

내부 스키마(물리)	시스템 프로그래머나 설계자의 관점에서 정의하는 데이터베이스
개념 스키마(논리)	사용자들이 필요로 하는 데이터를 기관이나 조직의 관점에서 정의한 데이터베이스
외부 스키마(서브)	사용자 등의 개인적 입장에서 필요로 하는 데이터베이스

- 키(Key) : 무언가를 식별하는 고유한 식별자(Identifier) 기능을 하는 것이다.

- 후보키(Candidate Key) : 유일성과 최소성을 만족하는 속성들의 집합
- 기본키(Primary Key) : 후보키 중 선정된 키로 중복값 입력이 불가능하고, Null 값을 가질 수 없음
- 슈퍼키(Super Key) : 유일성 만족, 최소성 불만족하는 속성들의 집합
- 대체키(Alternate Key) : 후보키 중 기본키로 선택되지 못한 후보키들
- 외래키(Foreign Key) : 다른 테이블의 행을 식별하는 키

기적의 TIP

유일성
- 하나의 키로 특정 행을 바로 찾아낼 수 있는 고유한 데이터의 속성이다.
- 유일성만 만족해도 슈퍼키가 될 수 있다.

02 데이터베이스 관리 시스템(DBMS, Database Management System)

1) 데이터베이스 관리 시스템 개념

- 데이터 관리의 복잡성을 해결하는 동시에 데이터 추가, 변경, 검색, 삭제 및 백업, 복구, 보안 등의 기능을 지원하는 소프트웨어이다.
- 저장되는 정보는 텍스트, 이미지, 음악 파일, 지도 데이터 등으로 매우 다양하며, SNS의 발달과 빅데이터의 폭넓은 활용으로 인해 데이터의 종류와 양이 급격히 증가하는 추세이다.

▶ DBMS의 장단점

장점	• 데이터 중복 최소화 • 데이터 공유(일관성 유지) • 정합성, 무결성, 보안성 유지 • 사용자 중심의 데이터 처리	• 데이터 표준화 적용 가능 • 데이터 접근 용이 • 데이터 저장 공간 공유로 인한 절약
단점	• 데이터베이스 전문가(DBA) 필요 • DBMS 구축 서버 필요 및 유지비 • 데이터 백업과 복구 어려움	• 시스템의 복잡성 • 대용량 디스크로 엑세스 집중 시 병목 현상으로 과부하 발생 • 대용량 데이터 처리가 어려움

2) DBMS 특징

데이터 무결성	부적절한 자료가 입력되어 동일한 내용에 대하여 서로 다른 데이터가 저장되는 것을 허용하지 않는 성질
데이터 일관성	삽입, 삭제, 갱신, 생성 후에도 저장된 데이터가 변함없이 일정해야 하는 성질
데이터 회복성	장애가 발생하였을 시 특정 상태로 복구되어야 하는 성질
데이터 보안성	불법적인 노출, 변경, 손실로부터 보호되어야 하는 성질
데이터 효율성	응답 시간, 저장 공간 활용 등이 최적화 되어 사용자, 소프트웨어, 시스템 등의 요구 조건을 만족시켜야 하는 성질

3) 데이터베이스 관리자(DBA, Database Administrator)

- 데이터베이스를 직접 활용하기보다는 사용자를 위해 데이터베이스를 설계 및 구축하고, 제대로 서비스할 수 있도록 데이터베이스를 관리하고 제어한다.
- 데이터베이스 관리자의 주요 업무
  - 데이터베이스 구성요소 선정
  - 데이터베이스 스키마 정의
  - 물리적 저장 구조와 접근 방법 결정
  - 무결성 유지를 위한 제약조건 정의
  - 보안 및 접근 권한 정책 결정
  - 백업 및 회복 기법 정의
  - 시스템 데이터베이스 관리
  - 시스템 성능 감시 및 성능 분석
  - 데이터베이스 재구성

4) DBMS 종류

① **파일 시스템** : 파일에 이름을 부여하고 저장이나 검색을 위하여 논리적으로 그것들을 어디에 위치시켜야 하는지 등을 정의한 뒤 관리하는 데이터베이스 전 단계의 데이터 관리 방식이다.

ISAM(Indexed Sequential Access Method)	자료 내용은 주 저장부, 자료의 색인은 자료가 기록된 위치와 함께 색인부에 기록되는 시스템
VSAM(Virtual Storage Access Method)	대형 운영 체계에서 사용되는 파일 관리 시스템

② **계층형 데이터베이스 관리 시스템**(HDBMS, Hierarchical Database Management System)
- 데이터를 상하 종속적인 관계로 계층화하여 관리하는 데이터베이스이다.
- 데이터에 대한 접근 속도가 빠르지만, 종속적인 구조로 인하여 변화하는 데이터 구조에 유연하게 대응하기가 쉽지 않다.
- IMS, System 2000과 같은 제품이 있다.

③ **망형 데이터베이스 관리 시스템**(NDBMS, Network Database Management System)
- 데이터의 구조를 네트워크 상의 망상 형태로 논리적으로 표현한 데이터 모델이다.
- 트리 구조나 계층형 데이터베이스보다는 유연하지만 설계가 복잡하다는 단점이 있다.
- IDS, TOTAL, IDMS와 같은 제품이 있다.

④ **관계형 데이터베이스 관리 시스템**(RDBMS, Relational Database Management System)
- 가장 보편화 된 데이터베이스 관리 시스템이다.
- 데이터를 저장하는 테이블의 일부를 다른 테이블과 상하 관계로 표시하며 상관 관계를 정리한다.
- 변화하는 업무나 데이터 구조에 대한 유연성이 좋아 유지 관리가 용이하다.

Oracle	• 미국 오라클사에서 개발한 데이터베이스 관리 시스템으로 유료이다. • 리눅스, 유닉스, 윈도우 모두를 지원하며 대형 시스템에서 많이 사용한다.
SQL Server	• 마이크로소프트사에서 개발한 관계형 데이터베이스 시스템이다. • 마이크로소프트사 제품이기 때문에 윈도우즈 서버에서만 구동이 되며, 마이크로소프트사의 개발 언어인 C# 등과 가장 잘 호환된다.
MySQL	• 썬 마이크로시스템에서 소유했던 관계형 데이터베이스 시스템이었으나 오라클에서 인수하였다. • 리눅스, 유닉스, 윈도우에서 모두 사용이 가능하고 오픈소스 기반으로 개발되었다.
Maria DB	• MySQL 출신 개발자가 만든 데이터베이스이다. • MySQL과 완벽히 호환된다.

⑤ **NoSQL**(Not Only SQL) : 전통적인 관계형 데이터베이스보다 덜 제한적인 일관성 모델을 이용하고, 빅 데이터와 실시간 웹 애플리케이션의 상업적 이용에 쓰인다.

5) DBMS 구조

계층형 DBMS (Hierarchical DBMS)	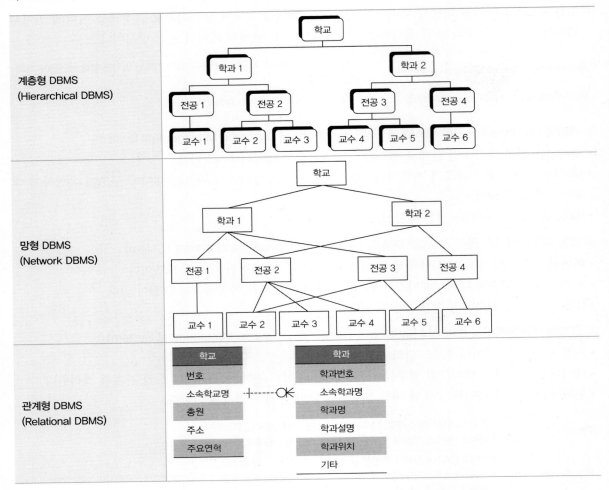
망형 DBMS (Network DBMS)	
관계형 DBMS (Relational DBMS)	

6) DBMS 분류

① 시스템 특징별 분류

- 관리하는 데이터의 형태 및 관리 방식에 따라 구분할 수 있다.
- 관계형 데이터베이스, 문서 저장 시스템, 그래프 데이터베이스, Key-Value 스토어 등으로 구분된다.

관계형 DBMS (Relational DBMS)	• 테이블의 구조(스키마)를 정의하고 테이블 간의 관계를 정의하여 데이터 관리 • 가장 광범위하게 쓰이는 DBMS • 비관계형 부분까지 확장하여 관리 범위를 넓힌 형태의 관계형 DBMS 출시 • 예 Oracle, MySQL, MS SQL Server, PostgreSQL, DB2, Maria DB
문서 저장 DBMS (Document Store DBMS)	• 관계형 DBMS와는 달리 스키마 구조가 필요 없음 • 일관된 구조가 필요 없음 • 컬럼은 하나 이상의 값을 가질 수 있음 • Client에서 후처리 필요 • 예 Mongo DB, Amazon Dynamo DB, Couchbase, MS Azure cosmos DB
그래프 DBMS (Graph DBMS)	• 노드와 에지로 특징되는 요소 특화 • 노드 간 관계를 구조화하여 저장 • 예 Neo4j, MS Azure cosmos DB, Orient DB, Arango DB
키값 DBMS (Key-value DBMS)	• 가장 간단한 형태의 DBMS • 임베디드 시스템과 같은 간단한 시스템에 적합 • 예 Redis, Amazon Dynamo DB, Memcached

② 상용화 및 오픈소스 기반 분류

상용화 DBMS	• 상업적 목적으로나, 판매를 목적으로 생성되는 소프트웨어 • 예 Oracle, MS SQL Server, DB2, Microsoft Access, Teradata
오픈소스 기반 DBMS	• 누구에게나 공개해 누구나 제한 없이 사용할 수 있는 소프트웨어 • 예 MySQL, PostgreSQL, Mongo DB, Redis, Elasticsearch

01 다음 보기에서 설명하는 데이터베이스 관리 시스템은 무엇인지 쓰시오.

> 관계형 데이터베이스 시스템인 RDBMS 중 하나로, 유료이며 리눅스/유닉스/윈도우 모두를 지원하고 대형 시스템에서 많이 사용한다.

• 답 :

정답 오라클

해설
오라클(Oracle)은 가장 보편화 된 데이터베이스 관리 시스템으로 리눅스, 유닉스, 윈도우 등을 모두 지원하며 대형 시스템에서 많이 사용된다.

02 다음 보기에서 설명하는 용어를 작성하시오.

> 데이터베이스의 중앙처리시스템인 DBMS를 관리하며 데이터의 검색, 삽입, 수정, 삭제를 수행하는 관리자를 의미한다.

• 답 :

정답 DBA

해설
데이터베이스 관리자로서 데이터베이스를 직접 활용하기보다는 사용자를 위해 설계 및 구축하며 데이터베이스를 관리하고 제어한다.

03 아래 테이블의 카디널리티(Cardinality)의 수와 디그리(Degree)의 수를 구하시오.

사번	부서	직급	성명	전화번호
111	영업부	팀장	김*	111-1111
222	무역부	과장	이*	222-2222
333	홍보부	사원	박*	333-3333

• 답 :

정답 카디널리티 : 3, 디그리 : 5

해설
카디널리티 계산 시, 테이블에서 맨 위의 제목 행은 제외한다.

출제빈도 상 중 (하)
반복학습 1 2 3

▶ 합격 강의

빈출 태그 E-R 모델, 개체, 속성, 관계

🔴 01 개체-관계 다이어그램(ERD, E-R Diagram)

1) ERD 개요

• ERD는 업무 분석 결과로 도출된 실체(엔티티)와 엔티티 간의 관계를 도식화 한 것이다.
• ERD는 요소들 간 연관성을 도식화 하기 때문에 데이터베이스 관리자, 개발자, 사용자 모두 데이터의 흐름과 연관성을 공통적으로 쉽게 확인할 수 있다.

2) E-R 모델(E-R Model)

• ERD의 구성요소인 개체, 관계, 속성을 추출하기 위해서는 업무나 시스템에 대한 명확한 정의가 있어야 한다.
• ERD로 도식화하기 전 각 개체를 사각형, 화살표, 마름모로 표기한 형태를 E-R 모델이라고 한다.
• 📝 업무에 대한 개체, 관계, 속성 추출

업무	• 각각의 종업원은 한 매장에 소속된다. • 종업원에 관해서는 사번, 이름, 주소, 휴대전화번호의 정보를 관리한다. • 매장에 대해서는 매장 코드, 매장명, 매장 전화번호, 매장 주소 정보가 유지된다.
개체, 관계, 속성	• 개체 : 종업원, 매장 • 관계 : 소속 • 속성 : 사번, 이름, 주소, 휴대전화번호, 매장 코드, 매장명, 매장 전화번호, 매장 주소

① 엔티티(Entity)

• 사물 또는 사건을 의미하며, 개체라고도 한다.
• ERD에서 엔티티는 사각형(□)으로 나타내고 사각형 안에는 엔티티의 이름을 넣는다.
  – 엔티티 이름은 가능한 한 대문자로 쓰며 단수형으로 명명한다.
  – 유일한 단어로 정한다.

② 속성(Attribute)

- 엔티티가 가지고 있는 요소 또는 성질을 의미한다.
- 속성은 선으로 연결된 동그라미(○)로 표기(Chen Model)하거나 표 형식으로 표기(Crow's Foot Model)한다.

Chen Model	Crow's Foot Model
	종업원
	사번
	이름
	주소
	휴대전화번호

- 관계형 데이터베이스 활용을 위해서는 Crow's Foot Model이 편리하다.
  - 속성명은 단수형으로 명명한다.
  - 엔티티명을 사용하지 않는다.
  - 속성이 필수 사항(Not Null)인지, 필수 사항이 아닌지(Null)를 고려하여 작성한다.

③ 관계(Relationship)

- 두 엔티티 간의 관계를 정의한다.
- 개체는 사각형(□), 속성은 타원형(○)을 이용하여 표시한다.

▶ ERD 관계 표식 및 의미

표식	의미
————	1:1 관계를 표시한다.
——<<	1:n 관계를 표시한다.
>——<	m:n 관계를 표시한다.
●—‖	• 필수 관계를 표시한다. • 1:1은 1:1을 포함한다. • 1:n은 1:1과 1:n을 포함한다. • m:n은 1:1, 1:n, m:1, m:n을 포함한다.
○—	• 필수가 아닌 관계를 표시한다. • 1:1은 0:1, 1:0, 1:1을 포함한다. • 1:m은 0:1, 1:0, 1:1, 1:m을 포함한다. • m:n은 0:1, 1:0, 0:n, m:0, 0:m, 1:n, m:1, m:n을 포함한다.

3) E-R 모델 표기법

기호	의미	기호	의미
□	개체	⬭ (밑줄)	기본키 속성
◇	관계	□—◇—□	연관성
○	속성	————	연결

02 ERD 작성 절차

1) ERD 작성을 위한 요소 추출

▶ 시나리오

(1) 보험사에서 사용하는 데이터베이스를 설계한다.
(2) 고객이 있고 고객이 사용하는 계좌가 있다.
(3) 고객에 대한 정보로는 이름, 주소, 휴대전화번호, 주민등록번호가 있다.
(4) 고객 계좌에 대한 정보로는 계좌번호, 계좌종류, 잔고, 개설일자, 인출한도가 있다.
(5) 주소 정보에 대한 정보로는 시군구, 동, 상세 주소, 우편번호가 있다.

▶ 업무로부터 추출

개체	고객, 계좌, 주소
속성	이름, 휴대전화번호, 주민등록번호, 계좌번호, 계좌종류, 잔고, 개설일자, 인출한도, 시군구, 동, 상세주소, 우편번호
관계	• 고객이 계좌번호를 소유한다. • 고객이 주소를 소유한다.

2) E-R Model 작성

• 추출된 요소를 가지고 ERD를 작성한다.
• 일부 작성된 ERD에 추출 요소들을 입력한다.

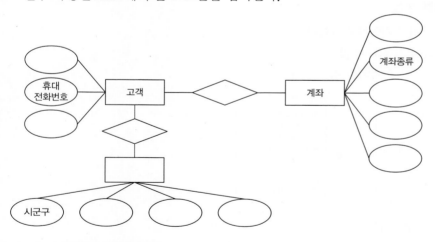

3) ERD 관계형 스키마 작성

① 관계형 스키마 작성을 위한 테이블 형태를 표시한다.

• 테이블의 가장 윗칸은 유일하게 필드를 구분할 수 있는 구분자(유일키)가 되어야 한다. 유일키를 만드는 방법은 여러 가지가 있으며 일련번호를 부여하기도 한다.
• 유일키 아래 칸에는 속성들을 기입한다.

- 제약조건
  - 고객은 다수의 집을 보유할 수 있다.
  - 고객은 다수의 계좌를 보유할 수 있다.

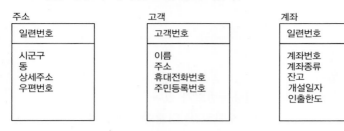

② 테이블 간 관계를 설정한다.

- 테이블 간 관계를 표시한다. 표기 시에는 1:1, 1:N, N:1, N:M의 관계를 고려해야 한다.
- 테이블 간 연결할 수 있는 속성을 부여하여 하나의 테이블에서 다른 테이블의 값을 찾아갈 수 있어야 한다.

4) 관계형 데이터베이스 테이블 생성

① 관계형 테이블 생성을 위한 물리 스키마를 작성한다.

- SQL 표준 언어는 한글 입력이 허용되지 않는다.
- 위 논리 스키마와 매칭되는 물리 스키마를 작성한다.

② 테이블 생성을 위한 SQL 명령어를 작성한다.

- 작성 시 필요한 datatype은 정수형, 실수형, 날짜형 등 다양하다.
- SQL 표준을 참조하여 필요로 하는 데이터형을 입력한다.

SQL 명령어	예제
```CREATE TABLE table_name(column1 datatype, column2 datatype, ...);```	```CREATE TABLE Address(Address1 varchar(255), Address2 varchar(255), Address3 varchar(255), Postal_Code varchar(255), Client_ID varchar(255));```

01 E-R Diagram은 1976년 P.Chen이 제안한 현실 세계를 개념적으로 표현한 방법으로 업무 분석 결과로 도출된 개체와 관계를 도식화한 표현이다. 다음 괄호 안에 들어갈 단어를 쓰시오.

기호	의미
사각형	개체 집합
타원	(①)
마름모	(②)
선	연결

• 답 :

정답 ① 속성
　　　② 관계

해설
대표적인 표기법으로 개체는 사각형, 속성은 타원, 관계는 마름모로 표시한다.

데이터베이스 관리

▶ 합격 강의

빈출 태그 데이터베이스 연산, 삽입, 읽기, 갱신, 삭제

01 데이터베이스 연산

- CRUD는 데이터베이스가 가지는 기본적인 데이터 처리 기능인 Create(생성), Read(읽기), Update(갱신), Delete(삭제)를 말한다.

기본 처리	SQL	설명
Create	Insert	테이블 내 컬럼에 데이터를 추가한다.
Read	Select	테이블 내 컬럼에 저장된 데이터를 불러온다.
Update	Update	테이블 내 컬럼에 저장된 데이터를 수정한다.
Delete	Delete	테이블 내 컬럼에 저장된 데이터를 삭제한다.

02 데이터베이스 연산 수행 절차

1) 데이터 삽입

- 테이블에서 데이터를 삽입하기 위해서는 "Insert" 명령어를 사용한다.

SQL 명령어	INSERT INTO table_name VALUES(value1, value2, value3, ...);
예제	INSERT INTO Address VALUES('서울특별시', '성동구 XX동', '대신아파트 1동 101호', '09100', '121');

2) 데이터 읽기

- 테이블에서 데이터를 읽기 위해서는 "Select" 명령어를 사용한다.
- Select 다음 * 표기를 사용하면 모든 데이터를 읽어 오고, 컬럼명을 지정하면 특정 컬럼만을 읽어 온다.

SQL 명령어	SELECT column1, column2, ... FROM table_name;
예제	(1) SELECT * FROM Address; (2) SELECT SEQ_ID, address1 FROM Address;

3) 데이터 갱신

- 테이블에서 데이터를 갱신하기 위해서는 "Update" 명령어를 사용한다.
- where 조건절을 사용하여 업데이트 할 데이터를 특정해야 한다.

SQL 명령어	UPDATE table_name SET column1 = value1, column2 = value2, ... WHERE condition;
예제	UPDATE Address SET address1 = '제주도', address2 = '서귀포시 색달동', address3 = '청아아파트 111동 11호' WHERE SEQ_ID = 1;

4) 데이터 삭제

- 테이블에서 데이터를 삭제하기 위해서는 "Delete" 명령어를 사용한다.
- where 조건절을 사용하여 삭제할 데이터를 특정해야 한다.

SQL 명령어	DELETE FROM table_name WHERE condition;
예제	DELETE FROM Address WHERE Address1='서울특별시';

5) 기타 SQL 명령어

- ALTER DATABASE 명령어를 사용하여 데이터베이스를 수정한다.
- ALTER TABLE 명령어를 사용하여 테이블 구조를 수정한다.
- DROP TABLE 명령어를 사용하여 테이블을 전체 삭제한다.
- CREATE INDEX 명령어를 사용하여 테이블 내 데이터의 검색 속도를 향상시킬 수 있는 인덱스를 생성한다.
- DROP INDEX 명령어를 사용하여 인덱스를 삭제한다.
- JOINT 기능을 사용하여 복수의 테이블로부터 데이터를 조합하여 가져온다.
- 그 외 UNION, GROUP BY 등의 다양한 명령어를 활용한다.

합격을 다지는 / **예상문제**

01 데이터베이스 연산 CRUD는 기본적인 데이터 처리 기능인 Create(생성), Read(읽기), Update(갱신) 그리고 이것이 있는데 이것은 무엇인지 쓰시오.

- 답 :

정답 Delete(삭제)

해설
CRUD는 데이터베이스 기본 데이터 처리 기능을 의미하며 이에 상응하는 SQL 명령어로는 Create, Read, Update, Delete가 있다.

SQL 활용

4과목 소개

관계형 데이터베이스에서 SQL을 사용하여 목적에 적합한 데이터를 정의하고,
조작하며, 제어할 수 있다.

CHAPTER 01

기본 SQL

학습 방향

1. 테이블의 구조와 제약조건을 생성, 삭제하고 수정하는 DDL(Data Definition Language) 명령문을 작성할 수 있다.
2. 한 개의 테이블에 대해 데이터를 삽입, 수정, 삭제하고 행을 조회하는 DML(Data Manipulation Language) 명령문을 작성할 수 있다.
3. 업무 단위인 트랜잭션의 완료와 취소를 위한 DCL(Data Control Language) 명령문을 작성할 수 있다.
4. 생성된 테이블의 목록, 테이블의 구조와 제약조건을 파악하기 위해 데이터 사전을 조회하는 명령문을 작성할 수 있다.

출제빈도

SECTION 01	상	30%
SECTION 02	상	30%
SECTION 03	상	30%
SECTION 04	하	10%

▶ 합격 강의

01 DDL(데이터 정의어)의 개념

1) DDL 정의

- DDL(Data Definition Language)은 '데이터를 정의하는 언어'로서, 보다 엄밀하게 말하면 '데이터를 담는 그릇을 정의하는 언어'이며, 이러한 그릇을 DBMS에서는 '오브젝트'라고 한다.
- DDL을 통해 정의할 수 있는 대상, 오브젝트의 유형은 다음과 같다.

DDL 대상	설명
스키마(Schema)	• DBMS 특성과 구현 환경을 감안한 데이터 구조 • 직관적으로 하나의 데이터베이스로 이해 가능
도메인(Domain)	• 속성의 데이터 타입과 크기, 제약조건 등을 지정한 정보 • 속성이 가질 수 있는 값의 범위로 이해 가능
테이블(Table)	데이터 저장 공간
뷰(View)	하나 이상의 물리 테이블에서 유도되는 가상의 논리 테이블
인덱스(Index)	검색을 빠르게 하기 위한 데이터 구조

2) DDL 유형

구분	DDL 명령어	내용
생성	CREATE	데이터베이스 오브젝트 생성
변경	ALTER	데이터베이스 오브젝트 변경
삭제	DROP	데이터베이스 오브젝트 삭제
	TRUNCATE	데이터베이스 오브젝트 내용 삭제, 테이블 구조는 유지

🅱 기적의 TIP

TRUNCATE는 DELETE와 같이 데이터를 삭제하는 것은 동일하지만 테이블 구조를 유지하므로 DDL에 포함됩니다.

02 DDL(데이터 정의어)의 활용

1) 테이블 생성

구분	문법
신규 생성	CREATE TABLE 테이블이름 (열이름 데이터 타입 [DEFAULT 값] [NOT NULL] [PRIMARY KEY (열 리스트)] {[FOREIGN KEY (열 리스트) REFERENCES 테이블이름 [(열이름)] 　　[ON DELETE 옵션] 　　[ON UPDATE 옵션]]}★ [CHECK (조건식) | UNIQUE(열이름)]);
다른 테이블 정보를 이용한 테이블 생성	CREATE TABLE 테이블이름 AS SELECT 문;

2) 테이블 변경

구분	문법
열 추가	ALTER TABLE 테이블이름 ADD 열이름 데이터 타입 [DEFAULT 값]
열 데이터 타입 변경	ALTER TABLE 테이블이름 MODIFY 열이름 데이터 타입 [DEFAULT 값]
열 삭제	ALTER TABLE 테이블이름 DROP 열이름

3) 테이블 삭제, 내용 삭제, 이름 변경

구분	문법
테이블 삭제	DROP TABLE 테이블이름
테이블 내용 삭제	TRUNCATE TABLE 테이블이름
테이블 이름 변경	RENAME TABLE 이전 테이블이름 TO 새로운 테이블이름
	ALTER TABLE 이전 테이블이름 RENAME 새로운 테이블이름

4) 데이터 타입

유형	정의
CHAR	고정 길이 문자열 데이터 타입
VARCHAR	가변 길이 문자열 데이터 타입
INT	숫자에 사용되는 데이터 타입
FLOAT	소수형 데이터 타입
DATE	날짜에 사용되는 데이터 타입

03 제약조건 적용

1) 제약조건 유형

제약조건	설명
PRIMARY KEY	• 테이블의 기본키를 정의함 • 기본으로 NOT NULL, UNIQUE 제약이 포함됨
FOREIGN KEY	• 외래키를 정의함 • 참조 대상을 테이블 이름(열 이름)으로 명시해야 함 • 참조 무결성 위배 상황 발생 시 처리 방법으로 옵션 지정 가능 – NO ACTION, SET DEFAULT, SET NULL, CASCADE, RESTRICT
UNIQUE	• 테이블 내에서 열은 유일한 값을 가져야 함 • 테이블 내에서 동일한 값을 가져서는 안 되는 항목에 지정함
NOT NULL	• 테이블 내에서 관련 열의 값은 NULL일 수 없음 • 필수 입력 항목에 대해 제약조건으로 설정함
CHECK	• 개발자가 정의하는 제약조건 • 상황에 따라 다양한 조건 설정 가능

2) 제약조건 변경

내용	SQL 명령문
제약조건 추가	ALTER TABLE 테이블이름 ADD [CONSTRAINT 제약조건이름] 제약조건(열이름)
제약조건 삭제	ALTER TABLE '주문테이블' DROP FOREIGN KEY [제약조건이름];
제약조건 활성화	ALTER TABLE 테이블이름 ENABLE CONSTRAINT 제약조건이름
제약조건 비활성화	ALTER TABLE 테이블이름 DISABLE CONSTRAINT 제약조건이름

> **기적의 TIP**
>
> ALTER TABLE을 사용하여 테이블에 제약조건을 추가하거나 삭제할 수는 있으나 수정은 불가능합니다.

❹ 예제로 알아보는 SQL – DDL

1) 테이블 생성 : CREATE

- 급여라는 테이블을 생성하며 길이에 상관 없는 문자열로 ID와 고객명 컬럼을 설정하고, 나이는 숫자, 입사연도는 날짜로 정의하시오.
- 기본키는 ID로 설정하고, ID와 입사연도는 공백을 허용하지 않으며, 입사연도가 입력되지 않을 시 2020으로 입력되도록 기본값을 설정하시오.

```
CREATE TABLE 급여(
    ID VARCHAR(20) NOT NULL
    고객명 VARCHAR(20)
    나이 INT
    입사연도 DATE NOT NULL DEFAULT 2020
    PRIMARY KEY(ID)
)
```

2) 컬럼 이름 및 타입 변경 : ALTER

- 주문 테이블의 배송지를 배송지역으로 변경하시오.

```
ALTER TABLE '주문' CHANGE '배송지' '배송지역';
```

- 주문 테이블의 상품 데이터 형식을 가변 문자형으로 표현하고 null 값을 허용하지 않도록 하시오.

```
ALTER TABLE '주문' ALTER COLUMN '상품' VARCHAR(20) NOT NULL;
```

3) 테이블 또는 컬럼 삭제 : DROP

- 급여 테이블을 삭제하시오.

```
DROP TABLE '급여';
```

- 급여 테이블에서 부서 컬럼만 삭제하시오.

```
ALTER TABLE '급여' DROP COLUMN '부서';
```

> 🅱 기적의 TIP
>
> **DROP문에서 쓰이는 기타 SQL 명령어들**
> - **RESTRICT** : 삭제할 테이블(데이터)가 참조 중이면 삭제하지 않는다.
> - **CASCADE** : 삭제할 테이블(데이터)가 참조 중이라도 삭제를 하게 되면 삭제할 요소와 참조된 모든 요소에 대해서 연쇄적으로 같이 삭제된다.

01 데이터 정의 언어(DDL, Data Define Language)에서 테이블 구조는 유지하며 테이블 내용을 제거하는 명령어를 작성하시오.

• 답 :

정답 TRUNCATE

해설
테이블 구조까지 삭제하는 DROP과는 다르게 TRUNCATE는 테이블 구조는 유지하면서 데이터를 삭제한다.

02 아래 보기에는 '영진' 테이블의 기본키를 삭제하는 SQL문이다. 빈칸에 들어갈 알맞은 SQL을 모두 작성하시오.

```
(   ①   ) TABLE 영진 (   ②   ) PRIMARY KEY;
```

• 답 :

정답 ① ALTER
② DROP

해설
테이블의 기본키를 삭제하는 것은 테이블의 속성을 변경하는 것이므로 ALTER와 삭제하는 DROP이 같이 쓰이게 된다.

빈출 태그 DML, 조회, 삭제, 변경, 추가

01 DML(데이터 조작어)의 개념

1) DML 정의

- 데이터를 조작하는 명령어를 DML(Data Manipulation Language)이라고 한다.
- 여기에서 조작이란, 데이터 관점에서 생명 주기를 제어하는 것을 의미한다.

2) DML 유형

구분	DML 명령어	내용
데이터 조회	SELECT	테이블의 내용을 조회
데이터 삭제	DELETE	테이블의 내용을 삭제
데이터 변경	UPDATE	테이블의 내용을 변경
데이터 추가	INSERT	테이블의 내용을 추가

02 DML(데이터 조작어)의 활용

1) 데이터 조회

- 데이터의 내용을 조회할 때 사용하는 명령어이다.
- 가장 많이 사용되는 SQL 명령어로서, 다른 DML 명령어와 같이 사용되어 SQL의 활용을 풍부하게 한다.
- SELECT 명령어의 기본 형식은 다음과 같다.

```
SELECT [OPTION] columns FROM table [WHERE 절] ;
```

▶ SELECT 문에서 사용되는 요소

요소	요소값	내용
OPTION	ALL	중복을 포함한 조회 결과 출력
	DISTINCT	중복을 제외한 조회 결과 출력
columns	컬럼명 목록	SELECT를 통해 조회할 컬럼명 지정
	와일드카드	모두 또는 전체를 의미하는 '*'

SELECT문에서 쓰이는 기타 SQL 명령어들
- DISTINCT : 중복된 값을 한 번만 검색되도록 한다.
- BETWEEN : A AND B, 즉 A값과 B값 사이를 만족하는 부분을 검색한다.
- IN : IN(A,B), OR과 동일하게 참조하는 부분 중 하나라도 만족하는 부분을 검색한다.
- ORDER BY : 오름차순은 ASC, 내림차순은 DESC를 사용하여 정렬한다.
- HAVING : GROUP BY에 의해 그룹으로 분류된 부분에서 WHERE 대신 조건절을 대신한다.

2) 데이터 삭제

- 레코드를 삭제할 때 다음과 같은 형태의 DELETE 명령문을 사용한다.
- 조건절 없이 DELETE를 사용하는 경우, 테이블 전체가 한 번에 삭제된다.

```
DELETE FROM table [WHERE 절];
```

3) 데이터 변경

- 데이터를 변경, 수정할 때 다음과 같은 형태의 UPDATE 명령문을 사용한다.
- UPDATE 명령문은 보통 WHERE 절을 통해 어떤 조건이 만족할 경우에만 특정 컬럼의 값을 수정하는 용도로 많이 사용된다.

```
UPDATE table SET column1 = value1, column2 = value2, ... [WHERE 절];
```

4) 데이터 추가

- 데이터를 삽입하기 위한 명령어로 다음과 같이 두 가지 형태의 명령문 형식을 제공한다.
- 이때 데이터 삽입 결과로 하나의 레코드가 추가된다. 따라서 삽입에 사용되는 정보는 하나의 레코드를 충분히 묘사해야 한다.

```
INSERT INTO table_name (column1, column2, ..) VALUES (value1, value2, ...);
```

```
INSERT INTO table_name VALUES (value1, value2, ...);
```

03 예제로 알아보는 SQL – DML

1) 데이터 조회 : SELECT

- 아무 조건 없이 학생 테이블의 모든 컬럼을 조회하시오.

```
SELECT * FROM 학생;
```

- 학생 테이블에서 학년이 2학년인 모든 컬럼을 조회하시오.

```
SELECT * FROM 학생 WHERE 학년 = 2;
```

- 학생 테이블에서 중복을 제외한 동아리명 컬럼을 조회하시오.

```
SELECT DISTINCT 동아리명 FROM 학생;
```

- 학생 테이블에서 학년이 3학년이고, 과목이 영어인 학생의 성명과 연락처를 조회하시오.

```
SELECT 성명, 연락처 FROM 학생 WHERE 학년 = 3 AND 과목 = '영어' ;
```

2) 데이터 삭제 : DELETE

- 학생 테이블에서 전체 행을 제거하시오.

```
DELETE FROM '학생';
```

- 학생 테이블에서 학년이 3학년인 데이터를 삭제하시오.

```
DELETE FROM '학생' WHERE 학년 = 3;
```

🅱 기적의 TIP

DELETE는 특정 컬럼만 삭제할 수 없습니다.

3) 데이터 수정 : UPDATE

- 판매내역 테이블에 재고가 없으면 상태를 '판매불가'라고 수정하시오.

```
UPDATE '판매내역' SET 상태 = '판매불가' WHERE 재고 IS NULL
```

🅱 기적의 TIP

NULL이란 정보의 부재, 즉 '값 없음'을 의미합니다. WHERE에서 쓰일 때에는 공백이면 IS NULL, 공백이 아니면 IS NOT NULL로 쓰입니다.

4) 데이터 추가 : INSERT

- 회원 테이블에서 회원번호 1112, 성명 '윤지영', 지역 '인천', 연락처 '486-1112'인 회원을 추가하시오.

```
INSERT INTO 회원(회원번호,성명,지역,연락처)
VALUES (1112,'윤지영','인천','486-1112');
```

01 다음 학생 테이블에서 수학이 80점 이하인 학생이 3명 이상인 반의 튜플 수를 구하는 SQL문이다. 빈칸에 들어갈 명령어를 작성하시오.

```
SELECT 반, COUNT(*) AS 학생수
FROM 학생
WHERE 수학 <= 80
GROUP BY 반
(           ) COUNT(*) >= 3;
```

• 답 :

정답 HAVING

해설

일반적으로 SQL문에서 조건문은 WHERE를 사용하지만 관계 연산에서의 조건문은 LIKE를 사용하며 GROUP BY에서의 조건문은 HAVING을 사용한다.

02 PATH 테이블에서 점수 열을 내림차순으로 검색하려고 한다. 빈칸에 들어갈 알맞은 SQL문을 작성하시오.

```
SELECT * FROM PATH ORDER BY 점수 (          )
```

• 답 :

정답 DESC

해설

ORDER BY에서 ASC는 오름차순으로, DESC는 내림차순으로 정렬되며 ORDER BY 이후에 아무것도 입력하지 않는다면 기본적으로 ASC 오름차순으로 정렬된다.

SECTION

03 DCL

▶ 합격 강의

출제빈도 (상)중 하
반복학습 ① ② ③

빈출 태그 DCL, 권한 부여, 권한 회수, 확정, 취소

01 DCL(데이터 제어어)의 개념

1) DCL 정의

- 데이터베이스에서 데이터 이외의 오브젝트에 대해 조작할 필요가 있다. 이때 사용하는 SQL 명령을 DCL(Data Control Language)이라고 한다.
- DCL의 조작 대상, 오브젝트 유형은 다음과 같다.

오브젝트	목적	내용
사용자 권한	접근 통제	사용자를 등록하고, 사용자에게 특정 데이터베이스를 사용할 수 있는 권리를 부여하는 작업
트랜잭션	안전한 거래 보장	동시에 다수의 작업을 독립적으로 안전하게 처리하기 위한 상호작용 단위

2) DCL 유형

유형	명령어	용도
DCL	GRANT	데이터베이스 사용자 권한 부여
	REVOKE	데이터베이스 사용자 권한 회수
TCL	COMMIT	트랜잭션 확정
	ROLLBACK	트랜잭션 취소
	CHECKPOINT	복귀지점 설정

🅑 기적의 TIP

TCL(Transaction Control Language)은 트랜잭션 제어를 위한 명령어입니다. TCL과 DCL은 대상이 달라 서로 별개의 개념으로 분류할 수 있으나, 제어 기능이라는 공통점으로 DCL의 일부로 분류하기도 합니다.

02 DCL의 활용

1) 사용자 권한 부여

- 권한은 시스템 권한과 객체 권한으로 분류한다. 각 권한을 부여하기 위한 명령어 사용법은 다음과 같다.

권한	명령어 문법
시스템 권한 부여	GRANT 권한1, 권한2 TO 사용자계정
객체 권한 부여	GRANT 권한1, 권한2 ON 객체명 TO 사용자계정

• 시스템 권한과 객체 권한의 종류는 다음과 같다.

구분	권한	내용
시스템 권한	CREATE USER	계정 생성 권한
	DROP USER	계정 삭제 권한
	DROP ANY TABLE	테이블 삭제 권한
	CREATE SESSION	데이터베이스 접속 권한
	CREATE TABLE	테이블 생성 권한
	CREATE VIEW	뷰 생성 권한
	CREATE SEQUENCE	시퀀스 생성 권한
	CREATE PROCEDURE	함수 생성 권한
객체 권한	ALTER	테이블 변경 권한
	INSERT	데이터 조작 권한
	DELETE	
	SELECT	
	UPDATE	
	EXECUTE ON PROCEDURE	실행 권한

2) 사용자 권한 회수

• GRANT에 대응하는 권한 회수 명령은 REVOKE이다.
• 권한 유형별 대응하는 명령어 구조는 다음과 같다.

권한	명령어 문법
시스템 권한 회수	REVOKE 권한1, 권한2 FROM 사용자계정
객체 권한 회수	REVOKE 권한1, 권한2 ON 객체명 FROM 사용자계정

❸ 접근 통제

1) 접근 통제 개념

• 데이터베이스의 보안을 구현하는 방법으로 접근 통제 방법을 사용한다.
• 접근 통제란 보안 정책에 따라 접근 객체(시스템 자원, 통신 자원 등)에 대한 접근 주체(사용자, 프로세스 등)의 접근 권한 확인 및 이를 기반으로 한 접근 제어를 통해 자원에 대한 비인가된 사용을 방지하는 정보 보호 기능을 의미한다.

2) 접근 통제 유형

유형	정의	의미
임의 접근 통제 (DAC : Discretionary Access Control)	• 시스템 객체에 대한 접근을 사용자 개인 또는 그룹의 식별자를 기반으로 제한하는 방법 • 임의적이라는 말은 어떤 종류의 접근 권한을 갖는 사용자는 다른 사용자에게 자신의 판단에 의해서 권한을 줄 수 있다는 것 • 주체와 객체의 신분 및 임의적 접근 통제 규칙에 기초하여 객체에 대한 주체의 접근을 통제하는 기능	• 통제 권한이 주체에 있음 • 주체가 임의적으로 접근 통제 권한을 배분하며 제어할 수 있음
강제 접근 통제 (MAC : Mandatory Access Control)	정보 시스템 내에서 어떤 주체가 특정 객체에 접근하려 할 때 양쪽의 보안 레이블(Security Label)에 기초하여 높은 보안 수준을 요구하는 정보(객체)가 낮은 보안 수준의 주체에게 노출되지 않도록 접근을 제한하는 통제 방법	• 통제 권한이 제3자에게 있음 • 주체는 접근 통제 권한과 무관함

3) 접근 통제와 DCL의 관계

• 강제 접근 통제의 경우, 제3자의 종류에 따라 보다 세분화 된 정책이 존재한다.
• 접근 통제 정책의 두 가지 가운데 데이터베이스 관리 시스템(DBMS)에서 채택한 접근 통제 정책은 임의 접근 통제, DAC 방식이다.
• 데이터베이스 관리, 특히 접근 통제 용도로 SQL에서 사용하는 명령어가 바로 DCL(Data Control Language)이다.

04 TCL 활용 방법

1) 트랜잭션 개념

• 트랜잭션은 '일 처리 단위'를 의미한다.
• 보다 다양한 관점에서 트랜잭션은 다음과 같은 모습을 가진다.
 – 트랜잭션은 논리적 연산 단위이다.
 – 한 개 이상의 데이터베이스 조작이다. 즉, 하나 이상의 SQL 문장이 포함된다.
 – 트랜잭션은 '거래'이다.
 – 이때 거래 결과가 모두 반영되거나 또는 모두 취소되어야 한다. 즉, 데이터베이스에서의 트랜잭션은 특별한, 엄격한 거래를 의미한다.
 – 분할할 수 없는 최소 단위이다.

2) 트랜잭션 제어

• 트랜잭션을 제어한다는 것은 흐름의 구조를 바꾼다는 것이 아니라 트랜잭션의 결과를 수용하거나 취소하는 것을 의미한다.
• 이러한 작업을 수행하는 TCL 관련 명령어는 다음과 같다.

명령어	내용	비고
COMMIT	트랜잭션을 확정함	
ROLLBACK	트랜잭션을 취소함	
CHECKPOINT	저장점 설정	ROLLBACK할 위치를 지정함

01 사용자 PATH에게 계정 생성 권한(CREATE USER)을 부여하는 SQL문을 작성하시오.

• 답 :

정답 GRANT CREATE USER TO PATH

해설
권한을 부여하는 GRANT는 시스템 권한과 객체 권한으로 나뉘는데 시스템 권한은 'GRANT 권한 TO 사용자계정'으로 구성되며, 객체 권한은 'GRANT 권한 ON 객체명 TO 사용자계정'으로 구성된다.

02 사용자 PATH에게 점수 테이블의 갱신(UPDATE)과 삭제(DELETE) 권한을 해제하는 SQL문을 작성하시오.

• 답 :

정답 REVOKE UPDATE, DELETE ON 점수 FROM PATH

해설
권한을 해제하는 REVOKE는 시스템 권한과 객체 권한으로 나뉘는데 시스템 권한은 'GRANT 권한 FROM 사용자계정'으로 구성되며, 객체 권한은 'REVOKE 권한 ON 객체명 FROM 사용자계정'으로 구성된다.

데이터 사전 검색

▶ 합격 강의

빈출 태그 데이터 사전, 메타 데이터

01 데이터 사전의 개념

• 데이터 사전(Data Dictionary)에는 데이터베이스의 데이터를 제외한 모든 정보가 있다.
• 데이터를 제외한(데이터를 구성하는) 모든 정보라는 것은 데이터의 데이터를 의미한다. 따라서 데이터 사전은 메타 데이터(Meta Data)로 구성되어 있다고 할 수 있다.

B 기적의 TIP

메타 데이터(Meta Data)
• '데이터에 대한 데이터', 즉 어떠한 목적을 가지고 만들어진 데이터를 의미한다.
• 데이터에 관해 구조화 된 데이터로, 다른 데이터를 설명해 주는 데이터라고 볼 수 있다.

• 데이터 사전의 내용을 변경하는 권한은 시스템이 가지며, 사용자에게는 읽기 전용 테이블 형태로 제공되므로 단순 조회만 가능하다.

02 데이터 사전의 내용

• 데이터 사전 안에 존재하는 메타 데이터의 유형은 다음과 같다.
  – 사용자 정보(아이디, 패스워드 및 권한 등)
  – 데이터베이스 객체 정보(테이블, 뷰, 인덱스 등)
  – 무결성 제약 정보
  – 함수, 프로시저 및 트리거 등
• 데이터 사전 내용이 메타 데이터라는 것은 모든 DBMS 제품에 공통이지만 데이터 사전을 구현하는 방법, 관리하는 방법 등의 차이로 메타 데이터의 구체적인 내용은 제품마다 다르다.

03 데이터 사전의 용도

• 사용자에게 데이터 사전은 단순 조회의 대상일 뿐이다.
• 데이터베이스 엔진을 이루는 컴파일러, 옵티마이저 등과 같은 구성요소에게 데이터 사전은 작업을 수행하는 데 필요한 참조 정보일 뿐만 아니라 작업의 대상이기도 하다.

01 다음에서 설명하는 정의에 대한 용어를 작성하시오.

데이터를 제외한 데이터를 구성하는 정보 또는 '데이터의 데이터'를 말하며 어떠한 목적을 가지고 만들어진 데이터

• 답 :

정답 메타 데이터(Meta Data)

해설
데이터베이스의 데이터를 제외한 모든 정보, 즉 데이터를 제외한 데이터를 구성하는 모든 정보를 의미한다.

CHAPTER 02

고급 SQL

학습 방향

1. 테이블 조회 시간을 단축하기 위해 사용하는 인덱스의 개념을 이해하고, 인덱스를 생성하는 명령문을 작성할 수 있다.
2. 먼저 생성된 테이블들을 이용하여 새로운 테이블과 뷰를 생성하는 DDL(Data Definition Language) 명령문을 작성할 수 있다.
3. 조인, 서브쿼리, 집합 연산자를 사용하여 두 개 이상의 테이블로부터 데이터를 조회하는 DML(Data Manipulation Language) 명령문을 작성할 수 있다.

출제빈도

SECTION 01	상		40%
SECTION 02	상		30%
SECTION 03	상		30%

출제빈도 ⑤ 중 하
반복학습 ① ② ③

빈출 태그 인덱스 개념, 인덱스 활용

01 인덱스(INDEX)

1) 인덱스 개념

- 인덱스란 데이터를 빠르게 찾을 수 있는 수단으로, 테이블에 대한 조회 속도를 높여주는 자료구조를 의미한다.
- 인덱스는 테이블의 특정 레코드 위치를 알려주는 용도로 사용한다.
- 테이블에서 기본키로 지정할 경우 자동으로 인덱스가 생성된다.

2) 인덱스 활용

① 인덱스 생성

```
CREATE [UNIQUE] INDEX <index_name> ON <table_name> (<column(s)>);
```

- 각각의 파라미터가 의미하는 내용은 다음과 같다.

[UNIQUE]	인덱스가 걸린 컬럼에 중복값을 허용하지 않음(생략 가능)
⟨index_name⟩	생성하고자 하는 인덱스 테이블 이름
⟨table_name⟩	인덱스 대상 테이블 이름
⟨column(s)⟩	인덱스 대상 테이블의 특정 컬럼 이름(들)

② 인덱스 변경

```
ALTER [UNIQUE] INDEX <index_name> ON <table_name> (<column(s)>);
```

- 한 번 생성된 인덱스에 대해 변경이 필요한 경우는 드물다.
- 일부 제품은 인덱스에 대한 변경 SQL문이 없다. 이 경우 기존 인덱스를 삭제하고 신규 인덱스를 생성하는 방식으로 사용이 권고되고 있다.

③ 인덱스 삭제

```
ALTER TABLE <table_name> DROP INDEX <index_name>;
```

• ⟨index_name⟩은 생성된 인덱스 이름을 의미한다.
• 인덱스 관련 명령어에 대한 SQL 표준이 없기에 제품별 DROP 명령문의 사용법은 약간씩 다르다. 보통 인덱스를 테이블의 종속 구조로 생각하여 인덱스를 삭제하기 위해 테이블의 변경을 가하는 형식의 명령을 사용한다. 즉, ALTER TABLE 명령 뒤에 DROP INDEX 명령이 추가되는 형태로 사용된다.

합격을 다지는 / 예상문제

01 데이터베이스에서 테이블에 있는 데이터를 빠르게 색인하기 위한 기능을 무엇이라고 하는지 쓰시오.

• 답 :

정답 인덱스

해설
인덱스(INDEX)는 데이터를 빠르게 찾을 수 있는 수단으로 테이블에 대한 조회 속도를 높여주는 자료 구조를 의미한다. 다른 이름으로 색인이라고 한다.

▶ 합격 강의

01 뷰(View)

1) 뷰 개념

- 뷰는 논리 테이블로서 사용자에게는(생성 관점 아닌 사용 관점에서) 테이블과 동일하다.
- 뷰는 하나의 물리 테이블로부터 생성 가능하며, 다수의 테이블 또는 다른 뷰를 이용하여 만들 수 있다.
- 뷰와 같은 결과를 만들기 위해 조인(Join) 기능을 활용할 수 있으나, 뷰가 만들어져 있다면 사용자는 조인 없이 하나의 테이블을 대상으로 하는 단순한 질의어를 사용할 수 있다.

2) 뷰 특징

- 뷰를 사용하는 주된 이유는 다음과 같은 단순한 질의어를 사용할 수 있기 때문이다.

```
SELECT * FROM <View_Name>;
```

- 즉, FROM 절에 있는 하나의 〈뷰〉를 통해 뷰를 구성하는 복수의 〈테이블〉을 대체하는 단순성에 그 의의가 있다. 또 이러한 기능을 통해 테이블의 중요 데이터 일부만을 제공할 수 있다는 장점이 있다.

장점	논리적 독립성 제공	뷰는 논리 테이블이므로 테이블의 구조가 변경되어도 뷰를 사용하는 응용 프로그램은 변경하지 않아도 된다.
	사용자 데이터 관리 용이	복수 테이블에 존재하는 여러 종류의 데이터에 대해 단순한 질의어 사용이 가능하다.
	데이터 보안 용이	중요 보안 데이터를 저장 중인 테이블에는 접근을 불허하고, 해당 테이블의 일부 정보만을 볼 수 있는 뷰에는 접근을 허용하는 방식으로 보안 데이터에 대한 접근 제어가 가능하다.
단점	뷰 자체 인덱스 불가	인덱스는 물리적으로 저장된 데이터를 대상으로 하기에 논리적 구성인 뷰 자체는 인덱스를 가지지 못한다.
	뷰 정의 변경 불가	뷰의 정의를 변경하려면 뷰를 삭제하고 재생성하여야 한다.
	데이터 변경 제약 존재	뷰의 내용에 대한 삽입, 삭제, 변경 제약이 있다.

3) 뷰 생성

- 뷰 생성 명령의 일반 형태는 다음과 같다.

```
CREATE VIEW <뷰이름>(컬럼목록) AS <뷰를 통해 보여줄 데이터 조회용 쿼리문>
```

▶ 뷰 생성 방법

상황	뷰 생성 쿼리문
테이블A 그대로 뷰A	CREATE VIEW 뷰A AS SELECT * FROM 테이블A;
테이블A 일부 컬럼 뷰X	CREATE VIEW 뷰X AS SELECT 컬럼1, 컬럼2, 컬럼3 FROM 테이블A;
테이블A와 테이블B 조인 결과를 뷰Y	CREATE VIEW 뷰Y AS SELECT * FROM 테이블A, 테이블B WHERE 테이블A.컬럼1 = 테이블B.컬럼1;

4) 뷰 삭제 및 변경

- 뷰 정의 자체를 변경하는 것은 불가능하다. 일단 뷰를 정의하면, 뷰의 물리적 내용은 뷰의 이름과 데이터를 조회하기 위한 쿼리문일뿐이다. 이때 뷰의 이름이나 쿼리문을 변경하는 수단은 제공되지 않는다. 이 경우 뷰의 삭제와 재생성을 통해 뷰에 대한 정의 변경이 가능하다.
- 뷰를 삭제하는 쿼리문은 다음과 같다.

```
DROP VIEW <View_Name>;
```

- 뷰를 통해 접근 가능한 데이터에 대한 변경이 가능하다. 하지만 모든 경우에 데이터의 변경이 가능한 것이 아니라 일부 제약이 존재한다. 이러한 제약은 뷰 자체가 논리적 개념이기에 물리적 상황에 의존적임을 의미한다. 예를 들어 기본키에 해당하는 컬럼이 뷰에 정의되어 있지 않은 경우 INSERT는 불가능하다.

01 학생 테이블에서 3학년 학생들의 성명, 학년으로 구성된 뷰를 동아리라는 이름으로 생성하려 한다. 동아리 뷰를 생성하는 SQL문을 완성하시오.

```
CREATE VIEW 동아리
(              ) 성명, 학년
FROM 학생
WHERE 학년 = 3;
```

• 답 :

정답 AS SELECT

해설
VIEW를 생성하기 위한 명령문의 형태는 다음과 같다.

```
CREATE VIEW <뷰이름>(컬럼) AS <쿼리문>
```

SECTION

03 다중 테이블

출제빈도 (상) 중 하
반복학습 1 2 3

빈출 태그 조인, 서브쿼리, 집합 연산

▶ 합격 강의

01 다중 테이블

- 다중 테이블 검색 방법
  - 관계형 데이터베이스는 데이터의 중복을 최소화하기 위해 데이터를 분해하여 저장하고 통합하여 사용한다.
  - 데이터를 분해하는 방법으로 정규화 기법이 사용되며, 통합하는 기법으로 다중 테이블에 대한 검색이 사용된다.
- 다중 테이블을 이용하는 보다 세부적인 기법은 다음과 같다.

조인	두 개의 테이블을 결합하여 데이터를 추출하는 기법
서브쿼리	SQL문 안에 포함된 SQL문 형태의 사용 기법
집합 연산	테이블을 집합 개념으로 조작하는 기법

02 조인(JOIN)

1) 조인 개념

- 조인은 결합을 의미하며, 관계형 데이터베이스에서의 조인은 교집합 결과를 가지는 결합 방법을 의미한다.
- 조인은 두 테이블의 공통값을 이용하여 컬럼을 조합하는 수단이다. 보통 기본키와 후보키값을 결합하여 사용하는 것이 일반적이다. 보다 엄밀하게 말하자면 기본키, 후보키와 관계없이 논리적인 값들의 연관을 사용한다.

2) 조인 유형

- 조인은 관계형 데이터베이스의 가장 큰 장점이면서 대표적인 핵심 기능이다.
- 크게 논리적 조인과 물리적 조인으로 구분할 수 있다.

논리적 조인	• 사용자의 SQL문에 표현되는 테이블 결합 방식
	• 두 테이블에 공통으로 존재하는 컬럼을 이용하는 방식(공통 컬럼 기반)
	• 종류
	  – 내부 조인(Inner Join)
	  – 외부 조인(Outer Join)

물리적 조인	• 데이터베이스의 옵티마이저에 의해 내부적으로 발생하는 테이블 결합 방식 • 특정 테이블의 모든 데이터를 기준으로 다른 테이블의 정보를 추출(다른 테이블에 값이 없어도 출력됨) • 종류 : 중첩 반복 조인(Nested Loop Join), 정렬 합병 조인(Sort–Merge Join), 해시 조인(Hash Join)

① 논리적 조인

내부 조인 (Inner Join)	동등 조인(Equi Join)	공통 존재 컬럼의 값이 같은 경우를 추출
	자연 조인(Natural Join)	두 테이블의 모든 컬럼을 비교하여 같은 컬럼명을 가진 모든 컬럼 값이 같은 경우를 추출
	교차 조인(Cross Join)	조인 조건이 없는 모든 데이터의 조합을 추출
외부 조인 (Outer Join)	왼쪽 외부 조인(Left Outer Join)	왼쪽 테이블의 모든 데이터와 오른쪽 테이블의 동일 데이터를 추출
	오른쪽 외부 조인(Right Outer Join)	오른쪽 테이블의 모든 데이터와 왼쪽 테이블의 동일 데이터를 추출
	완전 외부 조인(Full Outer Join)	양쪽의 모든 데이터를 추출

② 물리적 조인

중첩 반복 조인(Nested Loop Join)	2개 이상의 테이블에서 하나의 집합을 기준으로 바깥 테이블의 처리 범위를 하나씩 액세스하면서 그 추출된 값으로 안쪽 테이블을 조인하는 방식
정렬 합병 조인(Sort-Merge Join)	적당한 인덱스가 없을 때 사용되며 양쪽 테이블의 처리 범위를 각자 실행하여 정렬한 결과를 차례로 스캔하고, 연결고리 조건으로 합병하는 방식
해시 조인(Hash Join)	조인할 테이블에 대해서 해시 함수를 생성하고 해시 함수의 순서대로 결과를 출력하는 방식

03 서브쿼리(Sub Query)

1) 서브쿼리의 개념

- 서브쿼리는 SQL문 안에 포함된 또 다른 SQL문을 의미하며, 알려지지 않은 기준을 검색하기 위해 사용한다.
- 메인쿼리와 서브쿼리 관계는 주종 관계이기 때문에, 서브쿼리에 사용되는 컬럼 정보는 메인쿼리의 컬럼 정보를 사용할 수 있으나 역으로는 성립하지 않는다.

2) 서브쿼리의 유형

① 동작 방식에 따른 서브쿼리

비연관(Un-Correlated) 서브쿼리	• 서브쿼리가 메인쿼리의 컬럼을 가지고 있지 않은 형태 • 메인쿼리에 서브쿼리에서 실행된 결과값의 제공 용도
연관(Correlated) 서브쿼리	• 서브쿼리가 메인쿼리의 컬럼을 가지고 있는 형태 • 메인쿼리가 먼저 수행되어 얻은 데이터를 서브쿼리의 조건에 맞는지 확인하고자 할 경우에 사용

② 데이터 형태에 따른 서브쿼리

Single Row(단일 행)	• 서브쿼리의 결과가 항상 1건 이하인 서브쿼리 • 단일 행 비교 연산자(=, <, <=, >, >=, <>)가 사용됨
Multiple Row(다중 행)	• 서브쿼리 실행 결과가 여러 건인 서브쿼리 • 다중 행 비교 연산자(IN, ALL, ANY, SOME, EXISTS)가 사용됨
Multiple Column(다중 컬럼)	• 서브쿼리 결과가 여러 컬럼으로 반환되는 서브쿼리 • 메인쿼리의 조건절에 여러 컬럼을 동시에 비교할 때, 서브쿼리와 메인쿼리에서 비교하는 컬럼 개수와 위치가 동일해야 함

04 집합 연산

1) 집합 연산의 개념

- 테이블을 집합 개념으로 보고, 두 테이블 연산에 집합 연산자를 사용하는 방식이다.
- 집합 연산자는 2개 이상의 질의 결과를 하나의 결과로 만들어 준다. 일반적으로 집합 연산자를 사용하는 상황은 서로 다른 테이블에서 유사한 형태의 결과를 반환하는 것을 하나의 결과로 합치고자 할 때와 동일 테이블에서 서로 다른 질의를 수행하여 결과를 합치고자 할 때 사용할 수 있다.

2) 집합 연산의 유형

UNION	여러 SQL문의 결과에 대한 합집합(중복 행 제거함)
UNION ALL	여러 SQL문의 결과에 대한 합집합(중복 행 제거하지 않음)
INTERSECTION	여러 SQL문의 결과에 대한 교집합(중복 행 제거함)
MINUS	앞의 SQL문의 결과와 뒤의 SQL문의 결과 사이의 차집합(중복 행 제거함, 일부 제품의 경우 EXCEPT 사용)

합격을 다지는 / 예상문제

01 집합 연산자 중 앞의 SQL문의 결과와 뒤의 SQL문의 결과 사이의 차집합을 무엇이라 하는지 쓰시오.

• 답 :

정답 MINUS

해설
집합 연산 중 중복을 제거한 합집합은 UNION, 중복을 포함한 합집합은 UNION ALL, 교집합은 INTERSEC-TION, 차집합은 MINUS이다.

02 아래는 book, magazine 두 테이블을 결합시킨 테이블이다. 표를 참고하여 SQL문의 빈칸을 완성하시오.

〈SELECT * FROM book〉

publisher	price	remark
youngjin	20.2	1
miracle	21.2	1
dotcom	15.1	2
path	11.9	2
siwon	11.2	3

〈SELECT * FROM magazine〉

id	name	subject
1	rei	it
2	quan	cooking
3	jung	military

```
SELECT * FROM book
(                    ) magazine on book.remark = magazine.id;
```

〈결과〉

publisher	price	remark	name	subject
youngjin	20.2	1	rei	it
miracle	21.2	1	rei	it
dotcom	15.1	2	quan	cooking
path	11.9	2	quan	cooking
siwon	11.2	3	jung	military

• 답 :

정답 LEFT JOIN 또는 LEFT OUTER JOIN

해설
위 표에서 book 테이블을 기준으로 magazine 테이블이 할당되었기 때문에 LEFT JOIN 또는 LEFT OUTER JOIN으로 구성된다.

PART

05

최신 기출문제

CONTENTS

최신 기출문제 01 회(2024년 04회)

▶ 합격 강의

01 다음 JAVA로 작성된 코드의 출력결과를 작성하시오.

```java
class path {
    public static void main(String[] args) {
        String t1 = "4-1a2";
        String t2 = "5-523";

        int res = 0;

        for (int i = 0; i < 5; i++) {
            try {
                res += Character.getNumericValue(t2.charAt(Character.getNumericValue(t1.charAt(i))));
            } catch (Exception e) {
                res -= 1;
            } finally {
                res += 1;
            }
        }
        System.out.printf("%d", res);
    }
}
```

▶ 답안기입란

02 다음 JAVA로 작성된 코드의 출력결과를 작성하시오.

```java
public class Test1 {
    static class T1{
        int a = 5;
    }
    static class T2 extends T1{
        int a = 55;
        void function(int i){
            System.out.print(super.a);
        }
        void function(){
            System.out.print(super.a + a);
        }
        <T> void function(T i){
            System.out.print(a);
        }
        public static void main(String[] args) {
            T2 t = new T2();
            t.function(1);
            t.function();
            t.function(1.0);
        }
    }
}
```

▶ **답안기입란**

03 다음 C언어로 작성된 코드의 출력결과를 작성하시오.

```c
#include <stdio.h>

void swap(int* a, int* b) {
    int temp = *a;
    *a = *b;
    *b = temp;
}

void test_func(int* arr, int n) {
    for (int i = 0; i < n - 1; i++) {
        int ml = i;
        for (int j = i + 1; j < n; j++) {
            if (arr[j] < arr[ml]) {
                ml = j;
            }
        }
        if (ml != i) {
            swap(&arr[ml], &arr[i]);
        }
    }
}

int main(void) {
    int arr[] = { 3, 2, 6, 11, 15, 4 };
    int len = sizeof(arr) / sizeof(int);
    test_func(arr, len);
    for (int i = 0; i < len; i++) {
        printf("%d", arr[i]);
    }
    return 0;
}
```

▶ 답안기입란

04 다음 C언어로 작성된 코드의 출력결과를 작성하시오.

```c
#include <stdio.h>

int main() {
    int test[10] = { 0, };

    for (int i = 0; i < 10;) {
        if (i++ % 3 > 0) {
            test[i++] = ++i;
        }
    }
    for (int i = 0; i < 10; i++) {
        printf("%d", test[i]);
    }
    return 0;
}
```

▶ 답안기입란

05 다음 JAVA로 작성된 코드의 출력결과를 작성하시오.

```java
public class path {
    public static void main(String[] args) {
        String[] lst = {"A100", "H100", "32f","100","250","103"};
        int sum = 0;

        for (String t : lst) {
            try {
                int n = Integer.parseInt(t);
                sum += n;
            } catch (Exception e) {
                int n = Integer.parseInt(t.replaceAll("[^0-9]", ""));
                sum -= n;
            }
        }
        System.out.println(sum);
    }
}
```

▶ 답안기입란

06 다음 지문에서 설명하는 용어를 〈보기〉에서 골라 기호로 작성하시오.

컴퓨터 프로그래밍 언어에서 이미 문법적인 용도로 사용되고 있기 때문에 식별자로 사용할 수 없는 단어들로 이미 의미가 약속되어 있는 단어들을 뜻한다.

〈보기〉

ㄱ. 포인터	ㄴ. 클래스	ㄷ. 식별자	ㄹ. 패키지
ㅁ. 예약어	ㅂ. 연산자	ㅅ. 반복문	ㅇ. 상수

▶ 답안기입란

07 이것은 관계형 데이터베이스에서 릴레이션을 구성하는 각각의 행으로, 파일 구조에서는 레코드라고 불린다. 속성의 모임으로 구성되어 각 개체들의 개별 정보를 표현하는 데 사용되는 이것을 가리키는 용어를 쓰시오.

▶ 답안기입란

08 다음 보기에서 설명하는 용어를 작성하시오.

• 데이터베이스의 상태를 변환시키는 하나의 논리적 기능을 수행하기 위한 작업의 단위를 의미한다.
• 데이터베이스에 모두 반영되도록 완료(Commit)되든지 아니면 전혀 반영되지 않도록 복구(Rollback)되어야 한다.
• 원자성, 일관성, 독립성, 영속성의 특성을 갖는다.

▶ 답안기입란

09 파일의 권한 모드(읽기, 쓰기, 실행)를 변경하는 유닉스 명령어를 작성하시오.

▶ 답안기입란

10 다음 보기 중에서 내부 소스 코드를 테스트하는 화이트박스 테스트에 속하지 않는 것을 모두 작성하시오.

- 제어 흐름 테스트
- 분기(Branch) 테스트
- 한계값 분석
- 경로 테스트
- 데이터 흐름 테스트
- 비교 테스트

▶ 답안기입란

11 메모리가 실제 메모리보다 많아 보이게 하는 기술로, 어떤 프로세스가 실행될 때 메모리에 해당 프로세스 전체가 올라가지 않더라도 실행이 가능하다는 점에 착안하여 고안된 메모리 기법을 무엇이라 하는가?

▶ 답안기입란

12 다음 보기에서 설명하는 라우팅 프로그램의 종류를 작성하시오.

IGP(Interior Gateway Protocol)의 한 종류로 최적의 경로를 탐색하기 위해 Bellman-Ford의 거리 벡터 알고리즘을 사용한다. 홉을 이용하여 경유 네트워크의 수가 가장 적은 경로를 탐색하는 방식이며, 최대 홉 수가 15개로 제한되므로 대규모 네트워크보다는 소규모 네트워크에 적합하다.

▶ 답안기입란

13 OSI 7계층에서 물리적 연결을 이용해 신뢰성 있는 정보를 전송하려고 동기화, 오류제어, 흐름제어 등 역할을 하는 프레임 단위 계층을 작성하시오.

▶ 답안기입란

14 다음 〈보기〉를 참고하여 속도가 빠른 기억장치가 먼저 배치되도록 괄호 안에 알맞은 기호를 쓰시오.

(   ) → (   ) → (   ) → 보조 기억 장치

〈보기〉

| ㉠ 주 메모리 | ㉡ 레지스터 | ㉢ 캐시 메모리 |

▶ 답안기입란

15 다음 보기에서 응용 계층에 속하는 프로토콜 2가지를 골라 쓰시오.

HTTP, IP, OSPF, IPsec, ICMP, TCP, FTP, UDP

▶ 답안기입란

16 DROP은 스키마, 도메인, 기본 테이블, 뷰 테이블, 인덱스, 제약 조건 등을 제거하는 명령문이다. DROP 명령문 사용 시 다른 개체가 제거할 요소를 참조중일 때 제거를 취소하는 명령어를 쓰시오.

▶ 답안기입란

17 부모 테이블의 항목 값을 삭제할 때 자식 테이블과의 관계로 인하여 삭제가 불가능한 현상은 어떤 무결성 제약으로 인해 발생한 것인지 보기에서 찾아 작성하시오.

> 개체 무결성, 도메인 무결성, 참조 무결성, 대체 무결성

▶ 답안기입란

18 다음은 계정 ID가 "PATH"인 사용자에게 다른 유저의 스키마에 있는 테이블 삭제 권한을 부여하는 SQL문이다. 괄호( ) 안에 알맞은 SQL 키워드를 쓰시오.

```
GRANT DROP ANY TABLE (          ) PATH
```

▶ 답안기입란

19 다음은 〈학생〉 테이블에 가변적인 5자리 문자가 저장되는 속성을 추가하는 명령문이다. 괄호( ) 안에 알맞은 키워드를 작성하시오.

```
ALTER TABLE 학생 ADD 주소 (              )
```

▶ 답안기입란

20 다음 PATH 테이블에서 SQL 명령문 실행 시 결과 테이블에 있는 빈칸을 순서대로 작성하시오.

[PATH]

A	B	C
1	Null	2
2	1	Null
Null	Null	4
1	3	2

〈SQL〉

```
SELECT COALESCE(A, B) AS test1, COALESCE(B,C) AS test2 FROM PATH
```

〈결과〉

test1	test2
(ㄱ)	(ㄴ)
2	(ㄷ)
Null	(ㄹ)
(ㅁ)	3

▶ 답안기입란

01 UNIX의 명령어중 WINDOWS의 ipconfig와 동일한 기능을 가지고 있는 명령어를 작성하시오.

▶ **답안기입란**

02 다음 보기에서 전송 계층에 포함되지 않는 네트워크 프로토콜을 고르시오

ㄱ. tcp	ㄴ. http	ㄷ. udp	ㄹ. dccp	ㅁ. ipsec	ㅂ. ftp

▶ **답안기입란**

03 다음 보기에서 설명하는 OSI 계층을 작성하시오.

OSI 7 계층에서 이것은 네트워크 통신에서 가장 아래에 위치한 첫 번째 계층으로, 데이터를 실제로 전송하는 물리적인 매체와 신호에 관련된 기능을 담당하고, 전기 신호, 광 신호, 전파 등을 통해 비트(0과 1) 형태의 데이터를 전달하는 역할을 한다.

▶ **답안기입란**

04 다음 보기에서 설명하는 데이터베이스 용어를 작성하시오.

데이터베이스 시스템을 설계, 운영, 유지보수 및 최적화하는 책임을 가진 전문가이다. 데이터베이스 내
조직의 중요한 데이터를 안전하고 효율적으로 관리하기 위해 다양한 작업을 수행하며, 특히 중앙 통제권
을 통해 데이터베이스의 전반적인 관리와 운영을 총괄한다.

▶ 답안기입란

05 다음 JAVA로 작성된 코드의 출력결과를 작성하시오.

```java
class path
{
        String str = "";
        public <T> void test(T i)
        {
                str += i.toString();
        }
        public void test()
        {
                System.out.println(str);
        }
        public void test(int i)
        {
                str += "abs";
        }
        public static void main(String[] args)
        {
                path element = new path();
                element.test(3);
                element.test();
                element.test(1.0);
                element.test("abc");
        }
}
```

▶ 답안기입란

다음 C언어로 작성된 코드의 출력결과를 작성하시오.

```c
#include<stdio.h>
#define MAX 9
int main()
{
        int i, a = 1, b = 1, c;
        printf("%d-", a);
        for (i = 0; i < MAX; i++)
        {
                printf("%d", a);
                c = b;
                b = a;
                a = a + c;
                if (a % 4 == 0) {
                        printf("\n");
                }
                else if (a == 55)
                {
                        printf("-%d", a);
                        break;
                }
                else {
                        printf("-");
                }
        }
        return 0;
}
```

▶ 답안기입란

07 다음 보기에서 설명하는 용어를 작성하시오.

> 릴레이션 내에서 데이터가 존재하지 않는 상태이다. 정보의 부재라고도 하며, 예시로 테이블 생성 시 특정 칼럼을 비워두고 작업하는 경우를 뜻한다.

▶ **답안기입란**

08 이것은 엔티티의 정보를 나타내고 더 이상 분리되지 않는 최소의 단위이며, 엔티티의 성질, 분류, 수량, 상태, 특성 등을 나타내는 세부 항목이다. 업무에 필요한 데이터를 저장 가능하며, E–R 다이어그램에서 타원 모양에 해당하는 이것은 무엇인가?

▶ **답안기입란**

09 다음 보기에서 설명하는 용어를 작성하시오.

> • 인터넷 연결을 통하여 이메일을 보낼 때 사용되는 프로토콜을 말한다.
> • 발신한 이메일을 메일 서버에서 받아서 전달하는 과정의 기술 표준으로 포트번호는 25번이다.

▶ **답안기입란**

10 시분할 시스템을 위해 설계된 선점형 스케줄링의 하나로, 프로세스들 사이에 우선순위를 두지 않고, 순서대로 시간단위(Time Quantum)로 CPU를 할당하는 방식의 CPU 스케줄링 알고리즘은 무엇이라 하는가?

▶ 답안기입란

11 다음 보기에서 설명하는 용어를 작성하시오.

이것은 어플리케이션의 내부 동작 방식을 알 수 없고 기능성을 검사하는 방법이다. 테스터는 코드 또는 설계에 대한 지식 없이 외부 사용자의 입장에서 시스템에 접근해서 입력값을 제공하고 출력값을 분석하여 시스템을 평가한다. 구문 기반, 동치 분할, 경계값 분석, 원인효과 그래프, 요구사항 기반 테스트, 호환성 테스트 등의 방식들이 있다.

▶ 답안기입란

12 다음 JAVA로 작성된 코드의 출력결과를 작성하시오.

```java
class path
{
        public static void main(String[] args)
        {
                int a=3,  b=7;
                if(++a <= 5 || b++ >= 5)
                        System.out.println(a);
                System.out.println(b);
        }
}
```

▶ 답안기입란

13 다음 보기에서 설명하는 명령어를 작성하시오.

데이터베이스에서 업데이트에 오류가 발생할 때, 이전 상태로 되돌리는 것을 말한다. 데이터베이스는 업데이트 이전 저널 파일을 사용하여 원래의 정상적인 상태로 되돌린다. 이것은 오류 동작 이후에도 깨끗한 사본으로 복원시킬 수 있기 때문에, 무결성을 위해 중요하다.

▶ 답안기입란

14 다음 C언어로 작성된 코드의 출력결과를 작성하시오.

```c
#include<stdio.h>
int main()
{
        int i, j, sum = 0;
        for (i = 2; i <= 5; i++)
        {
                for (j = 1; j < i; j++)
                {
                        sum += j;
                }
        }
        printf("%d", sum);
        return 0;
}
```

▶ 답안기입란

15 아래 SQL에서 빈칸에 맞는 키워드를 작성하시오.

```
SELECT 부서.부서번호, 부서.부서이름, 부서.지역번호, 지역.도시
FROM 부서
JOIN 지역 (       )     부서.지역번호 = 지역.지역번호
WHERE 지역.도시 = '서울';
```

▶ 답안기입란

16 다음 테이블을 참조하여 아래 SQL 명령을 입력하였을 때의 출력 결과를 작성하시오.

테이블 : 직원목록 사번

	이름	부서	연봉
1	김윤회	인사팀	5000
2	박정환	재무팀	6000
3	이하은	IT팀	7000
4	윤동주	IT팀	8000
5	손우영	마케팅팀	6000

```
SELECT COUNT(*) FROM 직원목록 WHERE 부서 = '영업팀';
```

▶ 답안기입란

17 아래 SQL문 빈칸에 필요한 키워드를 작성하시오.

UPDATE 사원 (   ) 지역 = '인천', 급여 = 3,000,000 WHERE 이름 = '김강우';

▶ 답안기입란

18 다음 C언어로 작성된 코드의 출력결과를 작성하시오.

```c
#include<stdio.h>
int main()
{
        int arr[4][4] = { 0, };
        for (int i = 0; i < 4; i++)
        {
                for (int j = 0; j < 4; j++)
                {
                        if (i >= j)
                                arr[i][j] = i - j;
                        else
                                arr[i][j] = j - i;
                }
        }
        for (int i = 0; i < 4; i++)
        {
                for (int j = 0; j < 4; j++)
                {
                        printf("%d ", arr[i][j]);
                }
                printf("\n");
        }
        return 0;
}
```

▶ 답안기입란

19 다음 보기에서 설명하는 명령어를 작성하시오.

> 컴퓨터의 명령줄 인터페이스에서 현재 작업 중인 디렉터리의 이름을 출력하는데 쓰인다. 셸 프롬프트가 작업 디렉터리를 표시하고 있지 않은 경우, 사용자는 이 명령어를 사용하여 디렉터리 트리 안의 장소를 찾을 수 있다.

▶ 답안기입란

20 다음 JAVA로 작성된 코드의 출력결과를 작성하시오.

```java
class path
{
        public static void main(String[] args) {

        int a[] = { 0, 1, 2, 4, 6, 7 };
        int even = 0;
        int odd = 0;

        for (int i = 0; i <= a.length - 1; i++) {

            if (a[i] % 2 == 1) {
                odd++;
            } else {
                even++;
            }
        }
        System.out.println(even - odd);
    }
}
```

▶ 답안기입란

01 SELECT문에서 중복되는 값을 제거하고 조회하기 위해 사용하는 키워드는 무엇인가?

▶ 답안기입란

02 다음 보기에서 설명하는 명령어 (1), (2)를 각각 작성하시오.

(1) 현재 컴퓨터의 TCP/IP 네트워크 설정값을 표시하는데 사용되는 명령어로서 DHCP와 DNS 설정을 확인 및 갱신하는데 사용된다.
(2) 컴퓨터 네트워크 상태를 점검 · 진단하는 명령어이다. 기본적인 작동 원리는 네트워크 상태를 확인하려는 대상 컴퓨터를 향해 일정 크기의 패킷을 보낸 후 대상 컴퓨터가 응답하는 메시지를 보내면 이를 수신하고 분석하여 대상 컴퓨터가 작동하는지 또는 대상 컴퓨터까지 도달하는 네트워크 상태가 어떠한지 파악할 수 있다.

▶ 답안기입란

03 입출력 장치와 중앙처리 장치의 처리속도 차이에 의한 대기시간을 줄이기 위해 사용하는 버퍼링 기법으로 주로 프린터에서 사용하는 이 기법은 무엇인가?

▶ 답안기입란

04 다음 보기에서 설명하는 DB 용어를 작성하시오.

- DBMS에 적합한 논리적 스키마 설계로서 개념적 설계에서 만들어진 구조를 논리적으로 구현 가능한 데이터 모델로 변환하는 단계이다.
- 일반적으로 관계 데이터 모델을 이용하며, 사용자가 알아볼 수 있는 형태로 변환하고, 스키마를 정의하는 과정이다.

▶ 답안기입란

05 아래 SQL의 빈칸을 작성하여 다음의 문제를 해결하시오.

PATH 테이블에서 입사일자가 2024년인 사원명을 검색하시오.

[PATH]

사원명	부서명	입사일자
이예한	기획부	20231128
강동준	연구개발부	20231128
이진혁	정보보호부	20231128
김윤회	품질관리부	20240611
김홍윤	고객서비스부	20240611
박정환	법무부	20240611

```
SELECT 사원명 FROM EMP
WHERE 입사일자 (        ) "2024%"
```

▶ 답안기입란

06 다음 보기에서 설명하는 프로토콜을 작성하시오.

> • 비연결형 프로토콜로, 데이터 전송 시 연결 설정 없이 데이터를 송수신한다.
> • 데이터 그램 단위로 데이터를 전송하고 오류검출을 위해서 체크섬을 사용한다.

▶ 답안기입란

07 C언어에서 10진수(정수) 데이터를 8진수 포맷 형태로 출력하기 위한 명령어는 무엇인가?

▶ 답안기입란

08 관계 데이터베이스에서 관계있는 속성값의 모음으로 릴레이션을 구성하는 각각의 행을 무엇이라 하는가?

▶ 답안기입란

09 C 클래스의 기본 서브넷 마스크 주소를 작성하시오.

▶ 답안기입란

10 다음 보기를 참고하여 OSI 7계층을 물리 계층부터 순서대로 기호로 작성하시오.

| ㄱ. 응용 계층 | ㄴ. 물리 계층 | ㄷ. 전송 계층 | ㄹ. 세션 계층 |
| ㅁ. 표현 계층 | ㅂ. 데이터링크 계층 | ㅅ. 네트워크 계층 | |

▶ **답안기입란**

---

11 SQL문으로 1학년 학생들의 영어 점수의 평균을 조회하려고 할 때, 다음 빈칸에 들어갈 알맞은 키워드를 작성하시오.

```
SELECT AVG(ENG) (       ) 영어점수평균 FROM STUDENT WHERE 학년 = 1;
```

▶ **답안기입란**

---

12 다음 보기 중 DBMS의 특징을 모두 고르시오.

ㄱ. 많은 양의 데이터를 유지관리를 하기 위해 복잡한 설계가 필요하다.
ㄴ. 데이터의 무결성을 유지할 수 있다.
ㄷ. 데이터의 공유 기능이 최대화되어야 한다.
ㄹ. 표준화를 통해 데이터 처리에 용이하다.
ㅁ. 물리적 구조를 변경할 때, 자동으로 논리적 구조도 변경된다.

▶ **답안기입란**

13 Path라는 이름의 테이블을 생성하는 SQL문을 작성하려고 한다. 빈칸에 들어갈 키워드를 작성하시오.

```
(        ) TABLE Path;
```

▶ 답안기입란

14 다음 보기에서 설명하는 용어를 작성하시오.

이것은 명세 기반 테스트의 설계 산출물로, 응용 프로그램의 기능을 측정하는데 사용되는 테스트 항목의 명세서이다. 특정한 프로그램 경로를 실행해 보거나, 특정 요구사항에 준수하는 지를 확인하기 위해 입력값, 실행 조건, 예상 결과를 포함하여 평가한다.

▶ 답안기입란

15 비동기적 행위를 일으키는 주체로, 실행 중인 프로그램 또는 운영체제가 관리하는 실행 단위는?

▶ 답안기입란

16 다음 JAVA로 작성된 코드의 출력결과를 작성하시오.

```java
public class PATH {

    public static void main(String[] args) {
        int num[] = {2, 1, 3, 7, 4, 9};
        int numb[] = new int[10];
        for(int i=0; i< num.length; i++) {
            numb[i] = num[i];
        }
        for(int i : numb) {
            System.out.print(i);
        }
    }
}
```

▶ **답안기입란**

다음 C언어로 작성된 코드의 출력결과를 작성하시오.

```c
#include<stdio.h>
int test1 = 15, test2 = 12;
int calc(int a, int b) {
        if (b == 0)
                return a;
        return calc(b, a % b);
}
void sw(int* a, int* b) {
        int temp;
        temp = *a;
        *a = *b;
        *b = temp;
}
int func(int* a, int* b, int c) {
        if (c % 2 == 0) {
                sw(a, b);
        }
        else {
                sw(a, &test1);
        }
}
int main() {
        int a = 5, b = 4;
        int test_calc = calc(test1, test2);
        switch (test_calc % 2) {
        case 1:
                func(&a, &b, test2);
        default:
                func(&a, &b, test1);
                break;
        }
        printf("%d-%d", a, b);
}
```

▶ 답안기입란

18 다음 C언어로 작성된 코드의 출력결과를 작성하시오.

```c
#include<stdio.h>
#include<stdbool.h>
int fact(int i) {
        if (i <= 1)
                return 1;
        else
                return i * fact(i - 1);
}
bool test(int a) {
        return a < 150 ? true : false;
}
int main() {
        int cnt = 0;
        for (int i = 1; i < 10; i++) {
                if (test(fact(i)))
                        cnt++;
        }
        printf("%d", cnt);
}
```

▶ 답안기입란

19 다음 C언어로 작성된 코드의 출력결과를 작성하시오.

```c
#include<stdio.h>
int main() {
        int cnt = 0;
        for (int i = 1; i < 100; i++) {
                if (i % 3 == 0) {
                        cnt++;
                }
                else if (i % 4 == 0) {
                        cnt--;
                }
        }
        printf("%d", cnt);
}
```

▶ 답안기입란

20 다음 JAVA로 작성된 코드의 출력결과를 작성하시오.

```java
public class PATH {
        public static void main(String[] args) {
                int cnt = 0;
                int arr[] = new int[5];
                int temp[] = new int[5];
                for(int i=0; i<10; i++) {
                        try {
                                double s = Math.pow(i, 2);
                                if(s % 10 >= 5) {
                                        arr[cnt] = i;
                                        cnt++;
                                }
                        }
                        catch(ArrayIndexOutOfBoundsException e) {
                                temp[cnt] = i;
                                cnt++;
                        }
                }
                System.out.print(cnt);
        }
}
```

▶ 답안기입란

▶합격 강의

01 다음 C언어 프로그램의 출력 결과를 작성하시오.

```c
#include <stdio.h>
main() {
    int x = 5, y = 10, z = 20;
    int sum;

    x += y;
    y -= x;
    z %= y;
    sum = x + y + z;

    printf("%d", sum);
}
```

▶ 답안기입란

02 다음의 내용이 설명하는 접속 형태에 대해서 〈보기〉를 참고하여 작성하시오.

해당 형태에서 모든 장치는 다른 장치에 대해 전용의 점대점 링크를 갖는다. 전용이라는 것은 연결되어 있는 두 장치 간의 통신만 담당하는 링크가 있음을 의미하고, n개의 노드로 이루어진 완전히 연결된 이 형태에서의 물리 링크의 수는 n(n−1)의 개가 필요하다.

〈보기〉

가. 성형   나. 메쉬형   다. 버스형   라. 링형

▶ 답안기입란

03 DDL의 종류에 해당하는 것을 〈보기〉에서 고르시오.

DB에서 테이블의 구조를 수정하는 명령어 (①)
DB에서 테이블을 신규로 생성하는 명령어 (②)

〈보기〉

가. CREATE	나. INSERT	다. DELETE
라. SELECT	마. GRANT	바. ALTER

▶ 답안기입란

04 아래 빈칸의 내용을 작성하여 INDEX를 생성하는 SQL문을 완성하시오.

```
CREATE INDEX UNIQUE path (                    ) path_name DESC
```

▶ 답안기입란

05 다음 빈칸에 들어갈 정답을 모두 작성하시오.

체크섬(checksum)은 중복 검사의 한 형태로, 오류 정정을 통해, 공간(전자 통신)이나 시간(기억 장치) 속에서 송신된 자료의 무결성을 보호하는 단순한 방법이다.

통신에서 순환 중복 검사(CRC)를 체크섬이라고 말하기도 한다. 엄밀히 말하면 체크섬은 나열된 데이터를 더하여 체크섬 숫자를 얻고, 정해진 비트수의 모듈러 연산으로 정해진 비트수로 재구성한다. 단순 덧셈 방식과 순환 중복 검사의 계산 방식과는 차이가 있으나, 많은 경우 순환 중복 검사의 결과를 체크섬이라고 말한다.

이러한 방식을 이용하여 근거리 통신망이나 인트라넷, 인터넷에 연결된 컴퓨터에서 실행되는 프로그램 간에 일련의 옥텟을 안정적으로, 순서대로, 에러 없이 교환할 수 있게 하는 규격인 (ㄱ)은 전송 계층에 위치한다. 이것은 네트워크의 정보 전달을 통제하는 프로토콜이자 인터넷을 이루는 핵심 프로토콜의 하나로서 국제 인터넷 표준화 기구(IETF)의 RFC 793에 기술되어 있다.

반면 비연결 방식인 (ㄴ)은 두 단말기 간에 사전 연결을 설정하지 않으므로 전달 과정에서 데이터가 손실될 가능성이 있지만, 그 대신 훨씬 빠른 속도를 얻을 수 있다.

▶ 답안기입란

06 IPv4의 비트수는 몇인가?

▶ 답안기입란

07 List의 줄임말로서, 해당 디렉토리의 파일 및 디렉토리 등의 내용을 확인하기 위한 UNIX/LINUX 명령어는?

▶ 답안기입란

다음 C언어로 작성된 코드의 결과를 작성하시오.

```c
#include <stdio.h>
#include <stdbool.h>

bool Test(int a)
{
    if (a % 2 == 1)
        return true;
    return false;
}

int main()
{
    int result = 0;
    for (int i = 0; i < 6; i++)
    {
        for (int j = 0; j < 6; j++)
        {
            int temp = 0;
            if (Test(i + j))
                temp = i;
            result += temp;
        }
    }
    printf("%d", result);
}
```

▶ 답안기입란

09 이것은 소프트웨어 개발 프로세스에서 최종 사용자 혹은 이해관계자가 지정한 요구 사항을 충족하는지 확인하기 위해 시스템을 테스트하는 단계이다. 주요 목적은 소프트웨어가 비즈니스 요구 사항을 충족하고, 합의된 사항을 준수하며, 배포할 준비가 되었는지 확인하는 것이다. 알파테스트, 베타테스트를 포함하며, 주로 개발의 완료 단계에서 수행되는 이 검사는 무엇인가?

▶ 답안기입란

10 다음 JAVA로 구현된 코드의 실행결과를 작성하시오.

```
class PATH
{
    public static void main(String[] args)
    {
        String str = "   abcdefghij   ";
        int length = str.trim().length();
        System.out.println(length);
    }
}
```

▶ 답안기입란

11 다음 보기에서 설명하는 시스템 용어를 작성하시오.

- 여러 사용자가 각자의 단말장치를 통하여 동시에 운영체제와 대화하면서 각자의 프로그램을 실행한다.
- 하나의 CPU는 같은 시점에서 여러 개의 작업을 동시에 실행할 수 없기 때문에 CPU의 전체 사용 시간을 작은 작업 시간량으로 쪼개어 그 시간량 동안만 번갈아가며 CPU 사용이 할당되어 각 작업을 처리한다.
- 다중 프로그래밍 방식과 결합하여 모든 작업이 동시에 진행되는 것처럼 대화식 처리가 가능하다.
- 시스템의 전체 효율은 좋아지나 개인별 사용자 입장에서는 반응 속도가 느려질 수 있다.
- 각 작업에 대한 응답 시간을 최소한으로 줄이는 것을 목표로 하며, 하드웨어를 보다 능률적으로 사용할 수 있다.

▶ 답안기입란

12 데이터베이스의 용어에 해당하는 것을 순서대로 작성하시오.

(①)은 데이터베이스를 구성하는 가장 작은 논리적 단위이며 개체의 특성을 기술한다.
(②)은 동일한 구조로 이루어진 튜플의 집합을 말한다.

▶ 답안기입란

13 아래의 그림처럼 실행창을 띄우는 단축키는 무엇인가?

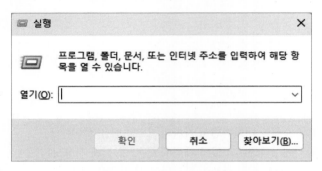

```
Window 키 + (      )
```

▶ 답안기입란

14 다음 학생 테이블에서 수학이 70점 이상인 학생이 5명 이상인 반의 튜플의 개수를 구하는 SQL문이다. 괄호에 들어갈 명령어를 작성하시오.

```
SELECT 반, COUNT(*)
FROM 학생
WHERE 과목 = '수학' AND 점수 >= 70
GROUP BY 반
(  ①  ) COUNT(*) >= 5;
```

▶ 답안기입란

15 다음 JAVA로 구현된 코드의 실행결과를 작성하시오.

```java
class PosMath {
    private int x = 1;
    private int y = 1;

    public PosMath(int x, int y){
        this.x = x;
        this.y = y;
    }
    public int Pos_sum() {
        return x + y;
    }
    public int Pos_sum(int x) {
        return x + y;
    }
}
public class path{
    public static void main(String[] args) {
        PosMath[] list = new PosMath[2];
        list[0] = new PosMath(1,1);
        list[1] = new PosMath(2,2);

        int sum = 0;
        for(int i=0; i<list.length; i++) {
            sum += list[i].Pos_sum(i);
        }
        System.out.println(sum);
    }
}
```

▶ **답안기입란**

16 다음 C언어로 작성된 코드의 실행결과를 작성하시오.

```c
#include <stdio.h>
main()
{
    int sum = 0;
    for (int i = 0; i < 5; i++)
    {
        for (int j = 0; j < 5; j++)
        {
            if (i == j || i + j == 4)
            {
                sum++;
            }
        }
    }
    printf("%d\n", sum);
}
```

▶ 답안기입란

17 다음 보기에서 설명하는 데이터베이스 관리 시스템(DBMS)에 대한 용어를 작성하시오.

- 데이터 구조를 네트워크상의 노드 형태로 논리적 표현한 데이터 모델로서 각각의 노드를 서로 대등한 관계로 구성한 시스템이다.
- 추후 변경 시 복잡한 구조로 인해 변경이 어렵고 종속성 해결이 불가하다.

▶ 답안기입란

18 다음 보기에서 설명하는 용어를 작성하시오.

- 관계(테이블)의 행을 고유하게 식별할 수 있는 속성 또는 속성의 집합을 말한다. 이것은 대상관계의 모든 속성이 함수 종속하는 속성의 집합으로 정의할 수 있다.
- 이것은 유일성만 만족하게 되어도 적용될 수 있으며 이때 유일성이란 하나의 키로 특정 행을 바로 찾아낼 수 있는 고유한 데이터 속성을 말한다.

▶ 답안기입란

19 다음 설명에 해당하는 단어를 〈보기〉에서 고르시오.

- 이것은 같은 이름을 가진 메서드나 생성자를 여러 개 정의하는 것을 의미한다.
- JAVA의 한 클래스 내에 이미 사용하려는 이름과 같은 이름을 가진 메서드가 있더라도 매개변수의 개수나 타입이 다르면, 같은 이름을 사용해서 메서드를 정의할 수 있다.
- 이때 리턴 타입만 다르게 정의하는 것은 허용되지 않으며, 메서드의 이름이 같더라도 매개변수의 개수나 타입이 달라야 한다.

〈보기〉

가. 클래스	나. 오버로딩	다. 오버라이딩
라. 추상화	마. 상속	바. interface

▶ 답안기입란

20 두 테이블을 연결해서 기본키를 가지고 있는 쪽의 값을 삭제하면 외래키로 연결된 값이 동시에 삭제되게 하는 옵션을 가진 SQL 명령어를 작성하시오.

▶ 답안기입란

01 다음 빈칸에 들어갈 알맞은 용어를 순서대로 작성하시오.

튜플은 (①)으로 이루어져 있으며 (①)의 개수를 (②)이라 말한다.

▶ 답안기입란

02 다음 조건을 참조하여 빈칸에 들어갈 알맞은 용어를 작성하시오.

〈조건〉

PATH라는 테이블을 생성하며 ID는 정수로서 기본키로 설정하고, name은 가변형 문자열 타입으로 크기는 30, address는 고정형 문자열로 크기는 30으로 설정하시오.

〈SQL〉

```
CREATE TABLE PATH(
    ID INT (    ①    ) KEY,
    name (    ②    )(30),
    address (    ③    )(30)
);
```

▶ 답안기입란

03 다음 보기를 참조하여 외래키로 지정할 수 있는 것으로 알맞은 필드를 작성하시오. (밑줄친 부분은 기본키)

제품(<u>제품코드</u>, 제품명, 단가, 구매처)
판매(<u>판매코드</u>, 판매처, 제품코드, 수량)

▶ 답안기입란

04 다음 보기를 참조하여 운영체제 시스템 발달 과정의 순서대로 기호를 작성하시오.

ㄱ. 분산 처리 시스템   ㄴ. 다중 처리 시스템   ㄷ. 범용 시스템   ㄹ. 일괄 처리 시스템

▶ 답안기입란

05 다음 프로토콜 중 응용 계층의 프로토콜로 올바른 것을 모두 고르시오.

ㄱ. HTTP   ㄴ. IP   ㄷ. ARP
ㄹ. TCP   ㅁ. FTP   ㅂ. POP3

▶ 답안기입란

06 다음 보기에서 설명하는 알맞은 용어를 작성하시오.

호스트의 IP 주소와 각종 TCP/IP 프로토콜의 기본 설정을 클라이언트에게 자동적으로 제공해 주는 프로토콜로, 네트워크 안에 컴퓨터에 자동으로 네임 서버 주소, IP 주소, 게이트웨이 주소를 할당해주는 것을 의미하고, 해당 클라이언트에게 일정 기간 임대를 하는 프로토콜이다.

▶ 답안기입란

07 다음 조건을 참조하여 빈칸에 들어갈 알맞은 SQL 명령어를 작성하시오.

〈조건〉

> PATH와 MIRACLE 테이블을 INNER JOIN하여 PATH 테이블에서 수량이 100개 이상인 데이터만
> MIRACLE 테이블 수량필드에 변경한다.

〈SQL〉

```
UPDATE MIRACLE
SET MIRACLE.수량 = PATH.수량
FROM PATH
INNER JOIN MIRACLE (        ) PATH.ID = MIRACLE.ID
WHERE PATH.수량 >= 100;
```

▶ 답안기입란

08 다음 보기를 참조하여 소프트웨어 개발 프로세스 중 하나인 V 모델의 유효화 단계를 순서대로 배열하여 작성하시오.

> ㄱ. 단위 테스트   ㄴ. 통합 테스트   ㄷ. 시스템 테스트   ㄹ. 인수 테스트

▶ 답안기입란

09 네트워크를 사용하여 정보를 전달할 때 약속한 규칙이며, 컴퓨터와 컴퓨터 사이 또는 한 장치와 다른 장치 사이에서 데이터를 원활히 주고 받기 위한 규약을 무엇이라고 하는지 쓰시오.

▶ 답안기입란

10 하나의 속성이 가질 수 있는 원자값들의 집합을 무엇이라고 하는지 쓰시오.

▶ 답안기입란

11 다음 조건에 맞는 SQL 명령어를 작성하시오.

〈조건〉

PATH 테이블에서 guest라는 유저에게 부여된 SELECT와 UPDATE 권한을 회수하는 명령어

〈SQL〉

```
(        ) SELECT, UPDATE ON PATH FROM 'guest';
```

▶ 답안기입란

12 다음 C언어로 작성된 코드의 출력 결과를 작성하시오.

```
#include <stdio.h>

int main() {
    int x = 40, y = 60, z = 80;
    int calc = x < y ? y++ : --z;
    printf("%d//%d//%d",calc,y,z);
    return 0;
}
```

▶ 답안기입란

13 다음 JAVA로 생성된 코드의 출력 결과를 작성하시오.

```java
import java.util.*;
import java.lang.*;
import java.io.*;

class test {
    public static void main (String[] args) throws java.lang.Exception {
        switch ((int)(Math.signum(-100))){
        case -1:
            System.out.print("P");
            break;
        case 0 :
            System.out.print("A");
            break;
        case 1 :
            System.out.print("T");
            break;
        default:
            System.out.print("H");
        }
    }
}
```

▶ 답안기입란

14 다음 설명하는 용어를 〈보기〉에서 찾아 고르시오.

전원이 켜지면 시스템 부팅을 도와주는 제일 먼저 자동으로 실행되는 프로그램으로 하드 디스크와 같은 보조 기억 장치에 들어있는 운영체제를 주기억 장치에 상주시켜 주는 프로그램을 말한다.

〈보기〉

ㄱ. CMOS   ㄴ. BIOS   ㄷ. 부트스트랩 로더   ㄹ. DOS

▶ 답안기입란

15 다음 JAVA 코드에서 myPath가 MyInterface의 인터페이스를 구현하려고 할 때 빈칸에 들어갈 알맞은 명령어를 〈보기〉에서 고르시오.

```
interface MyInterface {
    void myMethod();
}

class myPath (          ) MyInterface {
    @Override
    public void myMethod() {
        System.out.println("myPath의 myMethod가 호출되었습니다.");
    }
}

public class test {
    public static void main(String[] args) {
        myPath myObject = new myPath();
        myObject.myMethod();
    }
}
```

〈보기〉

ㄱ. implements   ㄴ. extends   ㄷ. abstract   ㄹ. interface

▶ 답안기입란

---

16 PATH 테이블에서 1, 2학년 학생들의 성명, 나이, 주소로 구성된 뷰를 출석부라는 이름으로 생성하려 한다. 〈출석부〉 뷰를 생성하는 SQL문을 완성하시오.

```
CREATE VIEW 출석부
(          ) 성명, 나이, 주소
FROM 학생
WHERE 학년 IN( 2, 3 );
```

▶ 답안기입란

17 다음 C언어로 작성된 코드의 알맞은 출력 결과를 작성하시오.

```c
#include <stdio.h>
int main() {
    int map[5][5] = {
        {1,4,3,4,5},
        {2,5,3,5,6},
        {1,3,4,5,6},
        {2,3,8,3,4},
        {5,4,1,2,1}
    };
    int i=0, j=0;
    int res = 1;
    while(1){
        if(i==4 && j==4) break;
        else if (i==4) j++;
        else if (j==4) i++;
        else if (map[i+1][j]>map[i][j+1]) j++;
        else i++;
        res += map[i][j];
    }
    printf("result : %d",res);
    return 0;
}
```

▶ 답안기입란

18 다음 C언어로 작성된 코드의 출력 결과를 작성하시오.

```c
#include <stdio.h>
int main() {
    int a[5] = {'1','B','C','D','E'};
    int *p;
    p = &a[2];
    printf("%c%c",*p,*(p-2));

    return 0;
}
```

▶ 답안기입란

19 다음 JAVA로 작성된 코드의 출력 결과를 작성하시오.

```java
class Calc {
    int a, b;
    public void Test() {
        this.a = 1;
        this.b = 1;
    }
    public void Test(int a, int b) {
        this.a = a;
        this.b = b;
    }
    public void testcase() {
        System.out.print(a + b);
    }
    public void testcase(int a) {
        System.out.print(this.a - this.b);
    }
    public void testcase(char a) {
        System.out.print(this.a / this.b);
    }
    public void testcase(float a) {
        System.out.print(this.a * this.b);
    }
}

class test {
    public static void main(String[] args) throws java.lang.Exception {
        int a = 10, b = 3;
        Calc calc = new Calc();
        calc.testcase( a / b );
    }
}
```

▶ 답안기입란

20 다음 보기에서 설명하는 UNIX 명령어를 순서대로 작성하시오.

1. 시스템으로부터 파일이나 디렉토리를 삭제할 때 사용하는 명령어
2. 기존 파일 또는 디렉토리에 대한 접근 권한 및 속성을 변경할 때 사용

▶ 답안기입란

최신 기출문제 06회(2023년 03회)

01 다음 JAVA로 작성된 프로그램의 결과를 작성하시오.

```java
public class test {

    public static void main(String[] args) {
        String str = "ABc De F !";

        StringBuilder modifiedStr = new StringBuilder();

        for (int i = 0; i < str.length(); i++) {
            if (str.charAt(i) != ' ') {
                modifiedStr.append(str.charAt(i));
            }
        }
        System.out.println(modifiedStr.toString());
    }
}
```

▶ 답안기입란

02 다음 보기에서 다치 종속 표기법으로 올바른 것을 고르시오.

㉠ ↠	㉡ 〉	㉢ →	㉣ ∪

▶ 답안기입란

03 컴퓨터가 서로 통신하는 데 사용하는 숫자 IP 주소를 쉽게 읽을 수 있는 도메인으로 바꿔주는 기능을 무엇이라 하는지 영문 약어로 쓰시오.

▶ 답안기입란

04 OSI 7계층 중 IP가 속해 있는 계층은 어디인지 쓰시오.

▶ 답안기입란

05 소프트웨어 테스트 기법 중 내부 구조를 고려하지 않고 입력과 출력에 집중한 테스트 방식은 무엇인지 쓰시오.

▶ 답안기입란

06 다음 빈칸에 들어갈 알맞은 용어를 작성하시오.

( )(은)는 데이터베이스의 물리적 구조로서, 시스템 프로그래머나 시스템 설계자가 보는 관점의 스키마이다.

▶ 답안기입란

07 윈도우 화면을 잠금하는 단축키는 무엇인지 쓰시오.

▶ 답안기입란

08 캡처 도구를 사용하여 현재 윈도우 화면상에 있는 부분을 캡처하고 싶을 때 사용하는 단축키는 무엇인지 쓰시오.

▶ 답안기입란

09 다음 보기에서 설명하는 용어를 작성하시오.

- 이메일을 받기 위한 프로토콜로 이 프로토콜은 기술 프로세스를 표준화하여 컴퓨터와 서버가 동일한 하드
웨어 또는 소프트웨어를 사용하는지 여부와 관계없이 서로 연결할 수 있도록 한다.
- 주요 기능은 사용자가 모든 장치에서 이메일에 액세스할 수 있게 해준다는 것으로 서버에서 이메일 클라이
언트로 이메일을 다운로드하는 대신 이메일 서버와 이메일 클라이언트 간의 중개자 역할을 한다.

▶ 답안기입란

10 다음 JAVA로 작성된 코드의 출력 결과를 작성하시오.

```
public class Path {
    public static void main(String[] args) {
        String str = "1,2,3,4,,,5,6,7,,8,9";
        String[] a = str.split(",");
        int count = 0;

        for (int i = 0; i < a.length; i++) {
            System.out.print(a[i]);
            count++;
            if (count % 3 == 0) {
                System.out.println();
            }
        }
    }
}
```

▶ 답안기입란

11 다음 JAVA로 작성된 코드의 출력 결과를 작성하시오.

```java
public class test12 {
    public static void main(String[] args) {
        String str = "HElloWorLd!";
        String str1 = "helLowORld!";

        if (str.equals(str1)) {
            System.out.println(str.toLowerCase());
        }
        else if (str.equalsIgnoreCase(str1)) {
            System.out.println(str1.toLowerCase());
        }
        else {
            System.out.println(str1);
        }
    }
}
```

▶ 답안기입란

12 다음 C언어로 작성된 코드의 출력 결과를 작성하시오.

```c
#include <stdio.h>

int main() {
    int a = 15;
    printf("%o", a);
    return 0;
}
```

▶ 답안기입란

13 다음 C언어로 작성된 코드의 출력 결과를 작성하시오.

```c
#include <stdio.h>

void printBin(int n) {
    if (n >= 2) {
        printBin(n / 2);
    }
    printf("%d", n % 2);
}

int main() {
    int a = 11;
    printBin(a);
    if (a == 0 || a == 1) {
        printf("%d", a);
    }
    return 0;
}
```

▶ 답안기입란

14 PATH 테이블에서 정보, 산업, 사무 컬럼을 이용하여 Guide라는 인덱스를 생성하는 SQL문을 작성하시오.

▶ 답안기입란

15 다음 빈칸을 참고하여 PATH 테이블에서 점수의 평균을 구하는 SQL문을 완성하시오.

```
SELECT (        ) (점수)
FROM PATH
```

▶ 답안기입란

16 다음 조건에 맞는 SQL의 빈칸에 들어갈 알맞은 용어를 작성하시오.

〈조건〉

전체상품 테이블에서 신제품 새 칼럼 조건으로 제품명이 P001이면 제품1로, P002면 제품2로 바꾸고 나머지는 NULL로 반환

〈SQL〉

```
SELECT * ,(        ) WHEN 제품명 = 'P001' THEN '제품1'
                     WHEN 제품명 = 'P002' THEN '제품2' ELSE NULL END AS 신제품
FROM 전체상품
```

▶ 답안기입란

17 다음은 회사 테이블에서 나이가 20살부터 25살까지의 모든 사원의 정보를 조회하는 SQL이다. 빈칸에 들어갈 명령어를 완성하시오.

```
SELECT *
FROM 회사
WHERE 나이 (        ) 20 AND 25
```

▶ 답안기입란

18 다음 보기에서 설명하는 용어를 작성하시오.

이것은 일반적으로 명령 줄과 그래픽 형의 두 종류로 분류된다. 명령 줄 이것은 운영체제상에서 명령 줄 인터페이스(CLI)를 제공하는 반면에, 그래픽 이것은 그래픽 사용자 인터페이스(GUI)를 제공한다.
운영체제상에서 다양한 운영체제 기능과 서비스를 구현하는 인터페이스를 제공하는 이것은 무엇이라 하는가?

▶ 답안기입란

19 다음 코드의 출력 결과를 작성하시오.

```
public class Path {
        public static void main(String[] args) {
                String str1 = "Hello@?!World/-";
                String regex = "[^a-zA-Z0-9]";
                String result = str1.replaceAll(regex, "*");
                System.out.println(result);
        }
}
```

▶ 답안기입란

20 다음 보기에서 설명하는 용어는 무엇인지 작성하시오.

키(Key)란 데이터베이스에서 조건에 만족하는 튜플을 찾거나 순서대로 정렬할 때 기준이 되는 속성을 말한다. 이것은 후보키 중에서 특별히 선정된 키로 중복된 값을 가질 수 없고 유일성과 최소성을 가지며, 튜플을 식별하기 위해 반드시 필요한 키이다.

▶ 답안기입란

▶ 합격 강의

01 윈도우 단축키 중 클립보드의 내용을 확인할 때 사용하는 단축키를 작성하시오.

▶ 답안기입란

02 다음 C언어로 구현된 프로그램을 분석하여 알맞은 실행 결과를 쓰시오.

```c
#include<stdio.h>
main() {
    double num = 0.01;
    double res = 0;
    int cnt = 0;
    while (cnt < 100) {
        res += num;
        cnt++;
    }
    printf(res == 1 ? "true" : "false");
}
```

▶ 답안기입란

03 UDP의 전송 단위를 작성하시오.

▶ 답안기입란

04 IPv6 주소의 표현 비트 수는 몇 비트인지 쓰시오.

▶ 답안기입란

05 IPv6의 주소 표현 방식 중 유니캐스트 주소 공간을 나타내는 명령어를 보기에서 고르시오.

① ::/128　　　② ::1/128　　　③ ::/96
④ fc00::/7　　　⑤ ff00::/8　　　⑥ ::ffff:0:0/96

▶ 답안기입란

06 리눅스에서 파일의 앞부분의 내용을 지정한 행의 수만큼 출력하는 명령어를 작성하시오.

▶ 답안기입란

07 다음 C언어로 구현된 프로그램을 분석하여 알맞은 실행 결과를 쓰시오.

```c
#include <stdio.h>
#include <stdbool.h>

bool fuc(int n) {
    int i = 2;
    if (n < i)
        return false;
    else if (n == 2)
        return true;

    while (1) {
        if (n % i == 0)
            return false;
        else if (n < i * i)
            break;

        i++;
    }

    return true;
}
```

```c
int main() {
    int i, res = 0;

    for (i = 0; i <= 20; i++) {
        if (fuc(i))
            res += i;
    }

    printf("%d", res);

    return 0;
}
```

▶ 답안기입란

08 다음 JAVA로 구현된 프로그램을 분석하여 알맞은 실행 결과를 쓰시오.

```java
import java.math.BigInteger;

public class Main {
    public static void main(String[] args) {
        BigInteger n = new BigInteger("12345");
        BigInteger m = new BigInteger("54321");
        System.out.print(n.compareTo(m));
    }
}
```

▶ 답안기입란

09 다음 보기에서 설명하는 용어를 작성하시오.

> 두 개 이상의 작업이 서로 상대방의 작업이 끝나기만을 기다리고 있기 때문에 결과적으로 아무것도 완료
> 되지 못하는 상태

▶ 답안기입란

10 다음 보기에서 설명하는 용어를 작성하시오.

> 소프트웨어 테스트에서 사용되는 기준 중 하나로, 테스트 수행 시 코드 내의 모든 문장(구문)들이 최소
> 한 한 번 이상 실행되는 정도를 테스트하여 코드의 실행 흐름 중 어떤 문장들이 실행되었고, 실행되지 않
> 았는지를 확인함으로써 테스트의 품질을 평가하는 데 사용한다.

▶ 답안기입란

11 다음 C언어로 구현된 프로그램을 분석하여 알맞은 실행 결과를 쓰시오.

```c
#include <stdio.h>
int main() {
    int n1 = 344;
    int n2 = 215;
    while (n1 != n2) {
        if (n1 > n2) {
            n1 -= n2;
        }
        else {
            n2 -= n1;
        }
    }
    printf("%d", n1);
}
```

▶ 답안기입란

12 다음 JAVA로 구현된 프로그램을 분석하여 알맞은 실행 결과를 쓰시오.

```
public class Main {
    public static void main(String[] args) {
        int result = -5 >> 31;
        System.out.println(result);
    }
}
```

▶ 답안기입란

13 다음 보기에서 설명하는 용어를 작성하시오.

정규화의 단점으로 가장 많이 언급되는 것은 조회의 비용(Cost)이다. 데이터베이스의 비용을 최소화하기 위해 중복을 허용하며 Entity를 다시 통합하거나 분할하여 정규화 과정을 통해 도출된 DB 구조를 재조정하는 과정으로 이전에 정규화된 데이터베이스에서 성능을 개선하기 위해 사용되는 전략이다.

▶ 답안기입란

14 트랜잭션의 특성 4가지를 모두 작성하시오.

▶ 답안기입란

15 고객 테이블에서 직책이 부장을 포함하는 자료를 검색하는 SQL 명령문을 올바르게 작성하시오.

▶ 답안기입란

16 다음 보기에서 설명하는 용어를 작성하시오.

이것은 추가적인 쓰기 작업과 저장 공간을 활용하여 데이터베이스 테이블의 검색 속도를 향상시키기 위한 자료구조로, 고속의 검색 동작뿐만 아니라 레코드 접근과 관련 효율적인 순서 매김 동작에 대한 기초를 제공한다.

▶ 답안기입란

17 다음 SQL문은 학생 테이블에서 2학년 학생들 중 이름이 '김'으로 시작하는 학생의 성명, 사진, 학년으로 구성된 뷰를 출석부라는 이름으로 생성하는 SQL문이다. 빈칸에 들어갈 명령어를 작성하시오.

```
CREATE VIEW 출석부 AS
SELECT 성명, 사진, 학년
FROM 학생
WHERE 학년 = 2 (   빈칸   ) 성명 LIKE '김%';
```

▶ 답안기입란

18 다음 관계 대수를 SQL문으로 변환하여 작성하시오.

σ(mcode=101)(stu)

▶ 답안기입란

19 다음 JAVA로 작성된 프로그램의 결과를 작성하시오.

```java
import java.util.*;
import java.lang.*;
import java.io.*;
class path {
    private static Integer[] add(Integer[] originalArr, Integer val) {
        Integer[] newArray = Arrays.copyOf(originalArr, originalArr.length + 1);
        newArray[newArray.length - 1] = val;
        return newArray;
    }
    public static void main(String[] args) {
        String test1 = "15, -41, 12, 42, -12, 2, 4";
        String test2 = test1.replaceAll("[^0-9,-]", ",");
        StringTokenizer strtok = new StringTokenizer(test2, ",");
        Integer[] originalArr = new Integer[strtok.countTokens()];
        int index = 0;
        while (strtok.hasMoreTokens()) {
            originalArr[index] = Integer.parseInt(strtok.nextToken().trim());
            index++;
        }
        Integer val = 0;
        Integer[] newArr = add(originalArr, val;
        Integer maxNumber = Integer.MIN_VALUE;
        for (Integer num : newArr) {
            if (num > maxNumber) {
                maxNumber = num;
            }
        }
        System.out.println(maxNumber);
    }
}
```

▶ 답안기입란

20 아래 SQL 명령어는 pdr 테이블에서 가격이 100보다 크고 종류가 'Electronics'이며 빈도수가 10보다 큰 데이터를 검색하는 예시이다. 아래의 빈칸에 공통적으로 들어갈 명령어를 작성하시오.

```
SELECT * FROM pdr
WHERE 가격 > 100
(        ) 종류 = 'Electronics'
(        ) 빈도수 > 10
```

▶ 답안기입란

01 데이터 무결성 제약조건 중 하나로, 인덱스를 생성 시 중복을 배제 즉, 유일한 값으로 존재해야 함을 의미하는 명령어를 작성하시오.

▶ 답안기입란

02 다른 테이블의 기본키를 참조하여 기본키의 무결성을 확인하는 용도로 사용하는 키는 무엇인지 쓰시오.

▶ 답안기입란

03 다음 보기 중 DDL의 명령어를 기호로 작성하시오.

1. UPDATE   2. SELECT   3. REVOKE
4. COMMIT   5. INSERT   6. CREATE

▶ 답안기입란

04 〈회원〉, 〈대여〉, 〈테이프〉 테이블을 참고하여, 아래 질의의 결과를 작성하시오.

```
select 회원.성명, 회원.전화번호
from 회원, 대여
where 회원.회원번호=대여.회원번호 and 대여.테이프번호="T3"
```

〈회원〉 테이블

회원번호	성명	전화번호
S2	마함식	222-2222
S3	이동국	333-3333
S5	조원희	555-5555
S4	박찬성	444-4444
S1	이동국	111-1111

〈대여〉 테이블

회원번호	테이프번호
S1	T3
S2	T4
S3	T5
S3	T3
S4	T3

〈테이프〉 테이블

테이프번호	테이프명
T1	쉬리
T2	타이타닉
T3	넘버 3
T4	택시
T5	비천무

▶ 답안기입란

05 사용자가 편리하게 사용할 수 있도록 입출력 등의 기능을 알기 쉬운 아이콘 따위의 그래픽으로 나타낸 인터페이스를 무엇이라 하는지 쓰시오.

▶ 답안기입란

06 다음 중 UNIX 명령어 중 화면을 출력하는 명령어를 보기에서 골라서 작성하시오.

1. cat	2. kill	3. attrib
4. type	5. pwd	6. quit

▶ 답안기입란

07 윈도우 화면을 잠그는 단축키를 작성하시오.

▶ 답안기입란

08 다음 JAVA로 구현된 프로그램을 분석하여 알맞은 실행 결과를 쓰시오.

```java
public class test {
    public static void main(String[] args) {
        test ot = new test();
        ot.cat();
        ot.cat("4");
    }
    public void cat() {
        System.out.print("1234");
    }

    public void cat(int c) {
        System.out.print(++c);
    }

    public void cat(String c) {
        System.out.print("문자");
    }
}
```

▶ 답안기입란

09 다음 C언어로 구현된 프로그램을 분석하여 알맞은 실행 결과를 쓰시오.

```c
#include <stdio.h>
main() {
    int i=1;
    int a;
    a = i++>1? i+2 : i+3;
    printf("%d",a);
}
```

▶ 답안기입란

10 다음 C언어로 구현된 프로그램을 분석하여 알맞은 실행 결과를 쓰시오.

```c
#include <stdio.h>
#define N 100
main() {
    int i=1;
    int cnt=0;
    while(i<=N){
        if(i%3==0 && i%7==0){
            cnt++;
            printf("%d*%d*",cnt,i);
        }
        i++;
    }
}
```

▶ 답안기입란

11 다음 C언어로 구현된 프로그램을 분석하여 알맞은 실행 결과를 쓰시오.

```
#include <stdio.h>
int main(void) {
    int a;
    a = sizeof(int) + sizeof(char);
    printf("%d",a);
    return 0;
}
```

▶ 답안기입란

12 다음 중 네트워크상의 각 호스트로부터 정보를 수집하거나 원격으로 네트워크 장비를 모니터링하고 환경설정 등의 운영을 할 수 있도록 하는 네트워크 관리 프로토콜은 무엇인지 골라 쓰시오.

1. TCP   2. UDP   3. RARP
4. SMTP   5. SNMP   6. IP

▶ 답안기입란

13 다음 빈칸에 들어갈 알맞은 용어를 작성하시오.

(   ) 스키마는 데이터베이스의 물리적 구조로서, 시스템 프로그래머나 시스템 설계자가 보는 관점의 스키마이다.

▶ 답안기입란

14 이것은 rsh, rlogin, Telnet의 보안이 취약하다는 단점을 보완하기 위해 사용되고 있는 프로토콜이다. 높은 안정성을 보장하며, 포트 번호 22번을 사용하는 원격 접속 프로토콜은 무엇인지 쓰시오.

▶ 답안기입란

15 OSI 7계층 중 노드 간의 데이터 전송, 흐름 제어, 인접한 노드 간의 신뢰성 있는 프레임 전송을 담당하는 계층은 무엇인지 쓰시오.

▶ 답안기입란

16 데이터베이스 릴레이션 내에서 어트리뷰트가 속한 값들의 집합을 무엇이라 하는지 쓰시오.

▶ 답안기입란

17 아래의 빈칸에 들어갈 알맞은 용어를 작성하시오.

소스코드 → (　　　) → 목적코드 → 링커 → 모듈

▶ 답안기입란

18 다음 C언어로 구현된 프로그램을 분석하여 알맞은 실행 결과를 쓰시오.

```c
#include <stdio.h>
main() {
    char* list[7] = {"월요일","화요일","수요일","목요일","금요일","토요일","일요일"};
    int cmp=1;
    for(int i=1;i<7;i++){
        if(i%3==0){
            break;
        }
        cmp++;
    }
    printf("오늘은 %s",list[cmp]);
}
```

▶ 답안기입란

19 다음 C언어로 구현된 프로그램을 분석하여 알맞은 실행 결과를 쓰시오.

```c
#include <stdio.h>
#define _USE_MATH_DEFINES
#include <math.h>
main() {
    int su = pow(2,ceil(M_PI));
    printf("%d", su);
}
```

▶ 답안기입란

20 다음 빈칸에 들어갈 SELECT문의 실행 순서를 〈보기〉에서 골라 순서대로 작성하여 완성하시오.

FROM → (   ) → (   ) → (   ) → SELECT → ORDER BY

〈보기〉

GROUP BY, WHERE, HAVING

▶ **답안기입란**

01 다음 JAVA로 구현된 프로그램의 실행 결과를 쓰시오.

```
#include <stdio.h>
main() {
    int a=-5, b=7, c;
    c=a&b;
    printf("%d\n",c);
}
```

▶ 답안기입란

02 다음에서 설명하는 정규화 과정은 무엇인지 쓰시오.

- 관계형 데이터베이스의 설계에서 중복이 최소화 되도록 데이터를 구조화 하는 프로세스를 정규화(Normalization)라고 한다. 데이터베이스 정규화의 목표는 이상이 있는 관계를 재구성하여 작고 잘 조직된 관계를 생성하는 것에 있다.
- (   )(은)는 정규화 과정 중 제3정규화를 통해서도 제거되지 않은 데이터의 중복 문제를 해결해 주며 자명하지 않은 함수 종속성이 모두 제거된 상태의 정규형이다.

▶ 답안기입란

03 다음에서 설명하는 무결성의 종류는 무엇인지 쓰시오.

> • 외래키 값은 NULL이거나 참조 릴레이션의 기본키 값과 동일해야 한다. 즉 릴레이션은 참조할 수 없는 외래키 값을 가질 수 없다.
> • 외래키와 참조하려는 테이블 기본키는 도메인과 속성 개수가 같아야 한다.

▶ 답안기입란

04 다음 C언어로 구현된 프로그램의 실행 결과를 쓰시오.

```c
#include <stdio.h>
int f();
int main(void) {
  printf("%d",f(4));
}
int f(int i)
{
   int arr[5] = {5,4,3,2,1};

   if(i<=0)
      return 0;
   else
      return arr[i]%3 + f(i-1);

}
```

▶ 답안기입란

05 다음에서 설명하는 프로토콜을 작성하시오.

> - 이것은 통신의 인증과 암호화를 위해 넷스케이프 커뮤니케이션즈 코퍼레이션이 개발한 넷스케이스 웹 프로토콜이며, 전자 상거래에서 널리 쓰인다.
> - SSL 인증서를 통해 사용자가 사이트에 제공하는 정보를 암호화 하는데, 쉽게 말하면 데이터를 암호로 바꾸는 것을 의미한다.
> - 전체 정보가 전송 중에 외부의 공격으로 변조되지 않았음을 보장하기 때문에 데이터 무결성을 보장할 수 있다.

▶ 답안기입란

06 다음 〈보기〉에서 설명하는 내용을 바탕으로 SQL문의 빈칸에 들어갈 알맞은 명령어를 작성하시오.

〈보기〉

> - 수강인원의 명단이 〈컴퓨터공학〉 테이블과 〈인공지능〉에 저장되어 있다.
> - 두 테이블의 중복되는 튜플을 제거하지 않고 모두 통합하는 SQL문을 작성하시오.

```
SELECT * FROM 컴퓨터공학
(            )
SELECT * FROM 인공지능;
```

▶ 답안기입란

07 다음 C언어로 구현된 프로그램의 실행 결과를 쓰시오.

```
class PATH
{
    public static void main (String[] args)
    {
        StringBuffer sb = new StringBuffer();

        sb.append("KOREA");
        sb.insert(3, "HRD");

        System.out.println(sb);
    }
}
```

▶ 답안기입란

08 다음에서 설명하는 용어를 작성하시오.

UNIX의 구조 중의 하나인 Shell은 운영체제의 (   )(와)과 사용자 사이에서 인터페이스 역할을 한다.
사용자가 처음 로그인했을 경우 (   )(이)가 최초로 사용자에게 할당해 주는 프로그램이다.

▶ 답안기입란

09 윈도우에서 다중 디스플레이 사용 시, 보기와 같은 기능을 수행할 수 있는 윈도우 단축키는 무엇인지 쓰시오.

• PC 화면만   • 복제
• 확장   • 두 번째 화면만

▶ 답안기입란

10 다음 C언어로 구현된 프로그램의 실행 결과를 쓰시오.

```
#include <stdio.h>
#include <string.h>
int main(){
    char a[] = "abcde";
    char b[] = "12345";
    strcat(a,b);
    puts(a);
    printf("%s\n",b);
}
```

▶ 답안기입란

11 다음은 체육대회 테이블에서 운동종목이 계주인 팀이름을 '무적청팀'으로 변경하는 SQL문이다. 빈칸에 들어갈 키워드를 작성하시오.

```
(        ) 체육대회
SET 팀이름 = '무적청팀'
WHERE 운동종목 = '계주'
```

▶ 답안기입란

12 다음은 Costomer 테이블에 데이터 타입이 문자 20자리인 'job' 속성을 추가하기 위한 질의이다. 빈칸에 알맞은 명령을 적어 질의를 완성하시오.

```
ALTER TABLE Customer (        ) job CHAR(20);
```

▶ 답안기입란

13 응용 프로그램 간의 통신에 대한 제어 구조를 제공하기 위해, 응용 프로그램 간의 접속을 연결, 유지, 종료시켜 주는 역할을 수행하는 계층은 무엇인지 쓰시오.

▶ 답안기입란

14 다음 보기를 참고하여 SQL문의 빈칸을 완성하시오.

〈PATH〉 테이블에서 주소가 null인 모든 튜플을 검색하시오.

```
SELECT * FROM PATH WHERE 주소 (          );
```

▶ 답안기입란

15 다음에서 설명하는 용어를 작성하시오.

하나의 릴레이션에 존재하는 후보키들 중에서 특별히 선정된 키인 기본키가 선택되고 남은 후보키들

▶ 답안기입란

16 '파일 탐색기'를 실행하려고 할 때 사용하는 Windows의 단축키는 무엇인지 쓰시오.

▶ 답안기입란

17 다음 보기에서 빈칸에 들어갈 알맞은 답을 작성하시오.

- IPv6 주소는 기존 32비트의 IPv4 주소가 고갈되는 문제를 해결하기 위하여 개발된 새로운 128비트 체계의 인터넷 프로토콜 주소를 말한다.
- IPv6 주소는 (①)비트 단위로 구분하며, 각 단위는 16진수로 변환되어 콜론(:)으로 구분하여 표기한다.
- IPv4 주소 체계는 총 32비트로 각 8비트씩 4자리로 되어 있으며, 각 자리는 '.'(dot)으로 구분하고, IPv6 주소 체계는 총 128비트로 각 16비트씩 (②)자리로 되어 있으며, 각 자리는 ':'(콜론)으로 구분한다.

▶ 답안기입란

18 다음 C언어로 구현된 프로그램의 실행 결과를 쓰시오.

```
#include <stdio.h>
#define Arrsize 5
int main(void) {
    int arr[] = {0,1,2,3,4};
    for(int i=1; i<=Arrsize; i++) {
        for(int j=0; j<Arrsize; j++) {
            into(arr, (j+1)*i%5, j);
        }
    }
}
int into(int arr[],int i, int j) {
    arr[j] = i;
    printarr(arr[j],j);
}
int printarr(int val, int j) {
    printf("%d", val);
    if(j == 4)
        printf("\n");
}
```

▶ 답안기입란

19 다음 C언어로 구현된 프로그램의 실행 결과를 쓰시오.

```c
#include <stdio.h>
int main(void) {
    int arr[5] = {7,5,1,4,3};
    int i;
    insort(arr);
        for(i=0; i<5; i++) {
            printf("%d", arr[i]);
        }
        printf("\n");
    }
int insort(int*arr) {
    int i, j, temp;
    for(i=1; i< 5; i++) {
        temp = arr[i];
        for(j=i-1; j>=0; j--) {
            arr[j+1] = arr[j];
        }
        arr[j+1] = temp;
    }
}
```

▶ 답안기입란

20 다음의 보기에서 V-모델의 순서에 맞게 알맞은 순서대로 나열하시오.

ㄱ. 단위   ㄴ. 시스템   ㄷ. 통합   ㄹ.검증

▶ 답안기입란

01 다음 C언어로 구현된 프로그램의 실행 결과를 쓰시오.

```c
#include <stdio.h>
int main(void) {
    int a[5]={3,2,5,1,4};
    int temp, i, j;
    for(i=0;i<4;i++)
    {
        temp=a[i];
        a[i]=a[i+1];
        a[i+1]=temp;
    }
    for(j=0;j<5;j++)
    {
        printf("%d",a[j]);
    }
    return 0;
}
```

▶ 답안기입란

02 다음에서 설명하는 용어를 한글 또는 영문으로 작성하시오.

• 논리 테이블로서 사용자에게는(생성 관점이 아닌 사용 관점에서) 테이블과 동일하다.
• 하나의 물리 테이블로부터 생성 가능하며, 다수의 테이블 또는 다른 오브젝트를 이용하여 만들 수 있다.
• 하나 이상의 기본 테이블에서 유도되는 가상의 테이블이다.

▶ 답안기입란

03 PATH에게 〈교재〉 테이블에 대해 삭제하는 권한을 부여하고 다른 사람에게도 삭제할 수 있는 권한을 부여하는 SQL문을 완성하시오.

```
GRANT DELETE ON 교재 TO PATH WITH (               ) OPTION;
```

▶ 답안기입란

04 다음 C언어로 구현된 프로그램의 실행 결과를 쓰시오.

```c
#include <stdio.h>
void proc(int a[], int b);
int main() {
    int arr[6] = {3,5,9,2,1,5};
    proc(arr, 0);
}
void proc(int a[], int b)
{
   int i;
   if(b>1)
   {
      return;
   }
   else
   {
      for(i=0;i<6;i++)
      {
         printf("%d",a[i]);
      }
   }
}
```

▶ 답안기입란

05 다음에서 설명하는 용어를 영문 약어로 작성하시오.

> • 데이터 관리의 복잡성을 해결하는 동시에 데이터 추가, 변경, 검색, 삭제 및 백업, 복구, 보안 등의 기능을 지원하는 소프트웨어이다.
> • 데이터의 중복을 최소화 하고 일관성을 유지하며 데이터의 접근을 용이하게 한다.

▶ **답안기입란**

06 다음에서 설명하는 트랜잭션의 특징을 작성하시오.

> • 성공적으로 완료된 트랜잭션의 결과는 영구적으로 반영되어야 한다는 성질이다.
> • 시스템 문제, 데이터베이스 일관성 체크 등을 하더라도 유지되어야 함을 의미한다.

▶ **답안기입란**

07 다음 〈보기〉를 참고하여 SQL 빈칸을 완성하시오.

〈보기〉

> 〈전공〉 테이블의 번호 속성에 대해 오름차순 정렬하여 idx_번호라는 이름으로 인덱스를 생성하시오. (이때 기본키나 대체키 같은 중복되는 값이 없는 속성으로 생성)

```
CREATE (            ) INDEX idx_번호 ON 전공(번호 ASC);
```

▶ **답안기입란**

08 가변길이 문자열을 의미하고 최대 5자리의 문자를 작성할 수 있는 자료형을 작성하시오.

▶ 답안기입란

09 다음 C언어로 구현된 프로그램의 실행 결과를 쓰시오.

```
class path {
    public static void main(String[] args) {
        int cnt = 0;
        int sum = 0;
        for(int i=0;i<=7;i++)
        {
            if(i%2==1)
            {
                cnt++;
                sum=sum+i;
            }
        }
        System.out.print(cnt+",   "+sum);
    }
}
```

▶ 답안기입란

10 다음 〈보기〉에서 설명하는 내용을 바탕으로 SQL문의 빈칸에 들어갈 알맞은 명령어를 작성하시오.

〈보기〉

임직원들의 명단이 〈임원〉 테이블과 〈사원〉에 저장되어 있다. 두 테이블을 통합하는 SQL문을 작성하시오. 단, 같은 레코드가 중복되어 나오지 않게 하시오.

```
SELECT * FROM 임원 (          ) SELECT * FROM 사원;
```

▶ 답안기입란

11 다음 C언어로 구현된 프로그램의 실행 결과를 쓰시오.

```c
#include <stdio.h>
int main() {
   int arr[5]={5,4,3,2,1};
   int i=4, sum=0;
   do
   {
      arr[i] = arr[i] % 3;
      sum = sum + arr[i];
      i--;
   } while(i>0)
   printf("%d",sum);
}
```

▶ 답안기입란

12 다음 중 OSI 7계층의 네트워크 계층에 해당하는 프로토콜을 모두 고르시오.

HTTP, TCP, UDP, FTP, ICMP, IP, ATM, TELNET

▶ 답안기입란

13 다음에서 설명하는 용어를 작성하시오.

이것은 네트워크로 연결된 두 호스트 사이에서 연결할 수 있는지 점검하는 진단도구이다. 이 명령을 실행하면 ICMP Echo 반향 패킷을 이용하여 원격 IP 주소에 송신하고 ICMP 응답을 기다린다.

▶ 답안기입란

14 다음에서 설명하는 프로토콜을 〈보기〉에서 고르시오.

데이터를 주고받는 과정에서 데이터를 검수하는 작업을 통해 서로 확인하는 과정을 거쳐 정상적으로 데이터 누락 등을 확인할 수 있는 신뢰성 있는 데이터 전송 프로토콜

〈보기〉

HTTP, TCP, UDP, FTP, ICMP, IGMP, ATM, ARP

▶ 답안기입란

15 다음 C언어로 구현된 프로그램의 실행 결과를 쓰시오.

```c
#include <stdio.h>
int main() {
    int arr[10]={3,7,9,4,5,1,8,2,6,10};
    int i;
    for(i=0; i<10; i++)
    {
        if(i % 3 == 2)
        {
            printf("%d",a[i]);
        }
    }
}
```

▶ 답안기입란

16 다음에서 설명하는 DOS 명령어를 작성하시오.

> • 컴퓨터 파일과 디렉토리 나열을 위해 사용되는 명령어이다.
> • UNIX 명령어의 ls 명령과 같은 기능을 하는 명령어로, 현재 디렉토리의 파일과 디렉토리의 목록을 확인한다.

▶ 답안기입란

---

17 윈도우 10에서 가상 데스크탑 만들기와 가상 데스크탑 닫기 단축키를 각각 적으시오.

> • 가상 데스크탑 만들기 : 윈도우 키 + Ctrl + (a)
> • 가상 데스크탑 닫기 : 윈도우 키 + Ctrl + (b)

▶ 답안기입란

---

18 다음에서 설명하는 윈도우 기능을 작성하시오.

> Window 10의 Pro 버전에서 지원하는 기능으로 128bit 키의 CBC 모드에서 AES 암호화 알고리즘을 이용하여 이동식 디스크와 시스템 드라이브 암호화를 지원한다.

▶ 답안기입란

19 다음 보기에서 화이트 박스 테스트가 아닌 기법을 모두 고르시오.

> 기본 검사, 한계값(경계값 분석) 테스트, 데이터 흐름 검사, 조건 테스트, 비교 테스트, 제어 흐름 테스트, 분기 테스트

▶ 답안기입란

20 다음 JAVA로 구현된 프로그램의 실행 결과를 쓰시오.

```
class PATH {

    public static void main(String[] args) {
        String s1 = "HelloWorld!";
        String s2 = s1.substring(5);
        System.out.print(s2.toUpperCase());
    }
}
```

▶ 답안기입란

PART

06

실전 모의고사

실전 모의고사 01회

01 다음이 설명하는 것은 무엇인지 작성하시오.

> 여러 개의 디스크를 배열하여 속도와 안정성의 증대 및 효율성, 가용성 등의 증대를 목적으로 쓰이는 기술이다. 저장 장치 여러 개를 묶었기 때문에 고용량, 고성능인 저장 장치 하나를 사용하는 것과 같은 효과를 얻을 수 있다.

▶ **답안기입란**

02 다음에 해당하는 DB 트랜잭션 연산을 〈보기〉에서 찾아 적으시오.

> (1) 장애 발생 전 DB로 복구, 재실행
> (2) 변경 연산 취소

〈보기〉

> 1. Commit   2. Redo   3. Undo
> 4. Rollback   5. Isolation

▶ **답안기입란**

03 다음 C언어로 구현된 프로그램을 분석하여, 출력될 값을 작성하시오.

```c
#include <stdio.h>
int main(void)
{
    printf("%d", ls(2, 3));

    return 0;
}

int ls(int x, int n)
{
    if(n == 0)
        return 1;
    return x * ls(x, n-1);
}
```

▶ 답안기입란

04 다음은 성적 테이블에서 score 순으로 내림차순 정렬을 하기 위한 SQL문이다. 빈칸에 들어갈 내용을 작성하시오.

[성적]

class	name	score
1	장스오	75
2	고르반	65
1	이머스	35
3	박테온	95
2	조블랑	18

```
SELECT name, score
FROM 성적
(    ①    ) BY (    ②    ) (    ③    )
```

▶ 답안기입란

05 갱신, 삽입, 삭제 등으로 구성된 것으로, 관계형 데이터베이스를 설계하는 목적 중 하나가 이것을 생기지 않도록 고려하는 것이라고 한다. 이것은 무엇인지 쓰시오.

▶ 답안기입란

06 다음 C언어로 구현된 프로그램을 분석하여, 출력될 값을 작성하시오.

```
#include<stdio.h>
int main(void)
{
    int num[2] = {10,20};
    int *ip= &num;
    printf("%d %d",*ip+1, *(ip+1)-1);
}
```

▶ 답안기입란

07 다음은 리스트와 관련된 파이썬 함수들의 설명이다. 각 설명에 맞는 파이썬 함수들을 작성하시오.

1. 리스트 확장, 여러 값을 한 번에 추가할 수 있음
2. 마지막 또는 지정 요소를 삭제하고 그 값을 반환함
3. 역순으로 뒤집음

▶ 답안기입란

08 IEEE 802.11의 무선 네트워킹 표준으로 사용되는 보안 프로토콜로서, WEP의 취약점으로 인한 대안으로 필수적인 이것의 이름은 무엇인지 쓰시오.

▶ 답안기입란

09 신체의 움직임을 이용하여 직접적으로 소통이 가능한 인터페이스로서, 적은 학습으로도 자연스럽게 사용할 수 있는 이것은 무엇인지 영문 약어로 쓰시오.

▶ 답안기입란

10 다음은 분석 도구에 대한 설명이다. 각각 무엇을 의미하는지 쓰시오.

1. 멈춰있는 상태의 소스코드 분석으로 실행하지 않은 상태에서의 소스코드 분석을 의미한다.
2. 소스코드 자체를 분석하는 것이 아닌, 프로그램 동작이나 반응을 추적하고 보고하며 프로그램 모니터와 스냅샷 등을 생성한다.

▶ 답안기입란

11 다음 C언어로 구현된 프로그램을 분석하여, 출력될 값을 작성하시오.

```
#include <stdio.h>
#include <string.h>

int main(void) {

    char *str = "HelloWorld";
    char *txt = strchr(str, 'H');

    printf("출력문: %c", *txt);
}
```

▶ 답안기입란

12 JAVA를 이용한 xUnit 테스트 기법으로, Erich Gamma와 Kent Beck 등이 작성한 오픈소스 JAVA 단위 테스트 프레임 워크이며, xUnit의 계열 중 하나인 이것은 무엇인지 쓰시오.

▶ 답안기입란

13 다음 중 블랙박스 테스트 기법의 종류를 3가지만 골라 쓰시오.

ㄱ. Boundary Value Analysis   ㄴ. Base Path Testing
ㄷ. Control Structure Testing   ㄹ. Equivalence Partitioning
ㅁ. Cause-Effect Graph   ㅂ. Data Flow Testing

▶ 답안기입란

14 다음 소스코드에 입력값이 5가 들어왔을 때의 출력값을 작성하시오.

```
#include <stdio.h>
int func();

int main() {
    int a;
    scanf("%d", &a);
    printf("%d", func(a));

}
int func(int a) {
    if (a <= 1)
        return 1;
    return a * func(a-1);
}
```

▶ 답안기입란

15 빈칸에 연산자를 써서 정수를 역순으로 출력하는 프로그램을 완성하시오. (예를 들어 1234의 역순은 4321이다. 단, 1230처럼 0으로 끝나는 정수는 고려하지 않는다.)

```
#include <stdio.h>
int main()
{
    int number = 1234;
    int div = 10;
    int result = 0;

    while (number (  ①  ) 0) {
        result = result * div;
        result = result + number (  ②  ) div;
        number = number (  ③  ) div;
    }
    printf("%d", result);
}
```

▶ 답안기입란

16 아래 〈보기〉를 참조하여 빈칸에 알맞은 답을 작성하시오.

〈보기〉

- 생성되는 테이블의 이름은 PATH
- 이름은 기본키로 설정
- 참조 테이블의 전화번호는 외래키로 설정

(①) TABLE PATH (②) KEY(이름)
(③) KEY(전화번호) (④) 참조(전화번호)

▶ 답안기입란

17 다음의 빈칸에 들어갈 적합한 용어를 작성하시오.

- 슈퍼키는 (①)의 속성을 갖는다.
- 후보키는 (①)(와)과 (②)의 속성을 갖는다.

▶ 답안기입란

18 사용자가 자주 가는 페이지에 악성코드를 심는 것으로, 공격 대상이 방문할 가능성이 있는 합법적 웹 사이트를 미리 감염시킨 후 잠복하여 피해자의 컴퓨터에 악성 프로그램을 설치하는 것을 무엇이라 하는지 영문으로 쓰시오.

▶ 답안기입란

19 다음 C언어로 구현된 프로그램을 분석하여, 출력될 값을 작성하시오.

```c
#include <stdio.h>
#include <math.h>
Int main(void)
{
    float num1 = -3.54;
    float num2 = 3.14;

    num1 = round(num1);
    num2 = round(num2);

    printf("%.3f\n", num1);
    printf("%.3f\n", num2);

    return 0;
}
```

▶ 답안기입란

20 다음 적힌 V 모델의 순서를 올바른 순으로 나열하시오.

ㄱ. 시스템 설계	ㄴ. 코딩	ㄷ. 모듈 설계
ㄹ. 통합 테스트	ㅁ. 시스템 테스트	ㅂ. 인수 테스트
ㅅ. 요구 분석	ㅇ. 단위 테스트	

▶ 답안기입란

01 다음 테이블의 차수와 카디널리티를 순서대로 적으시오.

순번	성명	학과	점수	총점
1	지후	컴퓨터공학	91	A
2	도원	경영학과	91	B
3	지윤	시각디자인	85	C
4	우주	심리학과	86	D

▶ 답안기입란

02 다음 C언어로 구현된 프로그램의 실행 결과를 쓰시오.

```c
#include <stdio.h>
int main() {
        int a=8, b=10, c;
        if(a++>=b--) {
                c=a-b;
        }

        else {
                c=a+b;
        }

        printf("a=%d\n",a);
        printf("b=%d\n",b);
        printf("c=%d\n",c);
}
```

▶ 답안기입란

03 다음에서 설명하는 용어로 알맞은 것을 〈보기〉에서 골라 쓰시오.

- 운영체제 가장 높은 층에 위치하여 사용자 명령을 입력받거나 정보를 표시, 해석을 담당한다.
- 사용자의 명령어를 인식하여 프로그램을 호출하고 명령을 수행하는 명령어 해석기이다.

〈보기〉

커널(Kernel), 유틸리티(Utility), 애플리케이션(Application), 쉘(Shell), 컴파일러(Compiler)

▶ 답안기입란

04 다음 C언어로 구현된 프로그램의 실행 결과를 쓰시오.

```c
#include <stdio.h>
    int main(){
    int a[6]={1,5,1,2,7,5};
    for(int i=0;i<6;i++){
        if((i+1)%2==0) {
            printf("%d",a[i]);
        }
    }
}
```

▶ 답안기입란

05 다음 보기에서 설명하는 데이터베이스 용어를 작성하시오.

- 데이터베이스를 직접 활용하기보다는 사용자를 위해 데이터베이스를 설계 및 구축하고, 제대로 서비스할 수 있도록 데이터베이스를 관리하고 제어한다.
- 데이터베이스 구성요소를 결정하고 스키마 등을 정의한다.
- 데이터 사전 조직을 구성하고 엑세스하며 유지 관리한다.
- 백업, 회복 절차를 결정한다.
- 새로운 요구사항에 대응할 수 있도록 DB를 재구성한다.

▶ 답안기입란

06 다음에서 설명하는 OSI 계층을 작성하시오.

- OSI 7계층 중 전송에 필요한 두 장치 간의 실제 접속과 절단 등 기계적, 전기적, 절차적 특성을 의미하며 대표적인 프로토콜로 RS232C가 있다.
- 어떤 하나의 네트워크에서 기본 네트워크 하드웨어 전송 기술들로 구성된다.
- 네트워크의 높은 수준의 기능의 논리 데이터 구조를 기초로 하는 필수 계층이다.

▶ 답안기입란

07 다음 C언어로 구현된 프로그램의 실행 결과를 쓰시오.

```c
#include <stdio.h>
int main() {
    int a[10]={0,1,2,3,4,5,6,7,8,9};
    for(int i=9; i>=0; i--) {
        switch(a[i]%2)
        {
            case 1:
                printf("%d",a[i]);
                break;
            default:
                printf("*");
        }
    }
    return 0;
}
```

▶ 답안기입란

08 다음에서 설명하는 명령어를 작성하시오.

> • 리눅스 명령어 중 현재 작업 중인 디렉토리 경로를 출력하는 명령어이다.
> • 셸 프롬프트가 작업 디렉터리를 표시하고 있지 않은 경우, 사용자는 이 명령어를 사용하여 디렉터리 트리 안의 장소를 찾을 수 있다.
> • 도스(DOS)와 윈도우(Windows)의 경우 명령창에서 아무런 변수를 지정하지 않고 CD라고 입력하면 된다.

▶ 답안기입란

09 아래 INDEX를 생성하는 SQL문의 빈칸을 완성하시오.

```
CREATE INDEX UNIQUE idx_path (        ) 학생 DESC
```

▶ 답안기입란

10 다음 C언어로 구현된 프로그램의 실행 결과를 쓰시오.

```c
#include <stdio.h>
void increase(int n) {
     n=n+1;
}
int main() {
    int n=10;
    increase(n);
    printf("%n",n);
    return 0;
}
```

▶ 답안기입란

11 다음에서 설명하는 용어를 작성하시오.

> • 네트워크상에서 IP 주소를 물리적 네트워크 주소(MAC)로 대응시키기 위해 사용되는 프로토콜이다.
> • IP address를 LAN 카드의 물리적 주소인 MAC 주소로 변환한다.

▶ 답안기입란

12 DDL 명령어 중 오브젝트를 삭제하는 명령어를 작성하시오.

▶ 답안기입란

13 다음 보기 중 OSI 7계층의 응용 계층에 해당하는 프로토콜을 모두 고르시오.

> HTTP, TCP, UDP, FTP, ICMP, IGMP, ATM, ARP

▶ 답안기입란

14 다음에서 설명하는 용어를 영문으로 적으시오.

> • 하나의 작업을 수행하기 위해 필요한 연산들의 집합이다.
> • 데이터베이스에서 논리적인 작업의 단위를 의미한다.
> • 원자성(Atomicity), 일관성(Consistency), 독립성(Isolation), 지속성(Durability) 등의 특징이 있다.

▶ 답안기입란

15 다음에서 설명하는 애플리케이션 용어를 적으시오.

> • 소프트웨어의 변경 과정과 처리 상태를 기록 및 보고하며, 부합하는 해당 사항에 대하여 추적, 통제하고 관리하여 품질 향상 및 안전성을 높이는 데에 지원한다.
> • 어떤 문서나 파일이 변경되었을 경우 변경된 내역을 기록하였다가 나중에 이를 찾아보아야 할 경우, 변경 사항을 체계적으로 추적, 통제한다.
> • 대표적인 도구로는 CVS, SVN, GIT 등이 있다.

▶ **답안기입란**

16 다음 C언어로 구현된 프로그램의 실행 결과를 쓰시오.

```
#include <stdio.h>
#define _USE_MATH_DEFINES
#include <math.h>
    int main(){
    printf(".2f", M_PI);
}
```

▶ **답안기입란**

17 데이터베이스에서 계정의 권한을 부여, 회수, 취소, 완료 등의 명령어들을 사용할 수 있는 데이터 제어 언어의 영어 약자를 작성하시오.

▶ **답안기입란**

18 다음에서 설명하는 리눅스 명령어를 〈보기〉에서 고르시오.

- 다수의 파일이나 디렉터리를 하나의 파일로 묶거나 풀 때 사용하는 명령어
- 백업의 목적으로 시스템의 하나의 파일로 묶을 때 유용함
- 압축 파일이라고는 하나 용량을 압축하지 않고 관리가 유용하도록 아카이브를 생성

〈보기〉

cd, pwd, cp, vi, tar, mv, kill, who

▶ 답안기입란

19 다음 C언어로 구현된 프로그램의 실행 결과를 쓰시오.

```c
#include <stdio.h>
int main() {
    int sum=0;
    for(int i=0;i<=4;i++) {
        for(int j=0; j<=i; j++) {
            if(j%2==0) {
                sum+=j;
            }
            else {
                sum++;
            }
        }
    }
    printf("%d\n",sum);
}
```

▶ 답안기입란

20 다음 path 테이블에서 모든 열을 pathview로 뷰를 구성하려고 한다. 빈칸에 들어갈 명령어를 완성하시오.

```
CREATE VIEW pathview (          ) * FROM path
```

▶ 답안기입란

01 서브넷 마스크 255.255.255.0의 실제 이용 가능한 호스트 개수를 작성하시오.

▶ **답안기입란**

02 다음의 결함 관리 과정에서 빈칸에 들어갈 알맞은 용어를 순서대로 작성하시오.

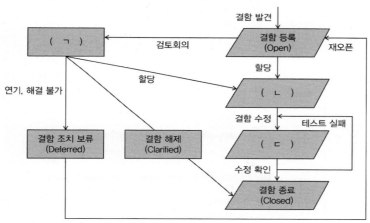

▶ **답안기입란**

03 다음은 테이블 단편화가 발생한 경우 이를 해결하기 위해 인덱스를 재구성하는 SQL문이다. 빈칸을 채워 완성하시오.

```
ALTER INDEX A on TEST (          )
```

▶ **답안기입란**

04 운영체제에 대한 설명 중 괄호 안에 알맞은 내용을 작성하시오.

> 운영체제는 (ㄱ) 프로그램과 (ㄴ) 프로그램으로 나눌 수 있다.
> (ㄱ) 프로그램에는 감시 프로그램, 작업 관리 프로그램, 데이터 관리 프로그램이 있고,
> (ㄴ) 프로그램에는 언어 번역 프로그램, 서비스 프로그램 등이 존재한다.

▶ 답안기입란

05 다음 그림을 참고하여 알맞은 내용을 〈보기〉에서 모두 고르시오. (운영체제는 디스크 0에 설치되어 있음)

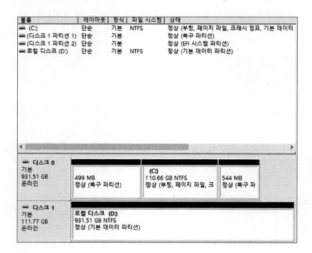

〈보기〉

> ㄱ. CD-ROM 드라이브가 1개 있다.
> ㄴ. 디스크 0은 파티션이 3개로 나뉘어 있다.
> ㄷ. 디스크 1은 NTFS로 포맷되어 있다.
> ㄹ. 디스크 0과 디스크 1은 SSD로 구성되어 있다.

▶ 답안기입란

06 다음 빈칸에 들어갈 알맞은 용어를 작성하시오.

- 데이터베이스를 잘못 설계하면 불필요한 데이터 중복으로 인한 공간 낭비를 넘어 부작용을 초래할 수 있다.
- 이러한 부작용을 이상(Anomaly) 현상이라고 하는데, 이상 현상의 종류로는 삽입 이상, 갱신 이상, 삭제 이상이 있다.
- 이러한 현상을 해결하기 위해서 (   )(을)를 실행하여 테이블 내의 데이터 중복을 제거할 수 있다.

▶ 답안기입란

07 〈보기1〉의 출력문이 4라고 가정하였을 때, 〈보기2〉에 대한 출력 결과를 작성하시오.

〈보기1〉

```
int main(void) {
    printf("%d",sizeof(12));
    return 0;
}
```

〈보기2〉

```
int main(void){
    printf("%d\n",sizeof(12.4));
    printf("%d\n",sizeof(char));
    return 0;
}
```

▶ 답안기입란

08 다음은 C언어를 통해 CPU 클럭수를 확인하기 위한 코드이다. 빈칸에 알맞은 내용을 작성하시오.

```
#include <stdio.h>
#include ( ㄱ )
#include conio.h
int main(void) {
    double start, finish;
    start = ( ㄴ );
    int sum = 0;
            for (int i = 0; i < 6666666; i++) {
                sum++;
            }
    finish = ( ㄴ );
    printf("%lf", (finish-start));
}
```

▶ 답안기입란

09 2차원 테이블로 이루어져 있으며, 테이블은 이름을 가지고 있고, 행과 열 그리고 거기에 대응하는 값을 가지는 데이터베이스 시스템을 무엇이라고 하는지 영문 약어로 쓰시오.

▶ 답안기입란

10 다음 보기에서 설명하는 내용으로 알맞은 용어를 작성하시오.

- 릴레이션 (ㄱ)(이)란 내포(Intension)라고도 하며, 릴레이션의 이름 및 속성의 이름과 타입 등을 정의하는 릴레이션의 틀이다.
- 릴레이션 (ㄴ)(이)란 외연(extention)이라고도 하며, 릴레이션 내의 어느 시점에 있는 튜플들의 집합이다.

▶ 답안기입란

11 다음 JAVA 프로그램의 출력 결과를 작성하시오.

```java
public static void main (String[] args) {
    int num1 = 3;
    int num2 = 7;
    if(++num1 < 5 || ++num2 > 8) {
        System.out.println(num1);
    }
    System.out.println(num2);
}
```

▶ 답안기입란

12 다음은 〈학생〉 테이블에서 지역이 서울이면서 학과가 전산인 이름과 나이를 찾기 위한 SQL문이다. 빈칸을 채워 데이터베이스 구문을 완성하시오.

[학생]

학번	이름	나이	학과	지역
2110001	홍길동	18	컴퓨터	서울
2110002	김나비	20	디자인	경기
2010001	이진수	20	전산	서울
1910001	최수훈	31	컴퓨터	부산
1810001	박수한	18	디자인	광주

〈결과〉

이름	나이
이진수	20

〈SQL〉

```
SELECT 이름, 나이 FROM 학생 WHERE (          )
```

▶ 답안기입란

13 다음 C언어의 출력 결과를 작성하시오.

```
int main(void) {
    int a = 200;
    float b = 123.456f;
    a = (int)b;
    printf("%d, %3.2f", a, b);

    return 0;
}
```

▶ 답안기입란

14 전기적인 연결, 물리적 설계, 데이터 전송 등에 이용되는 OSI 계층은 무엇인지 쓰시오.

▶ 답안기입란

15 파일/디렉토리를 지우기 위해 단축키 [Del]을 이용하여 휴지통으로 버리게 된다. 만약 휴지통으로 버리지 않고 완전하게 삭제하기 위해 [Del]과 조합하는 단축키를 〈보기〉에서 골라 쓰시오.

〈보기〉

Ctrl , Shift , Alt , ⊞ , A ~ Z , 0 ~ 9 , F1 ~ F12

▶ 답안기입란

16 TCP/IP를 사용하는 네트워크 안에서 인터넷 주소를 네트워크 주소로 변환하기 위해 사용하는 시스템을 무엇이라고 하는지 영문 약어로 쓰시오.

▶ 답안기입란

17 다음 JAVA 프로그램의 출력 결과를 작성하시오.

```java
public static void main (String[] args){
    int[] num = {2, 4, 7, 8, 1, 2};
    int[] numb = new int[10];

    for(int i=0; i<num.length; i++)
        numb[i] = num[i];
    for(int i=0; i<numb.length; i++)
        System.out.printf("%d", numb[i]);
}
```

▶ 답안기입란

18 JAVA에서 외부에서 클래스 변수에 직접 접근을 할 수 없도록 설정하는 제어자를 〈보기〉에서 골라 작성하시오.

```java
public static void main (String[] args) {
    (       ) int i= 1;
}
```

〈보기〉

public, private, default protected, volatile

▶ 답안기입란

19 데이터베이스 내에서 해당 레코드를 수정하기 위한 구문을 완성하시오.

```
UPDATE  [테이블명]
(           )  [필드=데이터값]
WHERE  조건
```

▶ 답안기입란

20 릴레이션 내의 데이터를 변경하거나 삭제할 때, 다른 개체가 해당 개체를 참조하고 있을 경우 변경 및 삭제를 취소하는 명령어는 무엇인지 쓰시오.

▶ 답안기입란

01 다음 JAVA로 구현된 프로그램을 분석하여 그 실행 결과를 쓰시오.

```java
public static void main (String[] args)
{
    char num= 0x06;
    System.out.printf("%04X", num<< 2);
}
```

▶ 답안기입란

02 다음 중 〈보기〉를 참조하여 "STR"에게 "Table1"의 검색 권한을 부여하기 위해 빈칸에 들어갈 명령어로 옳은 것을 고르시오.

(   ) SELECT On Table1 TO STR

〈보기〉

① GRANT   ② REVOKE   ③ INSERT   ④ UPDATE
⑤ ALTER   ⑥ COMMIT   ⑦ SAVEPOINT   ⑧ DROP

▶ 답안기입란

03 다음 JAVA로 구현된 프로그램을 분석하여 그 실행 결과를 쓰시오.

```
public static void main (String[] args)
{
    int arr[]={0,1,2,3};
    for(int num: arr)
        System.out.println(num);
}
```

▶ 답안기입란

04 다음 보기를 참조하여 student Table1num의 1.3배를 하는 명령어로 알맞은 것을 고르시오.

① ALTER Table1 COLUMN num = num*1.3
② ALTER Table1 ADD num = num*1.3
③ UPDATE Table1 SET num = num*1.3
④ UPDATE Table1 SET = num = num*1.3 WHERE student>=100

▶ 답안기입란

05 다음 C언어로 구현된 프로그램에서 Korea50을 입력하였을 때의 그 실행 결과를 쓰시오.

```
int main(void) {
    int length = 0;
    char str[50];
    gets(str);

    for(int i=0; str[i]; i++)
    {
        length += 1;
    }
    printf("%d", length);
}
```

▶ 답안기입란

06 다음 중 보기를 참조하여 자식 테이블의 항목 값을 삭제할 경우 부모 테이블과의 관계로 인하여 해당 레코드를 삭제할 수 없는 조건을 고르시오.

> 개체 무결성, 도메인 무결성, 널 무결성, 참조 무결성, 고유 무결성, 키 무결성

▶ 답안기입란

07 다음 C언어로 구현된 프로그램을 분석하여 그 실행 결과를 쓰시오.

```c
#include <stdio.h>
int num;
int grow();

int main(void)
{
    printf("%d", num);
    grow();
    return 0;
}

int grow(void)
{
    num= 16448000;
}
```

▶ 답안기입란

08 다음 보기를 참조하여 내부 논리 흐름에 따라 테스트 케이스를 작성하고 확인하는 데이터베이스 테스트 방법을 하나만 고르시오.

① 회복 테스트	② 안전 테스트	③ 강도 테스트	④ 성능 테스트
⑤ 구조 테스트	⑥ 회귀 테스트	⑦ 병행 테스트	

▶ **답안기입란**

09 다음 보기에서 설명하는 용어를 작성하시오.

데이터베이스에서 릴레이션 내의 각 행을 레코드(Record)라고 하며, 관련 테이블에서 행한 수치 이상으로 혼합된 자료 요소를 의미, 각 개체들의 각각의 정보를 표현하는 것이다.

▶ **답안기입란**

10 다음 C언어로 구현된 프로그램을 분석하여 알맞은 실행 결과를 쓰시오.

```
#include <stdio.h>
int max = 100;

int main(void) {
    int num = 99;
    if(num >= max)
        printf("MAX가 큽니다.");
    else
        printf("MAX의 값은 %d", max);
}
```

▶ **답안기입란**

11 Windows 10 home과 Pro의 차이점으로 각각의 OS 버전에 따라 사용할 수 있는 소켓의 수를 작성하시오 (Windows 10 for Workstation).

> • Home 소켓 수 : (①)
> • Pro 소켓 수 : (②)

▶ 답안기입란

12 다음 bonus 테이블에서 Incentive가 500 이상인 데이터를 검색하고자 한다. 빈칸에 알맞은 내용을 작성하시오.

[bonus]

NUM	NAME	Incentive
1001	승현	100
1002	지영	200
1003	형현	300
1004	화영	400
1005	강현	500
1006	혜령	600
1007	현준	700

〈명령어〉

```
SELECT * FROM bonus WHERE (          );
```

▶ 답안기입란

13 CPU(중앙처리장치)와 입출력 장치 간의 속도 차이를 완화하기 위해 사용하는 시스템으로서, 대표적으로 프린터에서 사용하는 이 기능은 무엇인지 쓰시오.

▶ 답안기입란

14 인터넷에서 특정 개체에 이름을 선언하여 구분하는 데 사용하며 TCP/IP 구조에서는 (   )(이)라고 한다. 괄호 안에 들어갈 알맞은 용어를 작성하시오.

▶ 답안기입란

15 IP 주소 클래스의 C 클래스에서 기본적으로 사용하는 서브넷 마스크를 작성하시오.

▶ 답안기입란

16 다음 〈보기〉를 참조하여 다음 빈칸에 OSI 7계층의 네트워크 계층과 대응되는 TCP/IP 계층을 작성하시오.

〈보기〉

OSI 7 계층	TCP/IP 4 계층
응용(Application) 표현(Presentation) 세션(Session)	응용(Application)
전송(Transport)	전송(Transport)
네트워크(Network)	( )
데이터링크(Data Link) 물리(Physical)	네트워크 액세스 (Network Access)

▶ 답안기입란

17 아래의 〈보기〉는 아이디를 기본키로 설정하고, 참조 테이블의 비밀번호는 외래키로 설정한 데이터베이스 구문이다. 빈칸에 알맞은 내용을 작성하시오.

〈보기〉

```
CREATE (   ①   ) 테이블명
학년 int NOT NULL,
반 int NOT NULL,
이름 char(5) UNIQUE,
(   ②   ) KEY 아이디
(   ③   ) KEY 비밀번호 references 참조(비밀번호);
```

▶ 답안기입란

18 다음 빈칸에 WINDOWS Key를 이용하여 Internet Explorer를 열 수 있게 해주는 숫자를 작성하시오.

Windows Key + (   )

▶ 답안기입란

19 다음 결과값을 참조하여 빈칸에 알맞은 SQL 명령어를 작성하시오.

〈표1〉

num1	name	Subject
1001	임승현	Math
1002	안형현	Math
1003	윤지영	Eng
1004	허화영	Eng
1005	하강현	Data
1006	송현준	Society
1007	주혜령	Society

〈표2〉

num2	Grade
1001	100
1002	200
1003	300
1004	400
1005	500

```
SELECT num1, name From 표1, 표2 WHERE num1=num2
    (        ) Subject = 'Data'
```

〈결과〉

num1	name
1005	하강현

▶ 답안기입란

20 다음 C 언어로 구현된 프로그램을 분석하여 그 실행 결과를 쓰시오.

```c
#include <stdio.h>

int main()
{
    int num=1;
    for(int i=1; ; i++)
    {
        num= num*i;
        if(i>5)
            break;
    }
    printf("%d", num);
}
```

▶ 답안기입란

01 다음 JAVA로 구현된 프로그램을 분석하여 그 실행 결과를 쓰시오.

```java
public static void main (String[] args)
{
    String str = "*ulsan*";
    int n = str.length();
    char[] arr = new char[n];
    n--;

    for(int k=n; k>=0; k--)
        arr[n-k] = str.charAt(k);

    for(char k : arr)
        System.out.printf("%c", k);

}
```

▶ 답안기입란

02 다음 보기를 참조하여 해당 빈칸에 알맞은 내용을 작성하시오.

- (   )(은)는 사용자가 컴퓨터에서 실행시키기 위하여 작성한 프로그램 혹은 현재 실행 중에 있는 프로그램을 의미한다.
- (   )(은)는 비동기적 행위를 통한 연속적이지 않고 독립적으로 실행한다.

▶ 답안기입란

03 릴레이션의 구조를 변화시키며 삭제하기 위한 명령어를 빈칸에 알맞게 작성하시오.

```
(     ) FROM salary
```

▶ 답안기입란

04 다음 〈보기〉를 참조하여 해당 빈칸에 알맞은 내용을 작성하시오.

- (①) : 물리(Physics) 계층에서 데이터 전송을 하기 위해 사용하는 데이터 단위
- (②) : 네트워크(Network) 계층에서 데이터 전송을 하기 위해 사용하는 데이터 단위

〈보기〉

비트(Bit), 패킷(Packet), 프레임(Frame), 세그먼트(Segment)

▶ 답안기입란

05 다음이 설명하는 용어는 무엇인지 쓰시오.

- HTTP의 단점을 보완하여 통신 시에 TLS와 SSL의 인증 암호화 기능을 적용하였다.
- TCP/IP 포트 번호는 443을 사용한다.

▶ 답안기입란

06 다음 JAVA로 구현된 프로그램을 분석하여 그 실행 결과를 쓰시오.

```
public static void main (String[] args)
{
    System.out.println((int)34.5);
}
```

▶ **답안기입란**

07 릴레이션에서 하나의 속성이 취할 수 있는 동일한 타입의 원자값들의 집합을 의미하는 것을 무엇이라 하는지 쓰시오.

▶ **답안기입란**

08 다음 보기를 참조하여 인수 테스트에 해당하는 내용만을 작성하시오.

ㄱ. 알파 테스트
ㄴ. 베타 테스트
ㄷ. 데이터 흐름 테스트
ㄹ. 분기(branch) 테스트

▶ **답안기입란**

09 다음 C언어로 구현된 프로그램을 분석하여 그 실행 결과를 쓰시오.

```c
#include <stdio.h>
int sub(int a, int b)
{
    return a%b;
}
int main(void)
{
    int c = sub(8,3);
    printf("%d", c);

    return 0;
}
```

▶ 답안기입란

10 다음은 학생 테이블에 점수는 200점, 이름은 홍길동, 학년이 2학년인 데이터를 추가하기 위한 구문이다. 빈칸에 알맞은 내용을 작성하시오.

```
(    ) INTO STUDENT(SNO, NAME, YEAR) VALUES(200, "홍길동", 2);
```

▶ 답안기입란

11 다음 JAVA로 구현된 프로그램을 분석하여 그 실행 결과를 쓰시오.

```java
public static void main (String[] args) throws
{
    int a = 10; int b = 20;
    System.out.printf("%d", a>b ? a+b: a*b);
}
```

▶ 답안기입란

12 다음 보기를 참조하여 응용(Application) 계층에서 사용하는 프로토콜을 모두 고르시오.

URN , RIP , ARP , FTP , HTTP, ICMP, TCP, IP, DNS

▶ 답안기입란

13 List의 줄임말로, 해당 디렉터리의 파일 및 디렉터리 등의 내용을 확인하기 위한 UNIX/LINUX 명령어는 무엇인지 쓰시오.

▶ 답안기입란

14 다음 C언어로 구현된 프로그램을 분석하여 그 실행 결과를 쓰시오.

```c
int main(void)
{
    int num[10] = {29,24,56,42,35,41,64,79,51,14};
    int sum = 0; int i;
    for(i=0; i<9; i=i+2)
        sum = sum + num[i];
    printf("%d", sum);
    return 0;
}
```

▶ 답안기입란

15 다음은 학생 테이블에 학번이 '20201234'인 모든 레코드의 수강과목을 데이터베이스로 변경하기 위한 구문이다. 빈칸에 알맞은 내용을 작성하시오.

```
UPDATE  학생
(      )  수강과목  =  '데이터베이스'
WHERE  학번  =  20201234;
```

▶ **답안기입란**

16 모든 창을 최소화하여 바탕화면을 보기 위한 윈도우 단축키는 무엇인지 쓰시오.

Windows Key + (   )

▶ **답안기입란**

17 다음에서 설명하는 DDL에 관련된 키워드를 작성하시오.

테이블을 이미 생성하였거나 존재하는 경우, 이에 필드의 추가 및 삭제 등의 변경을 할 수 있도록 도와주는 명령어이다.

▶ **답안기입란**

18 다음 보기를 참조하여 DDL과 관련된 명령어를 모두 고르시오.

> SELECT, GRANT, REVOKE, ROLLBACK, CREATE, COMMIT, INSERT, DROP

▶ **답안기입란**

19 다음 보기를 참조하여 해당 내용에 알맞은 것을 작성하시오.

> 한 릴레이션 내에 있는 후보키 중에 하나 이상의 속성들의 집합으로, 구성된 키의 모든 튜플에 대해 유일성 (Unique)은 만족하지만, 최소성(Minimality)은 만족하지 못한다.

▶ **답안기입란**

20 다음 C언어로 구현된 프로그램을 분석하여 그 실행 결과를 쓰시오.

```c
#include <stdio.h>
#define func1 0
#define func2 1
int main(void)
{
    int num= 83;
    if(num%2 == func1)
        printf("HRD");
    else if(num%2 == func2)
        printf("KOREA");
    else
        printf("1644-8000");
}
```

▶ **답안기입란**

01 다음 C언어로 구현된 프로그램을 분석하여, 출력 결과를 작성하시오.

```c
#include <stdio.h>
int main() {
    int i, j;
    for(i=2; i<=4; i++) {
        for(j=5; j<=7; j++) {
        }
    }
    printf("%d × %d = %2d", j, i, i*j);
    return 0;
}
```

▶ 답안기입란

02 다음 보기 중 결함 검사 항목에 해당하는 경우를 모두 고르시오.

① 기능명세서에 가능하다고 명시되어 있는 기능이 수행되지 않는 경우
② 기능명세서에 불가능하다고 명시되어 있는 기능이 수행되지 않는 경우
③ 기능명세서에 명시되어 있지 않은 기능을 수행할 수 없는 경우
④ 기능명세서에 명시되어 있지 않지만 수행해야만 하는 기능이 작동하지 않는 경우
⑤ 테스트 시각에서 보았을 때, 문제가 있다고 판단되는 경우

▶ 답안기입란

03 JAVA로 작성된 1부터 100까지의 합계를 계산하는 프로그램이 있다. 옆의 순서도를 참고하여, 괄호 안에 적합한 코드를 작성하시오.

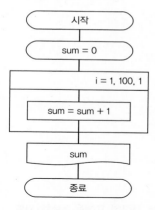

```
class function{
 public static void main (String[] args){
    int sum=0;
    for(          ){
        sum = sum + i;
    }
    System.out.println (sum);
  }
}
```

▶ 답안기입란

04 '파일 탐색기'를 실행하려고 할 때 사용하는 Windows 10의 단축키는 무엇인지 쓰시오.

▶ 답안기입란

05 다음 C언어로 구현된 프로그램을 분석하여, 출력 결과를 작성하시오.

```
#include <stdio.h>
int hdr(int num) {
    if(num <= 0)
        return;
    printf("%d ", num);
    hdr(num-1);
}
void main() {
    hdr(5);
    return 0;
}
```

▶ 답안기입란

06 아래 테이블의 카디널리티(Cardinality)의 수를 구하시오.

사번	직급	이름	번호	급여
1111	부장	김패스	111–1111	600
2222	차장	이패스	222–2222	500
3333	과장	박패스	333–3333	400

▶ 답안기입란

07 정수를 입력받아 3과 7의 배수 여부를 확인하는 프로그램이 있다. 아래의 괄호 안에 적합한 표현을 작성하시오.

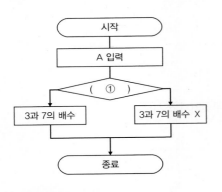

```
#include <stdio.h >
main() {
   int a;
   printf ("정수를 입력하시오 :");
   scanf ("%d", &a);
   if(    ②    )
      printf ("3과 7의 배수 ");
   else
      printf ("3과 7의 배수 ×");
}
```

▶ 답안기입란

08 소프트웨어 검사 방법 중 하나로, 어떤 소프트웨어를 내부 구조나 작동 원리를 모르는 상태에서 소프트웨어의 동작을 검사하는 방법이며 동치 분해, 경계값 분석 등을 포함하는 것은 무엇인지 쓰시오.

▶ 답안기입란

09 인터넷 홈페이지에 접속할 때 필요하며, 웹 서버와 클라이언트 사이에서 파일을 주고받을 때 사용하는 프로토콜은 무엇인지 쓰시오.

▶ 답안기입란

---

10 아래는 book, auto 두 테이블을 결합시킨 테이블이다. 쿼리의 빈칸을 완성하시오.

[book]

book num	price	auth
111–1111	15.5	1
111–1111	15.5	1
111–1111	15.5	1
222–2222	16.0	2
333–3333	18.0	3

[auto]

id	name	career
1	lee	scientist
2	kim	engineer
3	park	programer

```
SELECT * FROM book
LEFT (        ) auto ON book.auth = auto.id;
```

book num	price	auth	name	career
111–1111	15.5	1	lee	scientist
111–1111	15.5	1	lee	scientist
111–1111	15.5	1	lee	scientist
222–2222	16.0	2	kim	engineer
333–3333	18.0	3	park	programer

▶ 답안기입란

11 DDL 중 하나로, 데이터베이스 관리 시스템 관리 하에 존재하는 오브젝트의 구조를 변경하는 언어는 무엇인지 쓰시오.

▶ 답안기입란

12 다음 C언어로 구현된 프로그램을 분석하여, 출력 결과를 작성하시오.

```c
#include <stdio.h>
int NumCompare(int i, int j);
int main() {
    printf("%d", NumCompare(10,23) + NumCompare(35,19));
}
int NumCompare(int i, int j) {
    if (i > j)
        return i;
    else
        return j;
}
```

▶ 답안기입란

13 다음의 TCP/IP 4 계층의 빈칸을 작성하시오.

```
응용 계층
(   ①   )
인터넷 계층
네트워크 액세스 계층
```

▶ 답안기입란

14 〈보기〉를 참고하여, SELECT문의 실행 순서를 완성하시오.

> FROM → (   ) → (   ) → (   ) → SELECT → ORDER BY

〈보기〉

> GROUP BY, WHERE, HAVING

▶ 답안기입란

---

15 문자 유저 인터페이스(CUI)를 사용하는 DOS와 달리, 명령을 알아보기 쉽게 아이콘으로 표현하는 Windows의 인터페이스 방법은 무엇인지 쓰시오.

▶ 답안기입란

---

16 다음 결함 검사에서 fixed가 의미하는 것은 무엇인지 쓰시오.

내용	처리 상태	우선순위
고정 해상도 문제	fixed	1
장바구니 연동 결함	assigned	5
결제 정보 연동 결함	assigned	2
장바구니 – 결제 시스템 연결 문제	fixed	4
로그인 문제	open	3

▶ 답안기입란

17 다음 쿼리를 보고 아래의 결과를 완성하시오.

```
SELECT 급여 FROM 급여
WHERE 직급 = (SELECT 직급 FROM 직원 WHERE 이름 = '박패스');
```

[직원]

이름	직급
김패스	차장
이패스	과장
박패스	대리

[급여]

직급	급여
대리	18000
과장	20000
차장	25000

▶ 답안기입란

18 다음에서 설명하는 것은 무엇인지 쓰시오.

XML의 단점을 보완하기 위해서 만들어졌으며, Javascript 기반의 독립형 언어로 네트워크를 통해 데이터를 주고받을 때 사용하는 경량의 데이터 형식을 가지고 있다.

▶ 답안기입란

19 주민번호를 입력할 수 있는 개인정보 테이블을 생성하고 주민등록번호로 980731을 입력하였더니 오류가 발생하였다. 이를 수정하기 위해 작성된 쿼리의 빈칸에 맞는 명령어를 작성하시오.

- 개인정보 테이블에 주민등록번호 필드(5자리)를 생성하였다.

```
CREATE TABLE 개인정보 (
    주민등록번호 (5);
);
```

- 주민등록번호에 980731을 삽입하였다.

```
INSERT INTO 개인정보 (주민등록번호) VALUES (980731);
```

- 주민등록번호를 6자리로 수정하였다.

```
ALTER TABLE 개인정보 (          ) 주민등록번호 (6);
```

▶ 답안기입란

20 다음 C언어로 구현된 프로그램을 분석하여 출력 결과를 작성하시오.

```c
#include <stdio.h>
main()
{
    int x=4;
    printf("%d",x++);
    return 0;
}
```

▶ 답안기입란

▶ 합격 강의

01 다음은 C언어로 구현된 프로그램이다. 변수 x에 5를 입력하면 출력되는 결과를 작성하시오.

```c
#include <stdio.h>
int main(void) {
    int x;
    scanf("%d", &x);
    switch(x) {
        case 1:
            printf("1번 선택");
            break;
        case 2:
            printf("2번 선택");
            break;
        case 3:
            printf("3번 선택");
            break;
        default:
            printf("선택 오류");
            break;
    }
}
```

▶ 답안기입란

02 〈회원〉, 〈대여〉, 〈테이프〉 테이블을 참고하여, 출력되는 결과를 작성하시오.

```
select 회원.성명, 회원.전화번호
from 회원, 대여
where 회원.회원번호=대여.회원번호 and 대여.테이프번호="T3";
```

〈회원〉 테이블

회원번호	성명	전화번호
S2	마함식	222–2222
S3	이동국	333–3333
S5	조원희	555–5555
S4	박찬성	444–4444
S1	이동국	111–1111

〈대여〉 테이블

회원번호	테이프번호
S1	T3
S2	T4
S3	T5
S3	T3
S4	T3

〈테이프〉 테이블

테이프번호	테이프명
T1	쉬리
T2	타이타닉
T3	넘버 3
T4	택시
T5	비천무

▶ 답안기입란

03 다음은 테이블에 속성을 추가하기 위한 문장이다. 빈칸에 알맞은 명령을 적어 문장을 완성하시오.

```
ALTER TABLE Customer (   ①   ) phone varchar(255);
```

▶ 답안기입란

04 다음 JAVA로 구현된 프로그램을 분석하여 그 실행 결과를 쓰시오.

```
class hrdKorea{
  public static void main (String[] args) {
    int a = 9;
    int b = 11;
    int c = a^b;
    System.out.printf("%d", c);
  }
}
```

▶ 답안기입란

05 rsh, rlogin, Telnet의 보안이 취약한 단점을 보완하기 위해 사용되고 있는 프로토콜이다. 높은 안정성을 보장하며, 포트 번호 22번을 사용하는 원격 접속 프로토콜은 무엇인지 쓰시오.

▶ 답안기입란

06 다음 보기의 연산자를 우선순위에 맞게 나열하시오.

산술 연산자, 논리 연산자, 관계 연산자

▶ 답안기입란

07 다음 C언어로 구현된 프로그램을 분석하여 그 실행 결과를 쓰시오.

```c
#include <stdio.h>
int main(void) {
    int x = 1;
    int y = 2;
    int result;
    result = x > y ? x : y;
    printf("%d", result);
    return 0;
}
```

▶ 답안기입란

08 다음 JAVA로 구현된 프로그램을 분석하여 그 실행 결과를 쓰시오.

```java
class hrdKorea{
    public static void main (String[] args) {
        System.out.println("HRD");
        System.out.println("KOREA");
    }
}
```

▶ 답안기입란

09 알파 테스트와 베타 테스트를 포함하며, 주로 개발의 완료 단계에서 수행되는 검사는 무엇인지 쓰시오.

▶ 답안기입란

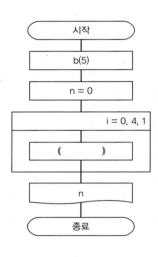

10 다음 보기의 명령 중 DML 명령어를 모두 고르시오.

• INSERT	• CREATE	• SAVEPOINT	• ALTER
• GRANT	• DROP	• COMMIT	• SELECT

▶ 답안기입란

11 다음은 2진수의 값을 10진수로 변환하는 프로그램이다. 알고리즘의 빈칸(①)과 프로그래밍 코드의 실행 결과(②)를 쓰시오.

플로우차트:
시작
b(5)
n = 0
i = 0, 4, 1
( )
n
종료

```c
#include <stdio.h>
#define K 5
int main(){
  int n = 0;
  int b[K]={1,0,1,1,0}, temp;
  int i, j;
  for(i=0; i<K; i++){
  temp = 1;
    for(j=1; j<=K-1-i; j++){
      temp = temp * 2;
    }
    n = n + temp* b[i];
  }
  printf("%d", n);
}
```

▶ 답안기입란

12 다음 C언어로 구현된 프로그램을 분석하여 그 실행 결과를 쓰시오.

```c
#include <stdio.h>
int main() {
    int *pnum;
    int num1 = 200;
    int num2 = 300;
    pnum = &num1;
    (*pnum)+=40;
    pnum = &num2;
    (*pnum)-=50;
    printf("num1:%d \n num2:%d",num1,num2);
}
```

▶ 답안기입란

13 다음은 JAVA로 짝수의 합을 구하는 프로그램이다. 빈칸에 알맞은 내용을 쓰시오.

```java
class hrdKorea {
  public static void main (String[] args) {
    int sum = 0;
    for(int i=0 ; i<10 ; i++) {
      if(i % 2 == 0) {
        (            )
      }
    }
    System.out.println("짝수의 합 = "+sum);
  }
}
```

▶ 답안기입란

14 다음은 OSI 7계층에 관한 설명이다. 빈칸을 완성하시오.

- (①)(은)는 사용자 또는 어플리케이션이 네트워크에 접근할 수 있도록 도와주는 인터페이스이다.
- (②)에서는 물리적 매체 등을 사용하여 비트 흐름을 전송하며 물리적, 전기적 명세를 정한다.
- (③)(은)는 패킷이 최종 목적지에 도달하도록 경로를 정하여 최적으로 데이터를 전송한다.
- (④)(은)는 노드-노드 사이의 데이터를 전송하며, 상위의 계층이 (②)(을)를 정상적인 상태로 인식할 수 있게 도와준다.
- (⑤)(은)는 데이터의 변환, 압축, 암호화를 담당한다.

▶ **답안기입란**

15 웹과 비동기적 데이터 교환 및 조작을 위해 사용되며, XMLHttpRequest 객체를 이용하여 웹 페이지의 일부만을 수정할 수 있는 것은 무엇인지 쓰시오.

▶ **답안기입란**

16 student, score 테이블을 결합하여, 아래의 결과를 출력하기 위한 명령을 완성하시오.

```
select student.no, student.s_name, score.score
from student, score
(        ) student.no = score.no;
```

[student]

no	s_name	phone	depart
1	강민준	111-1111	조리
2	이승준	222-2222	설계
3	강규안	333-3333	미디어
4	이승빈	444-4444	경영

[score]

no	score
1	82
2	75
3	64
4	98

[결과]

no	s_name	score
1	강민준	82
2	이승준	75
3	강규안	64
4	이승빈	98

▶ 답안기입란

17 다음의 데이터베이스 용어의 빈칸을 완성하시오.

- 개체가 가지고 있는 요소 또는 성질을 (①)(이)라고 부른다.
- 두 개체 간의 의미있는 연관성을 (②)(이)라고 하고, 개체를 선으로 연결하여 표시한다.

▶ 답안기입란

18 안드로이드 운영체제는 버전에 따라 이름을 갖게 되는데 7.0은 누가(Nougat), 8.0은 오레오(Oreo)이다. 안드로이드 9.x의 이름은 무엇인지 쓰시오.

▶ 답안기입란

19 다음 보기에서 데이터베이스 모델링 단계를 순서대로 나열하시오.

논리적 설계, 물리적 설계, 개념적 설계

▶ 답안기입란

20 윈도우 10에서 다중 디스플레이를 사용 시, 보기와 같은 기능을 수행할 수 있는 단축키를 쓰시오.

- PC 화면만
- 복제
- 확장
- 두 번째 화면만

▶ 답안기입란

01 다음은 데이터베이스에서 테이블 내의 조건에 부합하면 삭제하기 위한 구문이다. 빈칸에 알맞은 명령을 적어 질의를 완성하시오.

```
DELETE FROM <테이블> (            ) <조건>;
```

▶ 답안기입란

02 다음 JAVA로 구현된 프로그램을 분석하여 그 실행 결과를 쓰시오.

```
class path {
    public static void main (String[] args)
    {
        String str = ("HRDK" + 40 + 23);
        System.out.println(str);
    }
}
```

▶ 답안기입란

03 다음은 C언어로 구현된 프로그램이다. 출력되는 결과를 작성하시오.

```
#include <stdio.h>
int main(void) {
    int num1=16, num2=44;
    int a = num1++;
    int b = --num2;
    printf("%d", a+b);
}
```

▶ 답안기입란

04 다음 PATH 테이블에서 릴레이션의 차수(Degree)와 카디널리티(Cardinality)의 개수를 구하시오.

[PATH]

번호	성명	전화번호	과목
1	김진수	032-***-****	정보처리기능사
2	이하영	02-***-****	컴퓨터활용능력
3	김하나	031-***-****	전산회계
4	호이진	031-***-****	리버스 엔지니어
5	박수영	054-***-****	UNIX/Linux
6	김동민	055-***-****	JAVA
7	김서연	033-***-****	C++

▶ 답안기입란

05 인간의 실수에 의해 예상 기대와는 다르게 소프트웨어가 예정된 설계에 어긋난 코드를 발생하는 오류를 나타내는 용어를 작성하시오.

▶ 답안기입란

06 다음 보기를 참고하여 운영체제 발전 과정을 순서에 맞게 번호로 작성하시오.

1. 범용
2. 다중 처리
3. 분산 처리
4. 일괄 처리

▶ 답안기입란

07 다음 C언어로 구현된 프로그램을 분석하여 그 실행 결과를 쓰시오.

```c
#include <stdio.h>
int main(void)
{
    int num1=16, num2=80;
    int result
    result = num1>num2 ? num1&num2:num1^num2

    printf("%d", result);
}
```

▶ 답안기입란

08 다음 C언어로 구현된 프로그램을 분석하여 그 실행 결과를 쓰시오.

```c
#include <stdio.h>
int main(void) {
  int num = 0b1001;
  printf("%d",num);
}
```

▶ 답안기입란

09 아래의 두 가지 테이블에서 외래키로 사용된 것은 무엇인지 쓰시오.

[주문]

주문번호	제품코드	종류
1	RG_T101	티셔츠
2	HR_T102	티셔츠
3	RG_D108	원피스
4	RG_J102	바지

[고객]

고객명	제품코드	연고지
이진수	RG_T101	포항
김진아	HR_T102	수원
정오영	RG_D108	인천
정영훈	RG_J102	부산

▶ 답안기입란

10 다음 중 뷰에 대한 설명으로 맞는 것을 모두 골라 쓰시오.

가. 다른 테이블을 기반으로 만들어진 가상의 테이블이다.
나. 데이터들을 행과 열로 이루어진 표로 모아놓은 것이다.
다. 어떠한 의미를 가지는 정보이며, 시스템 처리의 최소 단위이다.
라. 정보를 처리하는 필드들의 모임이다.

▶ 답안기입란

11 Windows 10에서 원하는 영역을 캡처할 수 있게 도와주는 캡처 도구를 실행하는 단축키는 무엇인지 쓰시오.

▶ 답안기입란

12 다음 C언어로 구현된 프로그램을 분석하여 빈칸에 알맞은 내용을 입력하시오.

출력문
12345
23451

```c
#include <stdio.h>
int main(void) {
    int a[5] = {1,2,3,4,5}; int temp;
    for(int i=0; i<5; i++)
        printf("%d", a[i]);
    printf(" \n");
    temp = a[0];
    for(int i=0; i<4; i++)
        a[i] = a[i+1];
    (        ) = temp;
    for(int i=0; i<5; i++)
        printf("%d", a[i]);
}
```

▶ 답안기입란

13 다음 보기를 참조하여 해당 프로토콜과 관련이 있는 OSI 계층을 작성하시오.

IP, ARP, ICMP, IGMP

▶ 답안기입란

14 데이터베이스에서 테이블의 데이터를 빠르게 찾기 위한 기능을 작성하시오.

▶ 답안기입란

15 상위에서 하위 모듈로의 방향으로 진행하는 하향식 통합 테스트에서 하위 모듈을 대체하기 위해 필요한 것을 작성하시오.

▶ 답안기입란

16 SQL 구문 중 지정한 컬럼에서 중복되지 않고 고유한 자료만을 나타내는 명령어를 작성하시오.

▶ 답안기입란

17 다음 JAVA로 구현된 프로그램을 분석하여 실행 결과를 쓰시오.

```
class path {
   public static void main (String[] args)
   {
    System.out.printf("%d",(int)Math.sqrt(16) + (int)Math.log10(100));
   }
}
```

▶ 답안기입란

18 다음 보기에서 설명하는 UNIX 명령어를 작성하시오.

- (①) : 파일이나 폴더의 읽기, 쓰기, 실행 등의 권한 변경
- (②) : 현재 위치한 디렉터리의 경로 출력

▶ 답안기입란

19 다음은 C언어로 배열에 문자열을 입력하기 위한 구문이다. 아래의 빈칸에 알맞은 내용을 작성하시오.

```c
#include <stdio.h>
int main(void) {
    char str[20];
    scanf(        );
    printf("%s", str);
    return 0;
}
```

▶ 답안기입란

20 다음은 C언어로 구현된 프로그램이다. 출력되는 결과를 작성하시오.

```c
#include <stdio.h>
int main(void) {
    int num = 1640;
    num = num >> 3;
    printf("%d",num);
    return 0;
}
```

▶ 답안기입란

합격 강의

01 다음 JAVA로 구현된 프로그램을 분석하여 그 실행 결과를 쓰시오.

```java
class EXAM
{
    public static void main (String[] args)
    {
        int k=0;
        for(int i=0; i<=3; i++)
        {
            for(int j=0; j<4; j++)
            {
                k++;
            }
        }
        System.out.print(k);
    }
}
```

▶ 답안기입란

02 작업 중 문제가 발생하였을 때 처리 과정에서 발생한 변경 사항을 취소하여 이전의 상태로 돌리는 DCL (Database Control Language) 명령어는 무엇인지 쓰시오.

▶ 답안기입란

03 다음에서 설명하는 내용을 작성하시오.

> • 접근이 허용된 자료만을 제한적으로 보여주기 위한 가상의 테이블이다.
> • 기본 테이블의 기본키를 포함한 속성(열) 집합으로 구성해야만 삽입, 삭제, 갱신, 연산이 가능하다.

▶ 답안기입란

04 다음은 데이터베이스 상에서 기본키를 설정하는 내용이다. 밑줄에 들어갈 알맞은 내용을 작성하시오.

```
Create table EXAM(
char(4) NOT NULL _____
char(4) NULL
);
```

▶ 답안기입란

05 다음에서 설명하는 라우팅 프로토콜을 작성하시오.

> • 인터넷 표준 프로토콜로 모든 벤더(Vender)에서 지원하며 간단하고 쉬운 프로토콜이다.
> • 전원이나 메모리 등 시스템 자원의 소모가 적으나 최대 Hop Count가 15개로, Hop Count가 16개 이상이면 데이터를 보내지 못하기 때문에 대규모보다는 소규모 네트워크 상에서 효율적이다.

▶ 답안기입란

06 다음 JAVA로 구현된 프로그램을 분석하여 그 실행 결과를 쓰시오.

```
class EXAM
{
    public static void main (String[] args)
    {
        int a=19; int b=43; int c=35;
        int temp = a;
        if(temp<b) temp=b;
        if(temp<c) temp=c;
        System.out.print(temp);
    }
}
```

▶ 답안기입란

07 다음 빈칸에 알맞은 리눅스 명령어를 보기에서 골라 작성하시오.

〈보기〉

• open	• cat	• chmod	• chown
• fsck	• cal	• sort	

- (①) : 텍스트 파일 내용을 출력하는 명령어
- (②) : 파일의 소유권을 수정하는 명령어

▶ 답안기입란

08 다음 JAVA로 구현된 프로그램을 분석하여 그 실행 결과를 쓰시오.

```
#include <stdio.h>
int main(void) {
   int a=9; int b=5;
   while(a != b)
   {
      if(a>b) a-=b;
      else b-=a;
   }
   printf("%d %d", a, b);
   return 0;
}
```

▶ 답안기입란

09 블랙박스 테스트에서 값을 입력하면 경계 값에 오류가 발생할 확률이 높다는 점을 이용하여 분석하는 테스트 기법은 무엇인지 보기에서 골라 쓰시오.

| • 오류 예측 검사 | • 비교 검사 | • 경계값 분석 | • 동치 분할 검사 |

▶ 답안기입란

10 데이터베이스에서 관계를 트리 구조로 정의하고 부모 자식 간의 형태를 갖는 시스템을 아래의 보기 중에 하나만 고르시오.

• 망형 데이터베이스 관리 시스템
• 계층형 데이터베이스 관리 시스템
• 관계형 데이터베이스 관리 시스템

▶ 답안기입란

11 데이터베이스 내에서 테이블의 모든 레코드를 지우기 위한 명령어를 빈칸에 알맞게 작성하시오.

```
(            ) From EXAM;
```

▶ 답안기입란

12 네트워크 상에서 데이터의 단대단(end to end) 형태로 전송 흐름 제어 및 오류를 제어를 하기 위한 계층은 무엇인지 쓰시오.

▶ 답안기입란

13 다음 〈학생 테이블〉에서 〈보기 1〉을 실행하여 출력된 뷰에서 〈보기 2〉를 실행하였을 때의 결과를 ①, ②, ③에 작성하시오.

〈학생 테이블〉

학번	이름	학년	학과
2110001	홍길동	1	컴퓨터
2110002	김나비	1	디자인
2010001	이진수	2	건축
1910001	최수훈	3	컴퓨터
1810001	박수한	4	디자인

〈보기 1〉

```
CREATE VIEW 컴퓨터학과
AS SELECT 이름
FROM 학생
WHERE 학과 = '컴퓨터';
```

〈보기 2〉

```
SELECT * FROM 컴퓨터학과;
```

〈결과〉

(①)
(②)
(③)

▶ 답안기입란

14 UNIX 운영체제에서 다음 보기에 내용을 참조하여 빈칸에 들어갈 알맞은 용어를 작성하시오.

- (①) : 유틸리티와 운영체제 간에 명령을 번역해 주는 명령 번역기의 역할 수행
- (②) : 운영체제의 핵심으로 소프트웨어를 구동 시 하드웨어가 처리할 수 있도록 도와주는 역할 수행

▶ 답안기입란

15 다음 C언어로 구현된 프로그램을 분석하여 그 실행 결과를 쓰시오.

```c
#include <stdio.h>
int sub();
int main(void) {
    int a = 17;
    int b = 5;
    printf("%d", sub(a,b));
}
int sub(int x,int y)
{
    if(x%y == 0) return 1;
    else return 0;
}
```

▶ 답안기입란

16 다음 C언어로 구현된 프로그램을 분석하여 그 실행 결과를 쓰시오.

```
#include <stdio.h>
int sub(int x)
{
    if( x <= 1) return x;
    return x + sub(x-2);
}
int main(void)
{
    int a = 5;
    printf("%d", sub(a));
}
```

▶ 답안기입란

17 다음은 OSI 7 계층에 대한 내용이다. 빈칸에 들어갈 용어를 작성하시오.

국제표준화기구(ISO, International Organization for Standardization)에서 개발한 모델을 OSI 7계층 이라고 한다. 컴퓨터 네트워크 프로토콜 디자인과 통신을 계층을 나누어 표현한 것을 의미하며 각각의 계층 별로 상위 계층을 제외한 하위 계층은 데이터 단위가 구분되어 있다. 그 중 (①)(은)는 프레임이라는 데이 터 단위를 사용하고, (②)(은)는 패킷이라는 데이터 단위를 사용한다.

▶ 답안기입란

18 다음의 보기를 이용하여 Windows에서 현재 창(탭) 닫기에 사용되는 단축키를 작성하시오.

[Ctrl], [Shift], [Alt], [⊞], [A]~[Z], [0]~[9], [F1]~[F12]

▶ 답안기입란

19 다음 JAVA로 구현된 프로그램을 분석하여 그 실행 결과를 쓰시오.

```
public static void main (String[] args)
{
    int k=0;
    int temp;
    for(int i=1; i<=3; i++)
    {
        temp = k;
        k++;
        System.out.print(temp + "번");
    }
}
```

▶ **답안기입란**

20 다음 빈칸에 들어갈 알맞은 용어를 쓰시오.

(   )(은)는 데이터베이스의 물리적 구조로서, 시스템 프로그래머나 시스템 설계자가 보는 관점의 스키마
이다.

▶ **답안기입란**

01 다음 C언어로 구현된 프로그램을 분석하여 그 실행 결과를 쓰시오.

```c
#include <stdio.h>
int main(void) {
    int i;
    char str[4];
    str[0] = 'K';
    str[1] = 'O';
    str[2] = 'R';
    str[3] = 'E';
    str[4] = 'A';
    for(i=0; i<5; i++)
    {
        printf("%c", str[i]);
    }
    return 0;
}
```

▶ 답안기입란

02 속성의 값이 정의된 사항에 맞게 데이터가 입력되었는지 확인하는 작업을 수행하며, 같은 길이의 문자 등을 입력하여야 한다는 무결성 제약조건은 무엇인지 쓰시오.

▶ 답안기입란

03 다음 C언어로 구현된 프로그램을 분석하여 그 실행 결과를 쓰시오.

```c
#include <stdio.h>

int main(void) {

    int i;
    int sum = 0;
    for(int i=1; i<=3; i++)
    {
        if(i == 2)
            continue;
        sum += i;
    }
    printf("%d", sum);
    return 0;
}
```

▶ 답안기입란

04 다음 〈보기〉를 참조하여 기억장치의 속도를 빠른 순으로 해당 빈칸에 기호로 작성하시오.

〈보기〉

ㄱ. Main Memory
ㄴ. Cache Memory
ㄷ. Second Memory

Register − (　　) − (　　) − (　　)

▶ 답안기입란

05 다음에서 설명하는 설계 방법으로 옳은 것을 〈보기〉에서 골라 쓰시오.

- 개념적 설계 단계에서 생성한 개념적 스키마를 기반으로 설계
- E-R 모델을 통해 릴레이션으로 매핑
- 트랜잭션의 인터페이스를 설계
- 관계형 데이터베이스 구축 단계

〈보기〉

논리적 설계, 개념적 설계, 물리적 설계, 구현, 요구조건 분석

▶ 답안기입란

06 다음 〈보기〉를 참조하여 빈칸에 알맞은 UNIX / LINUX 명령어를 작성하시오.

- (①) : 파일 및 디렉터리를 삭제하는 데 사용하는 명령어
- (②) : 파일 및 디렉터리의 사용자, 그룹, 그 외의 접근 권한 등을 설정하는 데 사용하는 명령어

〈보기〉

rm, cd, chmod, chown, del

▶ 답안기입란

07 다음 빈칸에 알맞은 데이터베이스 관련 용어를 작성하시오.

> • (   )(이)란 빠른 조회 속도와 효율적인 동작을 제공한다.
> • CREATE문을 사용하여 (   ) 생성이 가능하다.
> • (   )의 구성요소로는 컬럼, 주소 등이 있다.

▶ 답안기입란

08 다음 C언어로 구현된 프로그램을 분석하여 그 실행 결과를 쓰시오.

```
#include <stdio.h>

int main(void) {
    int i=1;

    do {
        i++;
    } while(i<10);

    printf("%d", (i*4));
}
```

▶ 답안기입란

09 다음 테이블에서 수강과목이 '컴퓨터'이거나 학년이 1학년인 학생의 성명을 출력하려고 한다. 괄호에 알맞은 내용을 작성하시오.

[테이블]

학번	이름	학년	수강과목	점수
1910001	홍길동	3	디자인	87
2010002	김나비	2	컴퓨터	84
1810001	이진수	4	건축	91
2110001	최수훈	1	건축	77
2110001	박수한	1	디자인	89

```
select 성명 from 테이블
where 수강과목 = '컴퓨터' (        ) 학년 = 1;
```

▶ 답안기입란

10 IP의 주소 부족 현상으로 인하여 IPv4를 대체하기 위해 개발된 IPv6의 비트 수는 몇 개인지 쓰시오.

▶ 답안기입란

11 다음 보기를 참조하여 C언어에서 변수로 사용할 수 없는 것을 고르시오.

연산자, 예약어, 분리자, 구조체, 주석, 식별자

▶ 답안기입란

12 다음 C언어로 구현된 프로그램을 분석하여 그 실행 결과를 쓰시오.

```c
#include <stdio.h>
int main(void) {
    printf("%d", sub(12));
}
int sub(int function)
{
    int hap = 0;
    for(int i=1; i<=function; i++)
    {
        hap+=i;
    }
    return hap;
}
```

▶ 답안기입란

13 다음은 부서가 "디자인"인 인원의 사원번호를 구하여 가상 테이블로 생성하는 쿼리이다. 빈칸에 알맞은 내용을 작성하시오.

[테이블]

사원번호	이름	부서
201	홍길동	컴퓨터
202	김나비	디자인
203	이진수	건축
204	최수훈	컴퓨터
205	박수한	컴퓨터

```sql
(  ①  ) VIEW 생성뷰 (  ②  )
SELECT 사원번호 FROM 테이블
WHERE 부서 = '디자인';
```

사원번호
(③)

▶ 답안기입란

14 다음 보기에서 설명하는 프로토콜을 작성하시오.

> • OSI 7 계층 중 전송 계층의 대표적인 프로토콜이다.
> • 비연결성인 구조를 가지고 있다.
> • 체크섬 방식을 사용한다.

▶ 답안기입란

15 교착상태(Deadlock)에서 다른 프로세스가 작업을 완료하기 전까지 해당 프로세스에 대한 자원을 뺏어 올 수 없다는 특징을 무엇이라고 하는지 고르시오.

> 상호배제, 선점, 점유 및 대기, 순환, 비선점

▶ 답안기입란

16 emp 테이블에서 사원번호와 이름을 가져오려고 한다. ①, ②, ③에 들어갈 용어를 작성하시오.

```
SELECT (   ①   ), (   ②   ) from emp (   ③   ) 직급 = "대리";
```

▶ 답안기입란

17 다음 설명에 맞는 라이브러리 함수를 작성하시오.

> • 헤더 파일 string.h를 사용한다.
> • 문자열 길이를 확인하기 위한 명령어이다.

▶ 답안기입란

18 파라미터를 전달하고 모듈 테스트 수행 후의 결과를 도출하는 등의 상향식 테스트에 필요한 데이터의 입력과 출력을 확인하기 위한 더미 모듈은 무엇인지 쓰시오.

▶ 답안기입란

19 다음의 설명하는 내용을 〈보기〉를 참고하여 빈칸을 완성하시오.

> • 릴레이션의 튜플은 (①   )의 모임으로 구성된다.
> • 이러한 (①   )의 개수를 (②   )(이)라고 한다.

〈보기〉

> 속성, 뷰, 도메인, 카디널리티, 차수

▶ 답안기입란

20 호스트의 IP 주소와 각종 프로토콜의 기본 설정을 클라이언트에게 자동으로 제공해 주는 프로토콜은 무엇인지 쓰시오.

▶ 답안기입란

MEMO

최신 기출문제
정답 & 해설

01	10
02	56055
03	23461115
04	00040070010
05	221
06	ㅁ. 예약어
07	튜플
08	트랜잭션
09	chmod
10	한계값 분석, 비교 테스트
11	가상 메모리
12	RIP
13	데이터 링크 계층
14	ㄴ → ㄷ → ㄱ
15	HTTP, FTP
16	RESTRICT
17	참조 무결성
18	TO
19	VARCHAR(5)
20	1 2 1 4 1

try-catch-finally 구조에서 finally 블록은 예외 발생 여부와 상관없이 항상 실행되는 코드를 포함한다.

• 예시

```java
public class Example {
    public static void main(String[] args) {
        try {
            // 예외가 발생할 가능성이 있는 코드
            int result = 10 / 0;
        } catch (ArithmeticException e) {
            // 예외가 발생했을 때 실행되는 코드
            System.out.println("예외 발생: " + e.getMessage());
        } finally {
            // 예외 발생 여부와 상관없이 항상 실행되는 코드
            System.out.println("이 메시지는 항상 출력됩니다.");
        }
    }
}
```

디버깅

i=0일 때

t1(4) -> t2(4) res += 3

finally -> +1

res = 4

i=1일 때

t1(-) -> t2(-) 예외 res-=1

finally -> +1

res = 4

i=2일 때

t1(1) -> t2(1) 예외 res-=1

finally -> +1

res = 4

i=3일 때

t1(a) -> t2(a) 예외 res-=1

finally -> +1

res = 4

i=4일 때

t1(2) -> t2(2) +5

finally -> +1

res = 10

제네릭 메소드(Generic Method)

• 매개 타입과 리턴 타입으로 타입 파라미터를 갖는 메소드이다.

• 즉, 메서드를 작성할 때 특정 타입에 의존하지 않도록 만들어 여러 타입에 대해 재사용할 수 있게 한다.

• 예시

```java
public class GenericExample {
    public <T> void printArray(T[] array) {
        for (T element : array) {
            System.out.print(element + " ");
        }
        System.out.println();
    }
    public static void main(String[] args) {
        GenericExample example = new GenericExample();

        Integer[] intArray = {1, 2, 3, 4, 5};
        String[] strArray = {"Hello", "World"};

        example.printArray(intArray);   // 출력: 1 2 3 4 5
        example.printArray(strArray);   // 출력: Hello World
    }
}
```

→ 이 예제에서 printArray 메서드는 제네릭 메서드로 정의되어, 배열의 타입에 상관없이 Integer, String, 또는 다른 타입의 배열을 모두 처리

〈코드분석〉

```java
public static void main(String[] args) {
    T2 t = new T2();
    t.function(1);      // 출력: 5 -> T1 의 a 값 5
    t.function();       // 출력: 60 -> T1의 a 값 5 + T2의 a 값 55를 더함
    t.function(1.0);    // 출력: 55 -> T2의 a 값 55
}
```

해당 코드는 선택정렬 코드로서 순서대로 디버깅하면

3, 2, 6, 11, 15, 4의 배열에서

첫 번째 반복문 진행 시 2, 3, 6, 11, 15, 4

두 번째 반복문 진행 시 2, 3, 4, 11, 15, 6

세 번째 반복문 진행 시 2, 3, 4, 6, 15, 11

네 번째 반복문 진행 시 2, 3, 4, 6, 11, 15로

다섯 번째 반복문 진행 시에는 변경되지 않는다.

i = 0일 때 if (i++ % 3 〉 0)은 조건을 만족하지 않아서 아래 구문 실행하지 않고 i는 1 증가

i = 1일 때 if (i++ % 3 〉 0)은 조건을 만족하여 아래 구문 실행, 실행 시 후위 연산으로 i = 2

    test[2++] = ++3으로 test[3] = 4 입력

i = 4일 때 if (i++ % 3 〉 0)은 조건을 만족하여 아래 구문 실행, 실행 시 후위 연산으로 i = 5

    test[5++] = ++6으로 test[6] = 7 입력

i = 7일 때 if (i++ % 3 〉 0)은 조건을 만족하여 아래 구문 실행, 실행 시 후위 연산으로 i = 8

    test[8++] = ++9으로 test[9] = 10 입력

i = 10에서 반복문 종료

본 문제는 컴파일러마다 다르게 출력되어 기타 다른 컴파일러에서는 0003006009로 출력되는 경우도 있다.
컴파일러보다는 문제 출제자의 의도를 생각해 손코딩의 의의를 두어 이 책에서는 해당 정답으로 기재한다.

〈코드분석〉

```
String[] lst = {"A100", "H100", "32f","100","250","103"};
int sum = 0;
for (String t : lst) {
    try {
        int n = Integer.parseInt(t); // 해당 문자열이 정상적으로 정수형으로 변경시 누적
        sum += n;
    }
    catch (Exception e) { // 해당 문자열이 정수형으로 변환이 되지 않을시 문자열 제거후 감소
        int n = Integer.parseInt(t.replaceAll("[^0-9]", ""));
        sum -= n;
    }
}
```

프로그래밍 언어에서 예약어(reserved word)는 특정한 의미를 가지며, 프로그래머가 변수 이름이나 함수 이름으로 사용할 수 없는 단어이다.
예약어는 언어의 문법과 구조를 정의하는 데 사용되며, 각 언어마다 고유한 예약어 집합을 가지고 있다.

JAVA의 예약어

- class : 클래스를 정의할 때 사용
- public : 접근 제어자, 해당 멤버가 다른 클래스에서도 접근 가능함을 나타냄
- static : 클래스 레벨에서 변수나 메서드를 선언할 때 사용
- void : 메서드가 값을 반환하지 않을 때 사용
- if, else : 조건문
- for, while : 반복문
- try, catch, finally : 예외 처리

튜플(Tuple)

- 데이터베이스 관리 시스템(DBMS)에서 사용되는 용어로, 테이블 내에서 하나의 행(row)을 나타낸다.
- 즉, 튜플은 데이터베이스 테이블의 한 레코드(record)를 의미하고 각 필드(field)에 대해 특정 값을 가지며, 이 값들은 서로 연관된 데이터를 저장한다.

어트리뷰트(Attribute)

- 데이터베이스 테이블의 열(Column)이다.
- 테이블에서 저장하는 각 데이터의 특성을 나타내며, 각 어트리뷰트는 특정 데이터 타입을 갖는다.
- 어트리뷰트는 테이블의 구조를 정의하고, 각 행(Row)에 저장된 데이터를 저장한다.

트랜잭션은 데이터베이스 상태를 변화시키는 하나의 논리적인 작업 단위를 말하며 ACID 특성을 만족해야 한다.

ACID 특성

- Atomicity(원자성) : 트랜잭션의 모든 연산이 성공적으로 완료되든지, 아니면 전혀 실행되지 않은 것처럼 되어야 한다. 즉, 트랜잭션 내의 연산은 모두 하나의 단위로 처리되어야 하며, 일부만 실행되는 상황이 없어야 한다.
- Consistency(일관성) : 트랜잭션이 실행되기 전과 후의 데이터베이스 상태는 항상 일관성을 유지해야 한다. 트랜잭션이 실패하더라도 데이터베이스는 일관된 상태로 유지되어야 한다.
- Isolation(고립성) : 여러 트랜잭션이 동시에 실행되더라도 각 트랜잭션은 서로 간섭을 받지 않아야 한다. 즉, 하나의 트랜잭션이 완료될 때까지 다른 트랜잭션은 그 결과를 볼 수 없다.
- Durability(영속성) : 트랜잭션이 성공적으로 완료되면 그 결과는 영구적으로 데이터베이스에 반영되어야 한다. 시스템 장애가 발생하더라도 완료된 트랜잭션의 결과는 보장되어야 한다.

chmod

- UNIX 및 Linux 시스템에서 파일과 디렉터리의 권한을 설정하는 데 사용되는 명령어이다.
- change mode의 약자로, 파일 및 디렉터리의 읽기(read), 쓰기(write), 실행(execute) 권한을 수정할 수 있다.

chmod 사용법

chmod [옵션] [권한] [파일/디렉터리]
- 권한은 세 가지 사용자 그룹으로 나눌 수 있다

    소유자 (user, u)

    그룹 (group, g)

    기타 (others, o)

- 각 그룹은 아래와 같이 세 가지 권한을 가질 수 있다.

    읽기 (read, r)

    쓰기 (write, w)

    실행 (execute, x)

- 권한은 숫자 또는 기호를 사용하여 설정할 수 있다.
  읽기 (r) : 4
  쓰기 (w) : 2
  실행 (x) : 1

10번 해설

블랙박스 테스트

- 사용자 관점(내부 구조나 작동원리를 모르는 상태)으로 명세(요구사항과 결과물의 일치) 기반의 테스트
- 종류
  - 균등분할(동치분해)   - 한계값(경계값) 테스트
  - 원인효과그래프 테스트   - 비교 테스트

화이트박스 테스트

- 개발자 관점으로 내부구조와 동작을 테스트
- 종류
  - 기초경로 테스트   - 제어흐름 테스트   - 조건 테스트
  - 루프 테스트   - 데이터흐름 테스트   - 분기 테스트

11번 해설

가상 메모리

- 컴퓨터 시스템에서 실제 물리 메모리보다 더 큰 메모리 공간을 사용할 수 있도록 하는 기술로 이를 통해 프로세스가 실제 물리 메모리의 한계를 초과하여 더 많은 메모리를 사용하는 것처럼 동작할 수 있다.

가상 메모리의 주요 개념

- 페이지(Page) : 가상 메모리는 일정한 크기의 페이지로 나뉘는데, 페이지의 크기는 하드웨어에 의해 결정이 되며 운영체제는 이러한 페이지들을 페이지 테이블 안에 집어 넣어서 관리하고 있다.
- 페이지 테이블(Page Table) : 각 프로세스는 페이지 테이블을 가지고 있으며, 이는 가상 주소를 실제 물리 주소로 매핑하는 역할을 한다.
- 스와핑(Swapping) : 사용하지 않는 페이지를 디스크로 이동시키고, 필요한 페이지를 메모리로 가져오는 과정으로 이를 통해 물리 메모리를 효율적으로 사용할 수 있다.

12번 해설

RIP(Routing Information Protocol)

- UDP/IP 상에서 동작하는 라우팅 프로토콜
- 기업의 근거리 통신망 또는 같은 네트워크 내의 라우팅 정보 관리를 위해 광범위하게 사용
- 전원이나 메모리 등 자원 소모가 적음
- 최대 Hop Count는 15개, 16개 이상 데이터 전송 불가
- 포트번호 : 520

데이터 링크 계층

• OSI 모델의 두 번째 계층으로, 물리 계층에서 발생한 비트를 프레임으로 묶어 전송하는 역할을 하며 오류 감지 및 수정, 흐름 제어, 프레임의 송수신 등을 관리한다.

데이터 링크 계층의 주요 기능

• 프레이밍(Framing) : 전송할 데이터를 프레임 단위로 나누고, 각 프레임에 헤더와 트레일러를 추가하여 데이터를 구성
• 오류 감지 및 수정(Error Detection and Correction) : 전송된 데이터에서 발생할 수 있는 오류를 감지하고 수정
• 흐름 제어(Flow Control) : 송신자와 수신자 간의 데이터 전송 속도를 조절하여 데이터의 손실을 방지
• 매체 접근 제어(Media Access Control, MAC) : 여러 장치가 동일한 전송 매체를 공유할 때, 어떤 장치가 매체를 사용할지 결정하는 규칙을 정의

데이터 링크 계층의 주요 프로토콜

• Ethernet : 가장 널리 사용되는 데이터 링크 계층 프로토콜 중 하나로, 주로 LAN(Local Area Network)에서 사용
• Wi-Fi (IEEE 802.11) : 무선 네트워크에서 데이터를 전송 표준
• PPP(Point-to-Point Protocol) : 두 노드 간의 직접 연결을 통해 데이터를 전송
• HDLC(High-Level Data Link Control) : 비트 중심의 데이터 링크 계층 프로토콜

주 메모리(Main Memory)

• 역할 : 컴퓨터가 실행 중인 프로그램과 데이터를 일시적으로 저장하는 데 사용
• 특징 : 휘발성 메모리로, 전원이 꺼지면 데이터가 사라진다. 주로 RAM(Random Access Memory)으로 구성

레지스터(Register)

• 역할 : CPU 내부에서 사용되는 고속 메모리로, 즉각적인 데이터 처리와 명령 실행을 위해 사용
• 특징: 매우 빠르지만 용량이 작습니다. 일반적으로 연산 및 데이터 전송에 사용

캐시 메모리(Cache Memory)

• 역할 : CPU와 주 메모리 간의 속도 차이를 줄이기 위해 자주 사용하는 데이터와 명령을 임시 저장하는 고속 메모리
• 특징 : 속도가 빠르고, CPU와 가까운 위치에 있어 접근 시간이 매우 짧다. L1, L2, L3 등의 여러 레벨로 나뉜다.

네트워크 계층(Network Layer)

IP(Internet Protocol) : 네트워크 상에서 데이터를 패킷으로 나누어 전달하는 프로토콜
IPsec(Internet Protocol Security) : IP 계층에서 보안 통신을 위해 암호화 및 인증을 제공하는 프로토콜
OSPF(Open Shortest Path First) : 내부 게이트웨이 프로토콜로, 링크 상태 라우팅 프로토콜
ICMP(Internet Control Message Protocol) : 네트워크 진단 및 오류 메시지를 위한 프로토콜

전송 계층(Transport Layer)

TCP(Transmission Control Protocol) : 데이터 전송의 신뢰성을 보장하는 연결 지향형 프로토콜
UDP(User Datagram Protocol) : 신뢰성을 보장하지 않는 비연결형 프로토콜

응용 계층(Application Layer)

HTTP(HyperText Transfer Protocol) : 웹 브라우저와 웹 서버 간에 데이터를 주고받기 위한 프로토콜
FTP(File Transfer Protocol) : 파일을 인터넷을 통해 전송하기 위한 프로토콜

16번 해설

- CASCADE : 종속

개체를 변경 또는 삭제할 때 대상 개체가 다른 개체를 참조하고 있을 경우 연쇄적으로 함께 변경 또는 삭제

- RESTRICT : 참조상태 제한

개체를 변경 또는 삭제할 때 대상 개체가 다른 개체를 참조하고 있을 경우 변경 또는 삭제가 취소

17번 해설

개체 무결성(Entity Integrity)
- 정의 : 각 테이블의 모든 행은 고유해야 하며, 기본 키(primary key) 속성은 NULL 값을 가질 수 없다.
- 목적 : 테이블 내의 각 행을 고유하게 식별하기 위함

도메인 무결성(Domain Integrity)
- 정의 : 각 열은 정의된 데이터 타입, 형식, 제약 조건 등을 따라야 한다.
- 목적 : 열의 값이 허용된 범위 내에 있도록 보장하여 데이터의 정확성과 일관성을 유지

참조 무결성(Referential Integrity)
- 정의 : 외래 키(foreign key)로 참조된 값은 반드시 참조하는 테이블의 기본 키 또는 고유한 키(unique key)여야 하며, 삭제되거나 변경될 수 없다.
- 목적 : 데이터 간의 일관성과 연결성을 유지하기 위함

대체 무결성(Alternative Key Integrity)
- 정의 : 대체 키(alternative key)가 고유해야 함을 보장하는 제약 조건이다.
- 목적 : 기본 키 외의 고유성을 유지하여 데이터의 중복을 방지

18번 해설

GRANT 구문에서 권한을 부여할 때, ON 키워드는 특정 객체(예: 테이블, 뷰, 스키마 등)에 대한 권한 부여 시 사용되고 DROP ANY TABLE과 같은 시스템 권한을 부여할 때는 ON 키워드를 사용하지 않는다.

GRANT 구문의 기본 형식
GRANT SELECT, INSERT ON table_name TO username
- 특정 테이블(table_name)에 대해 SELECT와 INSERT 권한을 부여하기 때문에 ON table_name이 포함된다.
GRANT DROP ANY TABLE TO KWS
- 시스템 권한(DROP ANY TABLE)을 부여하는 것이므로 ON 키워드가 포함되지 않는다.

CHAR

• 고정된 문자열 타입으로 지정된 크기만큼 데이터가 들어오지 않는 경우 남은 공간을 공백으로 채워 넣으며 최대 길이는 255자이다.

VARCHAR

• 가변의 길이를 가진 문자열 타입으로 데이터를 삽입할 때 데이터 값 외에 삽입된 문자열의 길이를 함께 저장하는데, 255글자 이하에는 1byte, 255글자가 넘는 문자열의 경우에는 2byte가 추가적으로 필요하다.

COALESCE는 병합한다는 의미의 함수로 조건에 따라서 두 칼럼을 합친다. 여러 표현식을 인수로 받아서, 그 중 NULL이 아닌 첫 번째 값을 반환하는 역할을 수행한다.

첫 번째 행:
COALESCE(A, B) → 1
COALESCE(B, C) → 2
두 번째 행:
COALESCE(A, B) → 2
COALESCE(B, C) → 1
세 번째 행:
COALESCE(A, B) → NULL (A와 B 모두 NULL)
COALESCE(B, C) → 4
네 번째 행:
COALESCE(A, B) → 1
COALESCE(B, C) → 3

〈결과〉

test1	test2
1	2
2	1
Null	4
1	3

01 ifconfig

02 ㄴ, ㅁ, ㅂ

03 물리 계층

04 DBA(DataBase Administrator, 데이터베이스 관리자)

05 abs

06 1-1-2-3-5
8-13-21-34-55

07 NULL

08 속성(Attribute)

09 SMTP(Simple Mail Transfer Protocol, 간이 메일 전송 프로토콜)

10 Round Robin(RR)

11 블랙박스 테스트

12 4
7

13 ROLLBACK

14 20

15 ON

16 0

17 SET

18 0 1 2 3
1 0 1 2
2 1 0 1
3 2 1 0

19 pwd

20 2

Windows/DOS의 ipconfig

- 해당 네트워크 등의 인터페이스를 확인할 수 있다.(=UNIX 기반의 ifconfig)

Windows/DOS의 ping

- 해당 네트워크가 상대와 연결되어 있는지 확인할 수 있다.(=UNIX 기반의 ping)

- TCP(Transmission Control Protocol) : 신뢰성 있는 데이터 전송을 보장, 데이터 패킷이 손실되면 재전송하며, 데이터 순서를 보장
- UDP(User Datagram Protocol) : 신속한 전송이 필요한 경우 사용, 신뢰성은 낮지만 속도가 중요한 상황에서 유용
- SCTP(Stream Control Transmission Protocol) : TCP와 UDP의 장점을 결합한 프로토콜로, 멀티스트리밍을 지원하여 여러 데이터 스트림을 동시에 전송 가능
- DCCP(Datagram Congestion Control Protocol) : 데이터그램 방식의 전송을 지원하며, 혼잡 제어 기능이 추가된 프로토콜

물리 계층의 주요 특징과 역할

물리 계층은 데이터 전송의 기반을 제공하며, 상위 계층들이 네트워크상에서 데이터를 처리하고 통신할 수 있도록 하는 중요한 역할을 한다.

- 전송 매체 : 데이터를 전송하기 위한 물리적인 매체를 다룬다.
  - **예** 케이블(구리선, 광섬유), 무선 전송, 위성 등
- 전기적 신호 : 데이터는 전기적 신호, 광학 신호 또는 무선 주파수 형태로 변환되어 전송되며 이때 신호의 변환 및 전송 속도도 물리 계층에서 결정한다.
- 비트 전송 : 물리 계층은 데이터의 가장 작은 단위인 비트(bit)를 송수신한다. 즉, 상위 계층에서 내려온 데이터를 0과 1의 이진 데이터로 변환하여 전송하거나, 수신한 데이터를 상위 계층으로 전달하는 역할을 수행한다.
- 전송 속도(Baud rate) : 데이터를 얼마나 빠르게 전송할 수 있는지 물리 계층에서 정의된다.
- 신호 동기화 : 송신자와 수신자가 동일한 시점에 데이터를 주고받을 수 있도록 신호 동기화를 제공한다.
- 물리적 구성 요소 : 네트워크 인터페이스 카드(NIC), 리피터, 허브, 케이블 등과 같은 물리적 장치 및 하드웨어에 해당된다.

DBA의 주요 역할

- 데이터 접근 제어 : DBA는 중앙에서 사용자들의 데이터 접근 권한을 관리하며 이를 통해 데이터의 보안을 강화하고, 적절한 사용자에게만 데이터에 접근할 수 있도록 통제한다.
- 데이터 무결성 유지 : 데이터의 정확성, 일관성, 신뢰성을 보장하기 위해 데이터 무결성 규칙을 중앙에서 설정하고 유지하며 중앙통제권을 통해 데이터의 변경이나 삭제가 규정에 따라 일어나도록 관리한다.
- 백업 및 복구 : 중앙통제권을 사용해 데이터베이스의 정기적인 백업을 설정하고, 데이터 손실 발생 시 빠르고 효율적인 복구 지원한다.

- 성능 모니터링 및 최적화 : 데이터베이스의 성능을 중앙에서 모니터링하고, 병목현상이나 비효율적인 쿼리를 찾아 최적화하는 작업을 수행한다.
- 보안 정책 수립 및 시행 : 중앙통제권을 통해 데이터베이스 시스템에 대한 보안 정책을 수립하고 이를 실행하여, 외부의 침입이나 내부의 보안 위협으로부터 데이터를 보호한다.

05번 해설

〈코드분석〉

```
path element = new path();
element.test(3);              // str에 "abs" 추가
element.test();               // 입력된 str 출력 ("abs")
element.test(1.0);            // str에 1.0 추가 "abs1.0"
element.test("abc");          // str에 abc 추가 "abs1.0abc"
```

06번 해설

〈코드분석〉

```
#include<stdio.h>
#define MAX 9
int main()
{
        int i, a = 1, b = 1, c;
        printf("%d-", a);              // a 변수 출력 '1-'
        for (i = 0; i < MAX; i++)
        {
                printf("%d", a);       // a 변수 출력 '1'
                c = b;                 // c 변수에 b 입력
                b = a;                 // b 변수에 a 입력
                a = a + c;             // a 변수에 a + c 입력
                if (a % 4 == 0) {      // a 변수 4로 나눈 나머지가 0일 때 줄 바꿈
                        printf("\n");
                }
                else if (a == 55)      // a 변수 55일 때 종료
                {
                        printf("-%d", a);
                        break;
                }
                else {                 // 위 조건을 만족하지 않을 때 '-' 출력
                        printf("-");
                }
        }
        return 0;
}
```

〈디버깅표〉

a	b	c
1	1	
2	1	1
3	2	1
5	3	2
8	5	3
13	8	5
21	13	8
34	21	13
55	34	21

07번 해설

널(NULL) : 값이 없음을 나타냄(0이 아니라 '값이 존재하지 않음'을 의미)

08번 해설

1. 엔티티(Entity)

－ 사물 또는 사건으로 정의되며 개체라고도 한다. ERD에서 엔티티는 사각형으로 나타내고 그 안에는 엔티티의 이름을 넣는다.

2. 속성(Attribute)

－ 엔티티가 가지고 있는 요소 또는 성질을 속성이라 부른다.

－ 속성은 선으로 연결된 동그라미로 표기하거나 표 형식으로 표기하기도 한다.

3. 관계(Relationship)

－ 두 엔티티 간의 관계를 정의한다.

09번 해설

대표적인 포트 번호

포트	프로토콜
20	FTP(File Transfer Protocol) 데이터 포트
21	FTP(File Transfer Protocol) 제어 포트
22	SSH(SecureShell) － 암호화된 원격 통신
23	Telnet － 암호화 되지 않은 원격 통신
25	SMTP － 이메일 송신 사용
53	DNS(Domain Name System)
80	HTTP(Hyper Text Transfer Protocol) － 웹 페이지 전송
110	POP3 － 이메일 수신 사용

프로세스 스케줄링

프로세스가 효율적으로 실행될 수 있도록 여러 자원들 사이의 우선순위를 관리하는 작업이다.
- 선점형 : 이미 할당되어 실행중인 프로세스라도 강제로 빼앗아 선택하여 사용할 수 있음
- 비선점형 : 이미 실행중인 프로세스를 강제로 빼앗아 사용할 수 없음

	종류	정의
선점형	RR(Round Robin)	순서대로 시간 단위로 CPU를 할당하는 방식. 자원 사용에 제한된 시간이 있고 할당된 시간이 지나면 자원을 반납
	SRT (Shortest Remainning Time First)	SJF 기법의 장점을 최대화하여 실행시간이 가장 짧은 시간을 우선적으로 처리하는 방식
	다단계 큐	프로세스를 그룹으로 분류할 수 있을 경우 그룹에 따라 각기 다른 준비상태의 큐를 사용하는 기법
	다단계 피드백 큐	다단계 큐를 보완하여 프로세스 큐들 간의 이동이 허용될 수 있도록 개선한 기법
비선점형	FIFO(=FCFS)	선입선출 방식(먼저 들어오면 먼저 나가는 방식), 우선순위에 상관없이 먼저 도착한 프로세스부터 처리
	SJF (Shortest Job First)	CPU 점유 시간이 가장 짧은 프로세스를 먼저 할당하는 처리
	HRN	SJF 기법을 보완하여 대기 시간과 실행시간을 이용하여 처리 (대기시간 + 실행시간) / 실행시간
	우선순위	준비상태의 프로세스마다 우선순위를 부여하여 가장 높은 프로세스부터 할당하는 기법

블랙박스 검사(Black-Box Testing)
- 사용자 관점의 명세 기반 테스트
- 종류 : 동등 분할, 경계값 분석, 도메인 테스트, 상태 전이 테스트, 페어와이즈 조합 테스트, 결정 테이블

화이트박스 검사(White-Box Testing)
- 응용 프로그램의 내부 구조와 동작을 검사하는 테스트
- 개발자가 내부 소스의 코드를 검사하는 작업을 하게 되며, 동작의 작동 유무와 코드까지도 확인하여 테스트 가능
- 종류 : 제어 흐름 테스트, 데이터 흐름 테스트, 분기 테스트, 경로 테스트

〈코드분석〉

```
int a=3, b=7;
if(++a <= 5 || b++ >= 5)     // ++a는 4로 4<=5 조건 만족
                             // 이때 OR 논리 연산은 앞 조건이 만족하였을 때 참이므로 뒤 코드를 진행하지 않음
    System.out.println(a);   // a = 4
System.out.println(b);       // 위 if 문에 후위 연산은 진행하지 않았으므로 b는 그대로 7
```

DCL(Data Control Language, 데이터 제어어)

명령어	의미
COMMIT	데이터베이스 내의 모든 작업의 완료를 의미하는 명령어
ROLLBACK	작업 중 문제가 발생할 시에, 처리과정의 변경 사항을 취소하는 명령어
GRANT	계정에 대한 권한을 부여하는 명령어 ex) GRANT - ON - TO
REVOKE	계정에 대한 권한을 삭제하는 명령어 ex) REVOKE - ON - FROM

디버깅

$i = 2$:

j는 1

sum += j → sum = 0 + 1 = 1

$i = 3$:

j는 1과 2로 반복

j = 1 → sum = 1 + 1 = 2

j = 2 → sum = 2 + 2 = 4

$i = 4$:

j는 1, 2, 3으로 반복

j = 1 → sum = 4 + 1 = 5

j = 2 → sum = 5 + 2 = 7

j = 3 → sum = 7 + 3 = 10

$i = 5$:

j는 1, 2, 3, 4로 반복

j = 1 → sum = 10 + 1 = 11

j = 2 → sum = 11 + 2 = 13

j = 3 → sum = 13 + 3 = 16

j = 4 → sum = 16 + 4 = 20

• JOIN은 두 개 이상의 테이블을 결합한다. ON을 사용해 테이블 간 연결할 조건을 지정한다.

SELECT * FROM table1

JOIN table2 ON table1.column_name = table2.column_name;

기본 SQL 사용 방법

- SUM(필드) : 필드의 합계를 계산해주는 함수
  예) SELECT SUM(필드) FROM TABLE;

- AVG(필드) : 필드의 평균을 계산해주는 함수
  예) SELECT AVG(필드) FROM TABLE;

- COUNT(필드) : 필드의 총 개수를 계산해주는 함수
  SELECT COUNT(필드) FROM TABLE;
  SELECT COUNT(*) FROM TABLE;

- MAX(필드) : 필드 중 가장 큰 값을 찾아주는 함수
  SELECT MAX(필드) FROM TABLE;

- MIN(필드) : 필드 중 가장 작은 값을 찾아주는 함수
  SELECT MIN(MONEY) FROM TABLE;

1. UPDATE

- 데이터베이스 조작어인 DML의 한 종류로, 데이터를 변경할 때 사용하는 명령어

2. DML

- 검색 SELECT column_name FROM table_name
- 삭제 DELETE column_name FROM table_name
- 갱신 UPDAT Etable_name SET column1 = value1, column2 = value2…
- 추가 INSERT INTO table_name(col1,col2…) VALUE (value1,value2…)

디버깅

i = 0:
j = 0: arr[0][0] = 0 − 0 = 0
j = 1: arr[0][1] = 1 − 0 = 1
j = 2: arr[0][2] = 2 − 0 = 2
j = 3: arr[0][3] = 3 − 0 = 3

i = 1:
j = 0: arr[1][0] = 1 − 0 = 1
j = 1: arr[1][1] = 1 − 1 = 0
j = 2: arr[1][2] = 2 − 1 = 1
j = 3: arr[1][3] = 3 − 1 = 2
i = 2:

j = 0: arr[2][0] = 2 − 0 = 2
j = 1: arr[2][1] = 2 − 1 = 1
j = 2: arr[2][2] = 2 − 2 = 0
j = 3: arr[2][3] = 3 − 2 = 1

i = 3:
j = 0: arr[3][0] = 3 − 0 = 3
j = 1: arr[3][1] = 3 − 1 = 2
j = 2: arr[3][2] = 3 − 2 = 1
j = 3: arr[3][3] = 3 − 3 = 0

19번 해설

Unix 대표 명령어

프로세스 종료	kill
실행중 프로세스 표시	ps
디렉토리 경로 표시	pwd
네트워크 상태 점검	ping
접속해 있는 사용자 표시	who

20번 해설

〈코드분석〉

```
public static void main(String[] args) {
      int a[] = { 0, 1, 2, 4, 6, 7 };
      int even = 0;
      int odd = 0;
      for (int i = 0; i <= a.length - 1; i++) { // 전체 배열 진행
          if (a[i] % 2 == 1) {                    // 홀수면 odd 증가 짝수면 even 증가
              odd++;
          } else {
              even++;
          }
      }
      System.out.println(even - odd);             // 짝수의 개수(4)에서 홀수의 개수(2)를 뺀 결과(2)
}
```

01	DISTINCT
02	(1) ipconfig, (2) ping
03	스풀링
04	논리적 설계
05	LIKE
06	UDP
07	%o
08	튜플
09	255.255.255.0
10	ㄴ,ㅂ,ㅅ,ㄷ,ㄹ,ㅁ,ㄱ
11	AS
12	ㄴ, ㄷ, ㄹ
13	CREATE
14	테스트 케이스
15	프로세스
16	2137490000
17	15-5
18	5
19	17
20	5

01번 해설

- DISTINCT : 중복제거

  SELECT DISTINCT 칼럼명 FROM 테이블명
- 조인 : INNER JOIN / OUTER JOIN(LEFT/RIGHT/FULL)

  SELECT 칼럼명 FROM 테이블1 LEFT JOIN 테이블2 ON 테이블1.칼럼명 = 테이블2.칼럼명
- CASCADE : 참조 또는 연관된 모든 데이터 삭제

  DROP TABLE 테이블명 CASCADE
- RESTRICT : 참조 시 삭제 취소

  DROP TABLE 테이블명 RESTRICT

02번 해설

내용	UNIX	MS-DOS
네트워크 환경 확인	ifconfig	ipconfig
파일 및 디렉터리 복사	cp	copy
화면 지우기	clear	cls
현재 작업중인 위치 확인	pwd	dir

03번 해설

- 스풀(SPOOL)
  - Simultaneous Peripheral Operation On-Line의 줄임말로 컴퓨터 시스템에서 중앙처리장치와 입출력장치가 독립적으로 동작하도록 함으로써 중앙처리장치에 비해 주변장치의 처리속도가 느려서 발생하는 대기시간을 줄이기 위해 고안된 기법
- 스풀링
  - 스풀을 적용하는 것 또는 스풀을 위해 마련된 저장공간을 채우는 동작
- 스풀러
  - 대기열 관리프로그램 또는 인쇄 관리 소프트웨어에서 우선 순위를 작업에 할당할 수 있게 하고, 인쇄할 때 사용자에게 알리며, 프린터끼리 서로 작업을 나누는 등의 일을 담당

04번 해설

- 스키마(Schema) : 데이터베이스의 구조와 제약조건에 관한 전반적인 명세를 의미

내부 스키마(물리)	시스템 프로그래머나 설계자의 관점에서 정의하는 데이터베이스
개념 스키마(논리)	사용자들이 필요로 하는 데이터를 기관이나 조직의 관점에서 정의한 데이터베이스
외부 스키마(서브)	사용자 등의 개인적 입장에서 필요로 하는 데이터베이스

- 아무 조건 없이 학생 테이블의 모든 칼럼을 조회하시오.
  SELECT * FROM 학생;
- 학생 테이블에서 학년이 2학년인 모든 칼럼을 조회하시오.
  SELECT * FROM 학생 WHERE 학년 = 2;
- 학생 테이블에서 중복을 제외한 동아리명 칼럼을 조회하시오.
  SELECT DISTINCT 동아리명 FROM 학생;
- 학생 테이블에서 학년이 3학년이고, 과목이 영어인 학생의 성명과 연락처를 조회하시오.
  SELECT 성명, 연락처 FROM 학생 WHERE 학년 = 3 AND 과목 = '영어'
- 학생 테이블에서 성명이 김으로 시작하는 학생의 모든 칼럼을 조회하시오.
  SELECT * FROM 학생 WHERE 성명 LIKE 김%
- 학생 테이블에서 부서이름이 회로 끝나는 학생의 모든 칼럼을 조회하시오.
  SELECT * FROM 학생 WHERE 부서 LIKE %회
- 학생 테이블에서 부서이름에 운동이 포함되어 있는 학생의 모든 칼럼을 조회하시오.
  SELECT * FROM 학생 WHERE 부서 LIKE %운동%

TCP(Transmission Control Protocol)

- 데이터 흐름 제어를 통한 높은 신뢰성 제공
- 연결형 서비스의 가상 회선 방식
- 전이중(Full-Duplex), 점대점(Point to Point)
- 모든 데이터를 순서대로 수신하며, 한 번에 읽을 수 있음

UDP (User Datagram Protocol)

- 흐름제어를 하지 않기 때문에 TCP보다 데이터 전송속도가 빠름
- 여러 번에 걸쳐 데이터를 전송했다면, 각 패킷 단위로 별도 처리(데이터 경계가 존재)
- 송수신 중 데이터 누락이나 오류 발생 시 재전송하지 않으며, 데이터의 순서를 보장하지 않음(비신뢰성 프로토콜)
- 연결 설정이 없는 비연결성 프로토콜(1vs1, 1vs다수 등)

진수 변환 (2진수, 8진수, 10진수, 16진수)

프로그래밍에서는 기본적으로는 10진 형태 숫자를 사용한다.
다른 진수로의 표현은 0b, 0, 0x와 같은 문자를 접두사로 사용한다.

scanf, printf에서 사용하는 진수 사용법

- 진수 선언시(2진수, 8진수, 16진수)

예 2진수= 0b1001

8진수= 067

└ 파이썬 등의 언어에서는 0o로 사용

16진수= 0xA2

• 진수 입출력 (10진수, 8진수, 16진수)

⑩ 10진수= %d
8진수= %o
16진수= %x

08번 해설

1. 속성(Attribute) – 열

2. 튜플(Tuple) – 행

릴레이션의 속성(Attribute)의 개수를 차수(Degree)라 하며, 튜플(Tuple)의 개수를 카디널리티(Cardinality)라 한다.

09번 해설

디폴트 서브넷 마스크

클래스	디폴트 서브넷 마스크
A	255.0.0.0
B	255.255.0.0
C	255.255.255.0

10번 해설

OSI 7 계층

응용(Application)
표현(Presentation)
세션(Session)
전송(Transport)
네트워크(Network)
데이터링크(Data Link)
물리(Physical)

11번 해설

SQL에서 AS 키워드는 별칭(Alias)을 생성할 때 사용되며 데이터베이스 테이블이나 칼럼에 임시 이름을 부여해 결과를 더 알아보기 쉽게 한다.

⑩ SELECT name AS '이름' FROM users는 name 칼럼을 '이름'으로 표시한다.

12번 해설

- 데이터 일관성 : 모든 사용자가 같은 데이터를 보게 되어 데이터 무결성이 유지
- 보안 : 데이터 접근 권한을 관리할 수 있어 중요한 정보를 보호
- 효율성 : 데이터를 구조화하여 빠르게 검색하고 처리
- 중복 최소화 : 데이터를 중복 저장하지 않아 저장 공간을 절약
- 편리한 관리 : 대규모 데이터를 손쉽게 관리

13번 해설

DDL(Data Definition Language)

데이터베이스 구조를 정의하는 언어이며, 데이터를 생성(CREATE), 수정(ALTER), 삭제(DROP)하는 등 데이터 전체의 구조를 결정하는 역할을 하는 언어이다.

종류	구분	역할
CREATE	생성	데이터베이스 내의 릴레이션(테이블)을 생성
ALTER	수정	데이터베이스 내의 릴레이션(테이블)을 수정
DROP	삭제	데이터베이스 내의 릴레이션(테이블)을 삭제
TRUNCATE		릴레이션을 초기화(테이블의 크기 변경)

14번 해설

테스트 케이스

특정 요구사항 준수 여부를 확인하기 위해 개발된 입력값, 실행 조건, 예상된 결과를 포함하여 평가한다. 미리 설계하면 오류를 방지할 수 있고 테스트 수행에 필요한 인력, 시간 등의 낭비를 줄일 수 있다.

- 테스트 케이스 작성 절차
  - 계획 검토 및 참조 문서 수집
  - 내부 검토 및 우선순위 결정
  - 요구사항 정의
  - 테스트 설계와 방법 결정
  - 테스트 케이스 정의
  - 테스트 케이스 타당성 확인 및 유지보수
  - 테스트 수행

15번 해설

프로세스(Process)

CPU 등을 통해 처리하는 유틸리티, 시스템 소프트웨어 등의 프로그램으로 실행시키기 위해 준비된 프로그램 및 실행 중인 프로그램을 지칭하며, 비동기적 행위(연속적, 규칙적이지 않고 독립적으로 처리)로 구분된다.

16번 해설

〈코드분석〉

```java
public static void main(String[] args) {
        int num[] = {2, 1, 3, 7, 4, 9};          // 비어있는 배열에 6개의 개체 입력
        int numb[] = new int[10];                 // 10개의 공간을 선언
        for(int i=0; i< num.length; i++) {        // 10개의 공간에 6개로 입력된 num 배열 값 삽입
                numb[i] = num[i];
        }
        for(int i : numb) {                        // 10번 진행하며 출력 이때 비어있는 공간은 0으로 대체
                System.out.print(i);
        }
}
```

17번 해설

〈코드분석〉

```c
int test1 = 15, test2 = 12;
int calc(int a, int b) {                          ② a = 15, b = 12로 아래 b가 0이 될 때까지 재귀
        if (b == 0)
                return a;
        return calc(b, a % b);                    ③ 12, 3 -> 3, 0으로 b가 0일 때 a값을 3으로 반환
}
void sw(int* a, int* b) {
        int temp;
        temp = *a;
        *a = *b;
        *b = temp;
}
int func(int* a, int* b, int c) {
        if (c % 2 == 0) {
                sw(a, b);                          ⑥ 5, 4, 12로 sw로 이동하여 a, b 값 변경 -> 4, 5
        }                                              a = 4, b = 5
        else {
                sw(a, &test1);                     ⑨ 4, 5, 15로 sw로 이동하여 a, test1 값 변경 -> 15, 4
        }                                              a = 15, test1 = 4
}
int main() {
        int a = 5, b = 4;
        int test_calc = calc(test1, test2);        ① calc 함수에 (15, 12) 선언
        switch (test_calc % 2) {                   ④ 3 % 2는 1이므로 case1로 진행
        case 1:
                func(&a, &b, test2);               ⑤ func(5, 4, 12)로 선언, 이때 a, b는 포인터로 동기화
                default:                            ⑦ break 문이 없으므로 아래 진행
                func(&a, &b, test1);               ⑧ func(4, 5, 15)로 선언
                break;
        }
        printf("%d-%d", a, b);                     ⑩ a는 15, b는 5이므로 15-5 출력
}
```

해당 코드는 팩토리얼의 값의 개수를 계산하는 프로그램으로 150보다 작은 팩토리얼의 개수를 구하는 코드이다.

i = 1:

fact(1)은 1을 반환

test(1)은 true를 반환하므로 cnt++ (cnt = 1)

i = 2:

fact(2)는 2를 반환

test(2)은 true를 반환하므로 cnt++ (cnt = 2)

i = 3:

fact(3)은 6을 반환

test(6)은 true를 반환하므로 cnt++ (cnt = 3)

i = 4:

fact(4)는 24를 반환

test(24)는 true를 반환하므로 cnt++ (cnt = 4)

i = 5:

fact(5)는 120을 반환

test(120)은 true를 반환하므로 cnt++ (cnt = 5)

〈코드분석〉

```
int cnt = 0;
for (int i = 1; i < 100; i++) {      // 1부터 100미만까지 증가
        if (i % 3 == 0) {            // 3의 배수일 경우 cnt 증가
                cnt++;               // 3의 배수이면서 4의 배수이면 증가
        }
        else if (i % 4 == 0) {       // 4의 배수일 경우 cnt 감소
                cnt--;
        }
}
printf("%d", cnt);                   // 1부터 99까지 3의 배수의 개수는 33개
                                     // 4의 배수의 개수는 24개
                                     // 이때 3의 배수이면서 4의 배수의 개수는 8개이므로
                                     // 33 + 8 - 24 = 17
```

〈코드분석〉

```
for(int i=0; i<10; i++) {
        try {
                double s = Math.pow(i, 2);        // 0~9까지 제곱
                if(s % 10 >= 5) {                 // 제곱한 값을 10으로 나눈 나머지가 5 이상일 때
                        arr[cnt] = i;
                        cnt++;
                }
        }
        catch(ArrayIndexOutOfBoundsException e) {  // 배열 범위 인덱스 초과일 때
                temp[cnt] = i;
                cnt++;
        }
}
System.out.print(cnt);
```

i = 0:
$s = i^2 \rightarrow$ s = 0
0 % 10 〈 5 → 조건 불만족

i = 1:
$s = i^2 \rightarrow$ s = 1
1 % 10 〈 5 → 조건 불만족

i = 2:
$s = i^2 \rightarrow$ s = 4
4 % 10 〈 5 → 조건 불만족

i = 3:
$s = i^2 \rightarrow$ s = 9
9 % 10 〉= 5 → 조건 만족
arr[0] = 3, cnt++ → cnt = 1

i = 4:
$s = i^2 \rightarrow$ s = 16
16 % 10 〉= 5 → 조건 만족
arr[1] = 4, cnt++ → cnt = 2

i = 5:
$s = i^2 \rightarrow$ s = 25
25 % 10 〉= 5 → 조건 만족
arr[2] = 5, cnt++ → cnt = 3

i = 6:
$s = i^2 \rightarrow$ s = 36
36 % 10 〉= 5 → 조건 만족
arr[3] = 6, cnt++ → cnt = 4

i = 7:
$s = i^2 \rightarrow$ s = 49
49 % 10 〉= 5 → 조건 만족
arr[4] = 7, cnt++ → cnt = 5

i = 8:
$s = i^2 \rightarrow$ s = 64
64 % 10 〈 5 → 조건 불만족
catch 블록으로 넘어가지 않음

i = 9:
$s = i^2 \rightarrow$ s = 81
81 % 10 〈 5 → 조건 불만족
catch 블록으로 넘어가지 않음

01	10
02	나. 메쉬형
03	① 바.ALTER, ② 가.CREATE
04	ON
05	(ㄱ) TCP, (ㄴ) UDP
06	32
07	ls
08	45
09	인수 테스트
10	10
11	시분할 시스템
12	① 속성(Attribute), ② 관계(Relation)
13	R
14	HAVING
15	4
16	9
17	NDBMS(망형 데이터베이스 관리 시스템)
18	슈퍼키
19	오버로딩
20	CASCADE

〈코드분석〉

```
int x = 5, y = 10, z = 20;
int sum;

x += y;                    // x = x + y -> x = 5 + 10    (15)
y -= x;                    // y = y - x -> y = 10 - 15   (-5)
z %= y;                    // z =  z % y -> z = 20 % -5  (0)
sum = x + y + z;           // sum = 15 + -5 + 0    (10)

printf("%d", sum);         // 10 출력
```

02번 해설

토폴로지

- 컴퓨터 네트워크의 요소들(링크, 노드 등)을 물리적으로 연결해 놓은 것, 또는 그 연결 방식
- 즉, 네트워크에 연결된 컴퓨터와 케이블 및 기타 구성 요소의 배치를 의미

버스	• 가장 보편적인 이더넷 위상구조로서 버스라 불리는 공유 통신 경로를 통해 연결된 클라이언트의 집합을 가리키는 네트워크 구조이다. • 한 스테이션이 신호를 전송할 때 그 신호들은 단일 전송 구간을 따라 양방향으로 이동한다. • 클라이언트에 설치된 소프트웨어는 각 클라이언트가 본인에게 지정된 메시지만을 수신할 수 있도록 한다.	
스타(성형)	• 이더넷 LAN에서 가장 널리 사용되는 물리적 토폴로지이다. • 주된 네트워크 장비에 기타 네트워크 장비를 추가로 연결하기 위해 스타 네트워크가 확장될 수 있으며, 스타 토폴로지는 자전거 바퀴처럼 생겼다. • 중앙의 연결지점에 허브, 스위치, 라우터 같은 장비가 배치되며, 모든 케이블링 세그먼트가 이 중앙 지점으로 모인다. • 네트워크의 각 장비는 자체 케이블에 의해 중앙 장비로 연결된다.	
링	• 각각의 노드는 양 옆의 두 노드와 연결하여 전체적으로 고리와 같이 하나의 연속된 길을 통해 단방향으로 통신을 하는 망 구성 방식이다. • 데이터는 노드에서 노드로 이동을 하게 되며 각각의 노드는 고리모양의 길을 통해 패킷을 처리한다. • 링 토폴로지는 어떤 두 노드간에 오직 하나의 길을 제공하기 때문에 링 네트워크는 단 하나의 연결 오류만으로도 전체의 연결이 끊기게 된다.	
트리	• 네트워크의 구성이 트리 구조를 따르는 형태. 모든 노드가 부모 노드와 자식 노드로 연결되어 있으며, 최상위 노드를 루트 노드로 하는 트리 형태를 형성한다.	
메시(그물형)	• 대규모 네트워크에서 유용하게 사용되며, 각 노드가 서로 직접 연결되어 있지 않고 중앙 집중식 장비가 없는 자율적인 구조를 갖추고 있다. • 각 노드는 다른 노드와 직접 통신할 수 있으며, 여러 경로를 통해 통신할 수 있다. • 이처럼 네트워크에서 노드 간 직접 연결이 필요하지 않기 때문에 확장성이 높고 새로운 노드가 추가되어도 기존 노드와 연결되는 구조를 변경할 필요가 없으므로 네트워크를 확장하기 용이하다. • 또한, 한 노드가 고장나더라도 다른 경로를 통해 통신할 수 있기 때문에 신뢰성이 높다.	

- CREATE : 데이터베이스 내의 릴레이션(테이블)을 생성
- ALTER : 데이터베이스 내의 릴레이션(테이블)을 수정
- DROP : 데이터베이스 내의 릴레이션(테이블)을 삭제
- TRUNCATE : 릴레이션을 초기화(테이블의 크기 변경)

- Index는 RDBMS에서 검색 속도를 높일 수 있다.
- TABLE의 컬럼을 색인화(따로 파일로 저장)하여 검색 시 해당 TABLE의 레코드를 Full Scan 하는 것이 아니라 색인화 되어있는 INDEX 파일을 검색하여 검색 속도를 빠르게 한다.

```
기본 문법식
CREATE INDEX [인덱스명] ON [테이블명](컬럼1, 컬럼2, 컬럼3.......)

기본
CREATE INDEX EX_INDEX ON B(B_NO, B_TITLE);

컬럼 값 중복을 허용하지 않는 인덱스 생성
CREATE[UNIQUE] INDEX EX_INDEX ON B(B_NO, B_TITLE);
```

TCP

데이터를 주고받는 과정에서 데이터를 검수하는 작업을 통해 서로 확인하는 과정을 거쳐 정상적으로 데이터 누락 등을 확인할 수 있는 신뢰성 있는 데이터 전송 프로토콜이다.

UDP

데이터를 주고받는 과정에서 확인하는 과정을 거치지 않아 신뢰성은 떨어지지만, TCP보다 데이터 전송이 빠른 장점을 가진 프로토콜이다.

구분	IPv4	IPv6
주소 길이	32비트	128비트
표시 방법	8비트씩 4부분(10진수)	16비트씩 8부분(16진수)
주소 개수	약 43억 개	무한대
주소 할당	A,B 등 클래스 단위의 비순차적 할당	네트워크 규모 및 단말기 수에 따른 순차적 할당
주소 유형	유니, 멀티, 브로드	멀티, 애니, 유니

IPv4

- 8비트씩 4개의 부분으로 옥텟을 통하여 구분하는 32비트 크기의 주소 체계

IPv6
- 8비트씩 16개의 부분으로 콜론을 통하여 구분하는 128비트 크기의 주소 체계
- 거의 무한대(2의 128승)의 서로 다른 주소를 부여 가능

07번 해설

Windows와 Unix(Linux) 명령어 비교

명령	UNIX	MS-DOS
경로 변경	cd	
목록보기	ls	dir
속성, 권한 변경	chmod	attrib
파일 삭제	rm	del
이름변경, 파일이동	mv	ren

08번 해설

〈코드분석〉

```
i가 0일 때 j는 0부터 6미만인 5까지 증가하면서 Test 함수가 실행되어 홀수일 때 i의 값을 누적
i       i + j
0  -> 0 1 2 3 4 5    i + j가 홀수일 때(1,3,5) i의 값 0  3번의 result 누적 0 * 3 = 0
1  -> 1 2 3 4 5 6    i + j가 홀수일 때(1,3,5) i의 값 1  3번의 result 누적 1 * 3 = 3
2  -> 2 3 4 5 6 7    i + j가 홀수일 때(3,5,7) i의 값 2  3번의 result 누적 2 * 3 = 6
3  -> 3 4 5 6 7 8    i + j가 홀수일 때(3,5,7) i의 값 3  3번의 result 누적 3 * 3 = 9
4  -> 4 5 6 7 8 9    i + j가 홀수일 때(5,7,9) i의 값 4  3번의 result 누적 4 * 3 = 12
5  -> 5 6 7 8 9 10   i + j가 홀수일 때(5,7,9) i의 값 5  3번의 result 누적 5 * 3 = 15

따라서 0 + 3 + 6 + 9 + 12 + 15 = 45
```

09번 해설

1. 인수 테스트
- 개발된 제품에 대해 운영 여부를 결정하는 테스트
- 사용자와 이해관계자 등이 실제 업무 적용 전에 수행
- 사용자 인수 / 운영상 인수 / 계약 인수 / 규정인수 테스트 / 알파 테스트 / 베타 테스트

2. 단위 테스트
- 테스트 가능한 단위(컴포넌트,모듈 등) 내의 결함 검색 및 기능 검증
- 구조기반 / 명세기반 테스트

3. 통합 테스트
- 모듈 사이의 인터페이스, 통합된 컴포넌트 간의 상호 작용 테스트
- 빅뱅 / 상향식 / 하향식 / 샌드위치 테스트 등

4. 시스템 테스트

- 통합된 단위 시스템의 기능의 시스템에서의 정상 수행 여부 테스트
- 기능적 요구사항과 비기능적 요구사항을 검사
- 성능 및 장애 테스트

10번 해설

〈코드분석〉

```
String str = "   abcdefghij   ";        // 공백이 있는 문자열 입력
int length = str.trim().length();        // trim은 문자열 공백 제거
                                         // length는 공백을 제외한 문자의 개수

System.out.println(length);
```

11번 해설

- 일괄 처리 시스템(1950년대)
  - 일정 기간 및 일정량의 데이터를 모아서 한 번에 처리하는 방식
- 실시간 처리 방식(1960년대)
  - 데이터 발생 시에 즉시 처리하는 방식
- 다중 프로그래밍(1960년대)
  - 단일 프로세서를 이용하여 프로그램의 유휴 시간 동안 다른 프로그램에서 해당 프로세서를 사용하도록 하는 시스템
- 시분할 시스템(1960년대)
  - 다중 프로그램의 확장된 개념으로 일정한 시간을 규정하여 짧은 간격으로 프로세서를 번갈아 사용하도록 하는 시스템
- 다중 처리(1960년대)
  - 컴퓨터에서 멀티 프로세서를 이용하여 동시에 처리하는 시스템
- 범용 시스템(1970년대)
  - 하나의 용도로 정해지지 않고, 여러 용도로 사용할 수 있는 시스템
- 분산 처리(1970년 ~)
  - 시스템마다 독립적인 운영체제(기기)로 운영하여, 필요시 통신하는 시스템

12번 해설

- 속성(Attribute)
  - 속성은 데이터베이스를 구성하는 가장 작은 논리적 단위이며 개체의 특성을 기술한다. 파일 구조상의 데이터 항목 또는 데이터 필드에 해당한다. 속성의 수를 디그리(Degree) 또는 차수라고 한다.
- 관계(Relation)
  - 관계 모델에서 관계는 동일한 구조로 이루어진 튜플의 집합을 말한다. 값으로서의 관계를 '관계값'이라고 하며, 관계값을 값으로 가지는 변수를 '관계변수'라고 한다. 속성명과 연결된 도메인들을 정의한 것은 '관계 스키마'라고 한다.

Windows 단축키

⊞+E	윈도우 탐색기 실행
⊞+R	윈도우 실행창 실행
⊞+D	바탕화면 표시
⊞+L	사용자 전환 / 윈도우 잠금
⊞+F	특정 파일 및 폴더 등 찾기
⊞+A	윈도우 알림 센터
⊞+M	열려 있는 창 최소화
⊞+S	윈도우 검색창 실행
⊞+X	윈도우 시스템 관리 메뉴
⊞+I	윈도우 설정 실행
⊞+Pause	시스템 구성 요소(정보) 확인
⊞+Shift+M	최소화된 창을 복원
⊞+Shift+S	캡쳐도구 실행(영역 캡쳐)

14번 해설

일반적인 조건문은 WHERE을 사용하여 조건을 적용하지만 GROUP BY를 사용할 경우의 조건문은 WHERE가 아닌 HAVING을 사용한다.
GROUP BY를 사용하지 않고 작성했을 때는 다음과 같다.

```
SELECT 반, 튜플수
FROM (
    SELECT 반, COUNT(*) AS 튜플수
    FROM 학생
    WHERE 과목 = '수학' AND 점수 >= 70
    GROUP BY 반
) AS 그룹화된결과
WHERE 튜플수 >= 5;
```

〈코드분석〉

```
class PosMath {
    private int x = 1;
    private int y = 1;

    public PosMath(int x, int y){
        this.x = x;
        this.y = y;
    }
    public int Pos_sum() {
        return x + y;
    }
    public int Pos_sum(int x) {
        return x + y;
    }
}
public class path{
    public static void main(String[] args) {
        PosMath[] list = new PosMath[2];
        list[0] = new PosMath(1,1);
        list[1] = new PosMath(2,2);

        int sum = 0;
        for(int i=0; i<list.length; i++) {   // 반복문 실행
            sum += list[i].Pos_sum(i);        // i가 0, 클래스 public int Pos_sum(int x)이 실행되고
                                              //    x 자리는 0으로 치환

        }
        System.out.println(sum);
    }
}
list[0].Pos_sum(0) 호출
메서드 Pos_sum(int x)가 실행되며, 매개변수 x는 0으로 치환
이때, list[0] 객체의 x = 1, y = 1이었으나, 매개변수로 전달된 x = 0이 적용되어 계산은 0 + 1 = 1

list[1].Pos_sum(1) 호출
반복문에서 i가 1이 되어 Pos_sum(1)이 호출, 이번에는 매개변수 x = 1로 치환
list[1] 객체의 x = 2, y = 2에서 매개변수 x = 1이 사용되므로 계산은 1 + 2 = 3

두 결과를 더하면 1 + 3 = 4
```

〈코드분석〉

```
int sum = 0;
for (int i = 0; i < 5; i++)          // i는 0부터 4까지 진행
{
    for (int j = 0; j < 5; j++)      // j는 0부터 4까지 진행
    {
        if (i == j || i + j == 4)    // i가 j와 같거나 i + j의 합이 4일 때 sum은 1 증가
        {
            sum++;
        }
    }
}
printf("%d\n", sum);
```

- 계층형 데이터베이스 관리 시스템(HDBMS, Hierarchical Database Management System)
  - 데이터를 상하 종속적인 관계로 계층화하여 관리하는 데이터베이스이다.
  - 데이터에 대한 접근 속도가 빠르지만, 종속적인 구조로 인하여 변화하는 데이터 구조에 유연하게 대응하기가 쉽지 않다.
- 망형 데이터베이스 관리 시스템(NDBMS, Network Database Management System)
  - 데이터의 구조를 네트워크상의 망상 형태로 논리적으로 표현한 데이터 모델이다.
  - 트리 구조나 계층형 데이터베이스보다는 유연하지만 설계가 복잡하다는 단점이 있다.
- 관계형 데이터베이스 관리 시스템(RDBMS, Relational Database Management System)
  - 가장 보편화 된 데이터베이스 관리 시스템이다.
  - 데이터를 저장하는 테이블의 일부를 다른 테이블과 상하 관계로 표시하며 상관 관계를 정리한다.
  - 변화하는 업무나 데이터 구조에 대한 유연성이 좋아 유지 관리가 용이하다.

키 – 무언가를 식별하는 고유한 식별자

1. 후보키(Candidate Key) : 유일성/최소성 만족하는 속성들의 집합
2. 기본키(Primary Key) : 후보키 중 선정된 키로 중복 값 입력이 불가능하고, Null 값을 가질 수 없음
3. 슈퍼키(Super Key) : 유일성 만족/최소성 불만족하는 속성들의 집합
4. 대체키(Alternate Key) : 후보키 중 기본키로 선택되지 못한 후보키들
5. 외래키(Foreign Key) : 다른 테이블의 행을 식별하는 키

- 오버로딩(Overloading)
  - 오버로딩은 같은 이름을 가진 메서드나 생성자를 여러 개 정의하는 것을 의미한다. 이때 각각의 메서드나 생성자는 서로 다른 매개변수 목록을 가져야 해서 메서드의 시그니처(메서드의 이름과 매개변수의 타입 및 순서)가 달라야 한다.
  - 오버로딩을 통해 같은 작업을 수행하는 메서드를 명확하게 구분할 수 있다. 오버로딩된 메서드들은 동일한 이름으로 호출되지만, 컴파일러는 전달되는 인자의 타입, 개수, 순서 등을 기준으로 호출할 메서드를 결정한다.
- 오버라이딩(Overriding)
  - 오버라이딩은 상위 클래스가 가지고 있는 메서드를 하위 클래스에서 재정의하는 것을 의미한다.
  - 메서드의 시그니처가 동일해야 하며, 상위 클래스의 메서드를 하위 클래스에서 덮어쓴다.
  - 오버라이딩을 사용하면 상속 관계에서 하위 클래스가 상위 클래스의 동작을 변경할 수 있다.
- 오버로딩과 오버라이딩의 차이
  - 오버로딩은 메서드 이름이 같지만 매개변수의 타입, 개수, 순서 등이 다른 여러 메서드를 정의하는 것이고, 오버라이딩은 상위 클래스의 메서드를 하위 클래스에서 재정의하는 것이다.
  - 오버로딩은 컴파일 시간에 결정되고, 오버라이딩은 런타임 시간에 결정된다.
  - 오버로딩은 상속과 무관하며, 같은 클래스 내에서만 적용되고 오버라이딩은 상속 관계에서 사용된다.
  - 오버로딩은 메서드의 시그니처가 달라야 하지만, 오버라이딩은 메서드의 시그니처가 같아야 한다.
  - 오버로딩은 정적 바인딩(Static Binding)에 의해 메서드가 선택되지만, 오버라이딩은 동적 바인딩(Dynamic Binding)에 의해 메서드가 선택된다.

- CASCADE : 종속
  - 개체를 변경 또는 삭제할 때 대상 개체가 다른 개체를 참조하고 있을 경우 연쇄적으로 함께 변경 또는 삭제
- RESTRICT : 참조상태 제한
  - 개체를 변경 또는 삭제할 때 대상 개체가 다른 개체를 참조하고 있을 경우 변경 또는 삭제가 취소

01. ① 속성
      ② 차수

02. ① PRIMARY
      ② VARCHAR
      ③ CHAR

03. 제품코드

04. ㄹ → ㄴ → ㄷ → ㄱ

05. ㄱ, ㅁ, ㅂ

06. DHCP

07. ON

08. ㄱ → ㄴ → ㄷ → ㄹ

09. 프로토콜 또는 Protocol

10. 도메인 또는 Domain

11. REVOKE

12. 60//61//80

13. P

14 ㄷ 또는 부트스트랩 로더

15. ㄱ 또는 implements

16. AS SELECT

17 result : 17

18. C1

19. 0

20. 1. rm
      2. chmod

릴레이션(Relation)	데이터들을 표(Table)의 형태로 표현한 것
행(Row)	릴레이션 내의 한 줄에 해당하는 데이터(가로)(=튜플)
열(Column)	릴레이션 내의 한 칸에 해당하는 데이터(세로)(=속성)
튜플(Tuple)	릴레이션을 구성하는 각각의 행
속성(Attribute)	데이터의 항목 또는 데이터 필드에 해당 데이터베이스를 구성하는 가장 작은 논리적 단위
기수(Cardinality)	튜플(Tuple)의 개수
차수(Degree)	속성(Attribute)의 개수
도메인(Domain)	하나의 속성이 취할 수 있는 원자값(Atomic)들의 집합

PRIMARY KEY (기본키)	• 데이터베이스 테이블 내의 모든 행에게 고유한 인덱스를 부여하게 해주는 값으로, 하나의 테이블에서 각 행의 데이터를 유일하게 확인하는 데 사용된다. • 하나 이상의 필드를 포함할 수 있으며, 만약 여러 필드를 포함할 경우에는 복합키(Composite key)라고 불린다. • NULL이 존재할 수 없으며 기본키를 생성할 시 해당 열의 값에는 비어있지 않고 고유한 값을 가지게 된다.
VARCHAR	• 가변의 길이를 가진 문자열 타입이다. • 데이터를 삽입할 때 데이터 값 외에 삽입된 문자열의 길이를 함께 저장하는데, 255자 이하에는 1byte, 255자가 넘는 문자열의 경우에는 2byte가 추가적으로 필요하다.
CHAR	• 고정된 문자열 타입이다. • 지정된 크기만큼 데이터가 들어오지 않는 경우 남은 공간을 공백으로 채워 넣으며 최대 길이는 255자이다.

외래키(Foreign Key)

• 두 테이블을 서로 연결하는 데 사용되는 키이다.

• 외래키가 포함된 테이블을 자식 테이블이라고 하고 외래키 값을 제공하는 테이블을 부모 테이블이라 한다.

• 외래키 값은 NULL이거나 부모 테이블의 기본키 값과 동일해야 한다.

• 부모 테이블의 기본키, 고유키를 외래키로 지정할 수 있다.

• 부모 테이블의 기본키, 고유키가 여러 개의 컬럼으로 이루어져 있다면 부모가 가진 기본키, 고유키 컬럼을 원하는 개수만큼 묶어서 외래키로 지정할 수 있다.

후보키(Candidate Key)	• 기본키가 될 수 있는 후보키들을 의미함 • 릴레이션에 있는 모든 튜플에 대해서 유일성과 최소성 만족
기본키(Primary Key)	• 후보키 중에서 특별히 선정된 주 키(Main Key) • 중복된 값을 가질 수 없고, NULL 값을 가질 수 없음
대체키(Alternate Key)	• 후보키가 둘 이상일 때 기본키를 제외한 나머지 후보키
슈퍼키(Super Key)	• 한 릴레이션 내에 있는 속성들의 집합으로 구성된 키 • 유일성은 만족하지만 최소성은 만족하지 못함
외래키(Foreign Key)	• 다른 릴레이션의 기본키를 참조하는 속성 또는 속성들의 집합 • 다른 테이블의 행을 식별하는 키

04번 해설

운영체제 발달 과정 순서

일괄 처리 → (다중 프로그래밍, 시분할, 다중 처리, 실시간) → (다중 모드, 범용) → (분산 처리, 병렬 처리) → (모바일, 임베디드, 가상화, 클라우드)

※ 같은 발달 과정 유형(괄호) 안에서의 순서는 상관 없다.

05번 해설

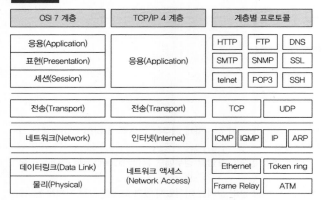

OSI 7 계층	TCP/IP 4 계층	계층별 프로토콜		
응용(Application)	응용(Application)	HTTP	FTP	DNS
표현(Presentation)		SMTP	SNMP	SSL
세션(Session)		telnet	POP3	SSH
전송(Transport)	전송(Transport)	TCP		UDP
네트워크(Network)	인터넷(Internet)	ICMP IGMP	IP	ARP
데이터링크(Data Link)	네트워크 액세스 (Network Access)	Ethernet		Token ring
물리(Physical)		Frame Relay		ATM

06번 해설

DHCP(동적 호스트 구성 프로토콜)

- 동적 호스트 구성 프로토콜(Dynamic Host Configuration Protocol, DHCP)은 호스트 IP 구성 관리를 단순화하는 IP 표준이다.
- 동적 호스트 구성 프로토콜 표준에서는 DHCP 서버를 사용하여 IP 주소 및 관련된 기타 구성 세부 정보를 네트워크의 DHCP 사용 클라이언트에게 동적으로 할당하는 방법을 제공한다.

07번 해설

```
UPDATE  [변경될테이블]
SET [컬럼1] = A2.[컬럼1] , [컬럼2] = A2.[컬럼2]
FROM [조인테이블1] A2
JOIN [조인테이블2] A3
ON A2.[컬럼] = A3.[컬럼]
WHERE [변경될테이블].[조건컬럼] = A2.[조건컬럼]
```

단위 테스트	• V 모델 방식의 소프트웨어 개발에서 테스트 프로세스의 첫 단계이다. 소프트웨어 개발 전문가인 Barry Boehm에 따르면, 단위 시험 단계에서 오류를 수정할 경우, 고객에까지 오류가 전달되었을 때에 비해 수백 배의 수정 비용을 절감할 수 있다. • 에러를 줄이기 위한 의도로 작성된 코드에 대한 분석을 진행한다. 또한 코드가 효율적으로 작성되었는지, 프로젝트 내에 합의된 코딩 표준을 준수하고 있는지도 검증한다. • 대개 이 단계에서의 테스트는 화이트박스 테스트(White Box Test)이다. 모듈 설계 단계에서 준비된 테스트 케이스를 이용하며, 코드를 개발한 개발자가 직접 수행한다.
통합 테스트	• 각각의 모듈들을 통합하여, 통합된 컴포넌트 간의 인터페이스와 상호작용 상의 오류를 발견하는 작업을 수행한다. • 대개 이 단계에서의 테스트는 블랙박스 테스팅(Black Box Tes)이며, 따라서 코드를 직접 확인하는 형태는 아니다. 아키텍처 설계 단계에서 준비된 테스트 케이스를 사용하여 테스트가 진행되며, 일반적으로 개발자가 진행한다.
시스템 테스트	• 실제 구현된 시스템과 계획된 사양(Specifications)을 서로 비교하는 작업으로, 실제 환경과 유사한 환경에서 테스트를 진행한다. • 이 단계에서 시스템 테스트에 대한 설계가 시스템 설계 문서로부터 도출되어 사용된다. 때로 시스템 테스트는 자동화 도구를 이용하여 자동화된다. 모든 모듈을 통합한 후에, 시스템 레벨의 에러들이 이 테스트 단계를 통해 발견될 수 있다. 개발자와 다른 별도의 테스트팀에 의해 수행된다.
인수 테스트	• 시스템이나 시스템의 일부 또는 특정한 비기능적인 특성에 대해 '확신(Confidence)'을 얻는 작업이다. • 이 단계에서 결함을 찾는 것은 인수 테스팅의 주 목적이 아니다. 이 테스트는 시스템을 배포하거나 실제 사용할만한 준비가 되었는지에 대해 평가한다. 하지만 대규모의 통합 테스트를 시스템에 대한 인수 테스트 이후에 실행할 수 있기 때문에 인수 테스팅이 반드시 최종 단계 테스팅이라고는 할 수 없다. 인수 테스팅의 전형적인 형태는 사용자 인수 테스팅, 운영상의 인수 테스팅 등이 있다.

프로토콜(Protocol)

• 통신 프로토콜 또는 통신 규약이라 불리며 컴퓨터나 원거리 통신 장비 사이에서 메시지를 주고 받는 양식과 규칙의 체계이다.
• 신호 체계, 인증, 그리고 오류 감지 및 수정 기능을 포함할 수 있다.
• 형식, 의미론, 그리고 통신의 동기 과정 등을 정의하기는 하지만 구현되는 방법은 독립적이다.

도메인(Domain)

• 각 속성이 가질 수 있는 값의 범위를 의미한다.
• 각 속성은 도메인 이외의 값을 갖지 못한다.
• 엔티티 내에서 속성에 대한 데이터 타입과 크기, 제약사항을 지정한다.

1. GRANT 기본 문법

```
GRANT [객체권한명] (컬럼)
ON [객체명]
TO {유저명 | 롤명 | PUBLC} [WITH GRANT OPTION]
```

- 객체권한명 : 객체에 사용 가능한 권한
- 컬럼명 : 만약 ON절의 Object가 Table이나 View일 경우
- ON 객체명 : Table, VIew, Sequence, Procedure 등
- TO {유저명 | 롤명 | PUBLIC} : 사용자를 일일이 나열할 수 있고, ROLE에 소속된 사용자가 될 수도 있음
- WITH GRANT OPTION : 이 옵션을 사용하면 TO절의 대상도 자신이 받은 권한을 다른 유저에게 부여할 수 있음

2. REVOKE 기본 문법

```
REVOKE {권한명 [, 권한명...] ALL}
ON 객체명
FROM {유저명 [, 유저명...] | 롤명(ROLE) | PUBLIC}
[CASCADE CONSTRAINTS]
```

- 객체 권한의 철회는 그 권한을 부여한 부여자만이 수행할 수 있다.
- CASCADE CONSTRAINT : 이 명령어의 사용으로 참조 객체 권한에서 사용된 참조 무결성 제한을 같이 삭제 가능
- WITH GRANT OPTION으로 객체 권한을 부여한 사용자의 객체 권한을 철회하면 권한을 부여받은 사용자가 부여한 객체 권한 또한 같이 철회되는 종속 철회가 발생함

〈구문분석〉

```
#include <stdio.h>

int main() {
    int x = 40, y = 60, z = 80;
    int calc = x < y ? y++ : --z;   // x < y는 40 < 60으로 조건을 만족하여 후위연산인 y가 실행
                                     // 후위연산이기 때문에 연산 전의 y값이 calc에 입력되고 y값이 증가
                                     // 이때 false의 결과에 있는 --z는 실행되지 않는다.
    printf("%d//%d//%d",calc,y,z);
    return 0;
}
```

- signum 메소드는 부호 메소드로서 해당 값이 양수이면 1, 0이면 0, 음수이면 −1을 반환하는 함수이다.
- 해당 코드에서 switch 안에 −100을 시그넘하여 값이 음수이므로 case −1로 진행되어 P가 출력된다.

CMOS	컴퓨터를 부팅할 때 필요한 모든 하드웨어의 정보를 담고 있으며, 이것으로 시스템의 초기화 상태를 설정한다. COMS가 손상된 경우 컴퓨터가 하드웨어적으로 작동하지 못하는 상태가 발생한다.
BIOS	기본 입출력 시스템(Basic Input Ouput System)은 컴퓨터 시스템과 주변 장치 사이에서 정보를 제어하고 조작하는 프로그램으로, ROM(Read Only Memory)에 저장되어 있어 ROM BIOS라고 부른다.
부트스트랩 로더	부트로더라고도 하며, 하드디스크와 같은 보조 기억 장치에 들어있는 운영체제를 주기억 장치에 상주시켜 주는 프로그램을 말한다.
DOS	시스템을 악의적으로 공격해 해당 시스템의 자원을 부족하게 하여 원래 의도된 용도로 사용하지 못하게 하는 공격을 말한다.

1. extends와 implements의 개념

extends	java의 대표적인 상속으로서 부모의 메소드를 그대로 사용할 수 있으며 오버라이딩 할 필요없이 부모에 구현되어 있는 것을 직접 사용 가능하다.
implements	extende와 같이 상속의 메소드로서 사용되지만 반드시 부모 메소드를 오버라이딩(재정의) 해야 한다.

2. extende와 implements의 차이점

- extends는 일반 클래스와 abstract 클래스 상속에 사용되고, implement는 interface 상속에 사용된다.
- class가 class를 상속받을 땐 extends를 사용하고, interface가 interface를 상속받을 땐 extends를 사용한다.
- class가 interface를 사용할 땐 implements를 써야 하고 interface가 class를 사용할 땐 implements를 쓸 수 없다.
- extends는 클래스 한 개만 상속받을 수 있고, implements는 여러 개 사용 가능하다.
- extends 자신 클래스는 부모 클래스의 기능을 사용한다.
- implements는 설계 목적으로 구현 가능하다.

뷰(View)

- 하나 이상의 기본 테이블로부터 유도된 가상의 테이블이다.
- 구조와 조작도 기본 테이블과 매우 유사하다.
- 뷰 생성의 대표적인 구문의 형식은 아래와 같다.

```
CREATE VIEW 뷰이름
AS
SELECT 컬럼1, 컬럼2, ...
FROM 테이블
WHERE 조건문;
```

〈구문분석〉

```
#include <stdio.h>
int main() {
    int map[5][5] = {
        {1,4,3,4,5},
        {2,5,3,5,6},
        {1,3,4,5,6},
        {2,3,8,3,4},
        {5,4,1,2,1}
    };
    int i=0, j=0;
    int res = 1;    // 누적시키는 함수로서 시작값이 0이 아닌 1
    while(1){  // 무한 루프
        if(i==4 && j==4) break;     // i와 j 변수 값이 4가 되었을 때 종료
        else if (i==4) j++;         // i가 4일 경우 j값 증가, 행의 끝으로 왔을 때 열 증가
        else if (j==4) i++;         // j가 4일 경우 i값 증가, 열의 끝으로 왔을 때 행 증가
        else if (map[i+1][j]>map[i][j+1]) j++;
        else i++;
        res += map[i][j];
    }
    printf("result : %d",res);
    return 0;
}
```

i	j	res	map[i+1][j] > map[i][j+1]
0	0	1	1,0 > 0,1(2 > 4) → false i 증가 후 map[1][0]=2 res에 누적
1	0	3	2,0 > 1,1(1 > 5) → false i 증가 후 map[2][0]=1 res에 누적
2	0	4	3,0 > 2,1(2 > 3) → false i 증가 후 map[3][0]=2 res에 누적
3	0	6	4,0 > 3,1(5 > 3) → true로 j 증가 후 map[3][1]=3 res에 누적
3	1	9	4,1 > 3,2(4 > 8) → false i 증가 후 map[4][1]=3 res에 누적
4	1	13	i가 4이므로 두 번째 elseif 조건을 만족하여 j 증가 후 map[4][2]=1 res에 누적
4	2	14	i가 4이므로 두 번째 elseif 조건을 만족하여 j 증가 후 map[4][3]=2 res에 누적
4	3	16	i가 4이므로 두 번째 elseif 조건을 만족하여 j 증가 후 map[4][4]=1 res에 누적
4	4	17	첫 번째 if문을 만족하여 break

〈구문분석〉

```c
#include <stdio.h>
int main() {
    int a[5] = {'1','B','C','D','E'};
    int *p;
    p = &a[2];                    // 포인터로 작성된 p 변수에 a[2] 값 입력
    printf("%c%c",*p,*(p-2));    // p 변수에는 a[2]값, p-2 변수에는 a[0] 값 대입

    return 0;
}
```

〈구문분석〉

```java
class Calc {
    int a, b;
    public void Test() {
        this.a = 1;
        this.b = 1;
    }
    public void Test(int a, int b) {
        this.a = a;
        this.b = b;
    }
    public void testcase() {
        System.out.print(a + b);
    }
    public void testcase(int a) {                    // ③ 연산된 값이 1 정수로서 해당 부분 실행
        System.out.print(this.a - this.b);          // ④ 1 - 1로 연산되어 0이 출력
    }
    public void testcase(char a) {
        System.out.print(this.a / this.b);
    }
    public void testcase(float a) {
        System.out.print(this.a * this.b);
    }
}

class test {
    public static void main(String[] args) throws java.lang.Exception {
        int a = 10, b = 3;
        Calc calc = new Calc();  // ① 해당 부분으로 위의 Calc 클래스에서 Test 안에 있는 변수인
                                 //    this.a와 this.b로 값이 변경됨
        calc.testcase( a / b );  // ② 이미 변경된 1 / 1로 실행되어 testcase가 호출
    }
}
```

rm	파일 및 디렉터리 삭제
cd	지정한 위치의 디렉터리로 이동
chmod	파일 및 디렉터리의 권한 수정
chown	파일 및 디렉터리의 소유자 수정(소유권)
chgrp	파일 및 디렉터리의 소유 그룹 수정
alias	길이가 긴 명령어 등을 짧게 표현하는 별명과 같은 역할 수행
cp	파일 및 디렉터리 복사
mv	파일 및 디렉터리 이동 및 이름 변경
cat	텍스트 파일을 출력하는 데 사용
touch	빈 파일의 만든 날짜 등을 초기화

01. ABcDeF!

02. ㉠ →

03. DNS

04. 네트워크 계층

05. 블랙박스 테스트

06. 내부 스키마

07. 윈도우키 + L

08. 윈도우키 + Shift + S

09. IMAP

10. 123
    4
    567
    89

11. helloworld!

12. 17

13. 1011

14. CREATE INDEX Guide ON Path(정보,산업,사무);

15. AVG

16. CASE

17. BETWEEN

18. 쉘 또는 Shell

19. Hello***World**

20. 기본키 또는 Primary Key

〈구문분석〉

```java
public class test {

    public static void main(String[] args) {
        String str = "ABc De F !";                          // 공백 포함되어 있는 문자열

        StringBuilder modifiedStr = new StringBuilder();

        for (int i = 0; i < str.length(); i++) {
            if (str.charAt(i) != ' ') {                      // 공백이 아닌 경우
                modifiedStr.append(str.charAt(i));           // 배열에 추가
            }
        }
        System.out.println(modifiedStr.toString());
    }
}
```

다치 종속(MVD, Multi Valued Dependency)

- 어떠한 조건을 만족하는 튜플이 릴레이션 안에 있을 것을 요구하는 일종의 제약 조건이며, 함수적 종속성에 속하는 것이 아닌 별도로 구분되는 개념이다.
- A, B, C가 릴레이션 R의 애트리뷰트의 부분 집합이라 할 때 애트리뷰트 쌍 (A, C) 값에 대응되는 B값의 집합이 A값에만 종속되고 C값에는 독립적이면 B는 A에 다치 종속이라 하고 A→→B로 표기한다.

DNS(Domain Name System)

- 인터넷을 편리하게 쓰게 해주는 것으로, 도메인을 IP 네트워크에서 찾아갈 수 있는 IP로 변환해 준다.
- 모든 웹 사이트 주소를 도메인 대신 아이피로 외운다면 외우기도 어렵고 직관적이지도 않으며 아이피를 한 자리 수만 잘못 입력해도 엉뚱한 사이트로 갈 위험도 있다. 도메인도 비슷한 문제가 있지만 멀웨어 방지 DNS 서버를 사용하면 사전 예방이 가능하다.
- 즉, DNS는 도메인 이름과 IP 주소를 서로 변환하는 역할을 수행한다.

네트워크 계층(Network Layer)

- 컴퓨터 네트워킹의 7계층 OSI 모형 가운데 제3계층이며 중간 라우터를 통한 라우팅을 포함하여 패킷 포워딩을 담당한다.
- 대표적인 프로토콜로는 IP, ICMP, IGMP, IPsec, IPX, RIP 등이 있다.

블랙박스 테스트
(Black Box Test)
	• 사용자의 요구사항 명세를 보면서 테스트
	• 주로 구현된 기능 테스트
	• 소프트웨어 인터페이스에서 실시
	• 테스트의 후반부에 적용
	• 종류
	  – 균등(동치) 분할 검사(Equivalence Partitioning Testing)
	  – 한계값(경계값) 분석(Boundary Value Analysis)
	  – 원인–결과 그래프 검사(Cause–Effect Graphing Testing)
	  – 오류 예측 검사(Error Guessing)
	  – 비교 검사(Comparison Testing)

화이트박스 테스트
(White Box Test)
	• 설계된 절차에 초점을 둔 구조적 테스트
	• 모듈 안의 작동을 직접 관찰
	• 원시 코드(모듈)의 모든 문장을 한 번 이상 실행
	• 테스트의 초기에 적용
	• 종류
	  – 기초 경로 검사(Base Path Testing)
	  – 제어 구조 검사(Control Structure Testing) : 조건 검사(Condition Testing), 루프 검사(Loop Testing), 데이터 흐름 검사(Data Flow Testing)

스키마(Schema)

• 데이터베이스의 구조와 제약조건에 관한 전반적인 명세를 의미한다.
• 종류

내부 스키마(물리)	시스템 프로그래머나 설계자의 관점에서 정의하는 데이터베이스
개념 스키마(논리)	사용자들이 필요로 하는 데이터를 기관이나 조직의 관점에서 정의한 데이터베이스
외부 스키마(서브)	사용자 등의 개인적 입장에서 필요로 하는 데이터베이스

• ⊞ + L 를 누르게 되면 현재 상태에서 PC화면이 잠기게 된다(사용자 로그오프).
• 다른 방법으로는 Ctrl + Alt + Delete 를 눌러 나오는 화면에서 상단에 나오는 '잠금'을 클릭해도 되고, 시작 버튼을 누르면 나오는 메뉴에서 계정 아이콘을 클릭한 후 나오는 '잠금'을 눌러도 된다.

화면 캡처 방법 및 단축키

• Print Screen : 현재 화면 전체
• Alt + Print Screen : 현재 활성화되어 있는 창
• ⊞ + Print Screen : 현재 전체 화면을 하드디스크의 컴퓨터의 사진 스크린샷 폴더에 바로 저장
• ⊞ + Shift + S : 캡처 도구를 이용하여 내가 원하는 부분 지정 가능
• ⊞ + G : 윈도우 게임바를 이용하여 활성창을 이용한 동영상 녹화 및 캡처 가능

IMAP과 POP3의 차이

IMAP	• 모든 장치에서 이메일에 엑세스 할 수 있다. • 서버에 이메일이 저장되어 서버와 클라이언트의 중개자 역할을 한다. • 이메일을 오프라인에서 엑세스 할 수 없다. • 이메일 본문은 사용자가 클릭할 때까지 다운로드되지 않지만, 제목 줄과 발신자 이름은 이메일 클라이언트에 채워진다. • 서버에서 자동으로 삭제되지 않으므로 서버의 더 많은 공간이 필요하다.
POP3	• 기본적으로 다운로드된 장치에서만 엑세스 할 수 있다. • 다운로드 되면 달리 구성되지 않는 한 이메일이 서버에서 삭제된다. • 다운로드 한 장치에서만 오프라인으로도 엑세스 할 수 있다. • 이메일이 기본적으로 장치에 다운로드되므로 메시지를 로드하는 데 시간이 더 오래 걸릴 수 있다. • 서버에서 자동으로 삭제되므로 서버 저장 공간이 절약된다.

〈구문분석〉

```
public class Path {
    public static void main(String[] args) {
        String str = "1,2,3,4,,,5,6,7,,8,9"; // 문자열로 구성
        String[] a = str.split(","); // ','(콤마)를 기준으로 분리 배열에 저장(이때 빈공간도 자리 차지)
        int count = 0;

        for (int i = 0; i < a.length; i++) {
            System.out.print(a[i]);
            count++;
            if (count % 3 == 0) {
                System.out.println();
            }
        }
    }
}
```

• equalsIgnoreCase : 대소문자 구분 안 함
• equals : 대소문자 구분함
• 문자열이 같은 경우 true 리턴
• 문자열이 다른 경우 false 리턴

12번 해설

〈구문분석〉

```
int a = 15;          // 10진수 15 입력
printf("%o", a);  // 입력된 15(10진수)를 8진수로 변환하여 출력
```

진수

- %d : 10진수
- %o : 8진수
- %x : 16진수

13번 해설

〈구문분석〉

```
void printBin(int n) {
    if (n >= 2) {          // 재귀 함수로 실행 중  2보다 큰 동안에  2로 나누어 가는 재귀 함수 조건
        printBin(n / 2);   // 입력된 n을 2로 나누어 가면서 재귀 호출
                           // 11 / 2 -> 5 / 2 -> 2 / 2가 실행
    }
    printf("%d", n % 2);   // 조건이 끝난 후 남은 n 값을 출력
}

int main() {
    int a = 11;
    printBin(a);               // 함수 호출
    if (a == 0 || a == 1) {
        printf("%d", a);
    }
    return 0;
}
```

- Index는 RDBMS에서 검색 속도를 높이기 위한 기술이다.
- TABLE의 컬럼을 색인화(따로 파일로 저장)하여 검색 시 해당 TABLE의 레코드를 Full Scan하는 것이 아니라 색인화되어 있는 INDEX 파일을 검색하여 검색 속도를 빠르게 한다.
- RDBMS에서 사용하는 INDEX는 B-Tree에서 파생된 B+Tree를 사용해서 색인화한다.
- 사용 예
  - 기본 문법식

```
CREATE INDEX [인덱스명] ON [테이블명](컬럼1, 컬럼2, 컬럼3.......)
```

  - 기본

```
CREATE INDEX EX_INDEX ON B(B_NO, B_TITLE);
```

  - 컬럼 값 중복을 허용하지 않는 인덱스 생성

```
CREATE[UNIQUE] INDEX EX_INDEX ON B(B_NO, B_TITLE);
```

집계 함수

- 여러 행 또는 전체 행으로부터 하나의 결과값을 반환하는 함수이다.
- SELECT문이나 HAVING절에서 사용된다.

SUM(필드)	필드의 합계를 계산해주는 함수 `SELECT SUM(필드) FROM TABLE ;`
AVG(필드)	필드의 평균을 계산해주는 함수 `SELECT AVG(필드) FROM TABLE ;`

COUNT(필드)	필드의 총 개수를 계산해주는 함수
	`SELECT COUNT(필드) FROM TABLE ;`
	`SELECT COUNT(*) FROM TABLE ;`

MAX(필드)	필드 중 가장 큰 값을 찾아주는 함수 `SELECT MAX(필드) FROM TABLE ;`
MIN(필드)	필드 중 가장 작은 값을 찾아주는 함수 `SELECT MIN(MONEY) FROM TABLE ;`

- WHEN & THEN은 프로그래밍 언어에서 IF문과 비슷하며, 조건에 따라 서로 다른 값을 추출하여 칼럼을 만들 수 있다.
- WHEN & THEN은 여러 개를 입력할 수 있어서 다중으로 조건을 설정할 수 있다.
- 조건 부여 방식으로 문제에 대한 풀이 방법은 크게 두 가지로 조건을 하나만 부여하거나 여러 개로 부여하는 것이 가능하다.
  - 조건을 여러 개 부여 시

```
SELECT * , CASE WHEN 제품명 = 'P001' THEN '제품1'
                WHEN 제품명 = 'P002' THEN '제품2'
                ELSE NULL END AS 신제품
FROM 전체상품
```

  - 조건을 한 개만 부여 시

```
SELECT * , CASE 제품명 WHEN 'P001' THEN '제품1'
                      WHEN 'P002' THEN '제품2'
                      ELSE NULL END AS 신제품
FROM 전체상품
```

BETWEEN

- ~부터 ~까지의 범위를 지정할 때 사용하는 명령어이다.
- BETWEEN A and B는 A 이상 B 이하를 의미하며, 해당 범위 안에 포함이라는 뜻을 가지고 있다.

```
SELECT
*
FROM
[테이블명]
WHERE
[칼럼명] BETWEEN [조건1] AND [조건2]
```

쉘(Shell, 셸)

- 운영체제상에서 다양한 운영체제 기능과 서비스를 구현하는 인터페이스를 제공하는 프로그램이다.
- 사용자와 운영체제의 내부(커널) 사이의 인터페이스를 감싸는 층이기 때문에 SHELL(껍데기)이라는 이름이 붙었다.
- 일반적으로 명령 줄과 그래픽 형의 두 종류로 분류되며, 명령 줄 쉘은 운영체제상에서 명령 줄 인터페이스(CLI)를 제공하고, 그래픽 쉘은 그래픽 사용자 인터페이스(GUI)를 제공한다.

〈구문분석〉

```
public class Path {
    public static void main(String[] args) {
    String str1 = "Hello@?!World/-";              // 문자열로 구성
    String regex = "[^a-zA-Z0-9]";                 // 정규표현식을 선언 ^문을 통하여 NOT 구문 설정
    String result = str1.replaceAll(regex, "*");  // 정규표현식에서 선언한 모든 문자를 제외한 나머지
                                                   //  문자들을 *로 치환

    System.out.println(result);
    }
}
```

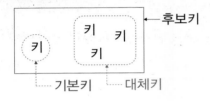

후보키(Candidate Key)	• 기본키가 될 수 있는 후보키들을 의미함 • 릴레이션에 있는 모든 튜플에 대해서 유일성과 최소성 만족
기본키(Primary Key)	• 후보키 중에서 특별히 선정된 주 키(Main Key) • 중복된 값을 가질 수 없고, NULL 값을 가질 수 없음
대체키(Alternate Key)	• 후보키가 둘 이상일 때 기본키를 제외한 나머지 후보키
슈퍼키(Super Key)	• 한 릴레이션 내에 있는 속성들의 집합으로 구성된 키 • 유일성은 만족하지만 최소성은 만족하지 못함
외래키(Foreign Key)	• 다른 릴레이션의 기본키를 참조하는 속성 또는 속성들의 집합 • 다른 테이블의 행을 식별하는 키

01. 윈도우키 + V

02. false

03. 데이터그램

04. 128

05. ④ fc00::/7

06. head

07. 77

08. −1

09. 교착 상태 또는 데드락

10. 문장 커버리지 또는 구문 커버리지

11. 43

12. −1

13. 역정규화

14. 원자성(Atomicity), 일관성(Consistency), 독립성(Isolation), 영구성(Durability)

15. SELECT * FROM 고객 WHERE 직책 LIKE %부장%

16. 인덱스 또는 Index

17. AND

18. SELECT * FROM stu WHERE mcode = 101;

19. 42

20. AND

Windows 단축키

- 단축키란 `Ctrl`, `Shift`, `Alt` 등의 조합키와 그 외의 키를 결합하여 특정 기능을 빠르게 쓰는 키를 의미한다.
- 주요 단축키

⊞ + `L`	사용자 로그오프
⊞ + `S`	검색
⊞ + `D`	바탕화면 표시
⊞ + `M`	모든 창 최소화
⊞ + `V`	클립보드 내용 확인
⊞ + `Shift` + `M`	최소화 복구
⊞ + `Pause`	시스템 등록 정보
⊞ + `E`	파일 탐색기 실행
⊞ + `R`	실행 창
⊞ + `+`, `−`	돋보기 기능(화면 확대, 축소)

〈코드분석〉

```c
#include<stdio.h>
main() {
    double num = 0.01;
    double res = 0;
    int cnt = 0;
    while (cnt < 100) {                  // cnt는 100 미만까지 반복
        res += num;                      // 0.01을 res에 누적
        cnt++;
    }
    printf(res == 1 ? "true" : "false");    // 1.00000001로 부동소수점 오류로 인해 1이 되지 않음
}
```

03번 해설

TCP(Transmission Control Protocol)	• 단위 : 세그먼트 • 데이터 흐름 제어를 통한 높은 신뢰성 제공 • 연결형 서비스의 가상 회선 방식 • 전이중(Full–Duplex), 점대점(Point to Point) 방식
UDP(User Datagram Protocol)	• 단위 : 데이터그램 • 흐름 제어를 하지 않기 때문에 TCP보다 데이터 전송 속도가 빠름 • TCP의 경우 한 번에 모든 데이터를 읽을 수 있지만, UDP는 여러 번의 데이터를 전송했다면 여러 번을 읽어야 함(데이터 경계가 존재) • 송수신 중 데이터 누락/오류 발생 시 재전송하지 않으며, 데이터의 순서를 유지하지 않음(비신뢰성 프로토콜) • 연결 설정이 없는 비연결성 프로토콜(1vs1, 1vs다수 등)

04번 해설

구분	IPv4	IPv6
주소 길이	32비트	128비트
표시 방법	8비트씩 4부분(10진수)	16비트씩 8부분(16진수)
주소 개수	약 43억 개	무한대
주소 할당	A,B 등 클래스 단위의 비순차적 할당	네트워크 규모 및 단말기 수에 따른 순차적 할당
주소 유형	유니, 멀티, 브로드캐스트	멀티, 애니, 유니캐스트

05번 해설

::/128	• 이 주소는 모든 값을 0으로 설정한 특수한 주소이다. • 가상적으로만 사용된다. • IP 미설정 상태의 발신 주소이다.
::1/128	• 자기 자신의 주소를 가리키는 루프백 주소이다. • 프로그램에서 이 주소로 패킷을 전송하면 네트워크는 전송자에게로 패킷을 반송한다. • IPv4의 127.0.0.1 주소와 동일하다.
::/96	IPv4 호환 주소를 위해 사용되는 주소공간이다.
::ffff:0:0/96	IPv4 매핑 주소를 위해 사용되는 주소공간이다.
fc00::/7	IPv6 유니캐스트를 위한 주소공간이다.
fe80::/10	• link–local address를 위한 주소공간이다. • IPv4의 자동 설정 IP 주소인 169.254.x.x에 해당한다.
fec0::/10	• site–local address를 위한 주소공간이다. • 네트워크 내부에서만 유효한 주소이며, 2004년 10월 RFC3879에서 폐기되어 더 이상 사용되지 않는다.
ff00::/8	• IPv6 멀티캐스트를 위한 주소공간이다. • IPv4의 브로드캐스트는 더 이상 지원되지 않으며, IPv6에서는 대신 멀티캐스트를 사용해야 한다.

리눅스 파일 내용 확인 명령어

cat	파일 내용 화면 표시
more	파일 내용 화면 단위로 끊어서 출력
head	앞부분의 내용을 지정한 만큼 출력
tail	head의 반대로 뒷부분의 내용을 지정한 만큼 출력

〈구문분석〉

```c
#include <stdio.h>
#include <stdbool.h>

bool fuc(int n) {
    int i = 2;
    if (n < I) // ③
        return false;
    else if (n == 2)
        return true;

    while (1) { // ④
        if (n % i == 0) // ⑤
            return false;
        else if (n < i * i) // ⑥
            break;

        i++;
    }

    return true; // ⑦
}
```

```c
int main() {
    int i, res = 0;

    for (i = 0; i <= 20; i++) { // ①
        if (fuc(i)) // ②
            res += i;
    }

    printf("%d", res); // ⑧

    return 0;
}
```

① 0~20까지 증가하며 함수 출력
② 조건이 맞을 때에만 함수 결과가 누적
③ 입력된 숫자가 2보다 작을 시 false
④ 무한대로 진행
⑤ i 값으로 나누어 떨어지게 될 경우 false
⑥ i * i 값이 입력된 n보다 커질 경우 break
⑦ 반복문을 정상적으로 나오게 되다면 true 반환
⑧ 누적된 값 res 출력

- 해당 코드는 0부터 20까지의 소수들의 합을 구하는 코드로 여기서 말하는 소수란 1과 자기 자신만으로 나누어 떨어지는 숫자를 의미한다.
- 함수 부분인 fuc에서 2보다 작거나 i를 약수로 설정하여 나누어 떨어지지 않는 값만 true를 받아 누적된다.
- 0부터 20까지의 소수는 2, 3, 5, 7, 11, 13, 17, 19이다.

08번 해설

〈구문분석〉

```java
import java.math.BigInteger;

public class Main {
    public static void main(String[] args) {
        BigInteger n = new BigInteger("12345");
        BigInteger m = new BigInteger("54321");
        System.out.print(n.compareTo(m)); // compareTo는 비교 명령어로  n이라는 문자열과  m이라는
                                          // 문자열을 비교하게 되며 현재 비교가 같지 않아  -1을 반환
    }
}
```

compareTo 메서드

- 기준값과 비교 대상을 비교하여 두 값이 동일한 경우 0이 반환된다.
- 기준값이 비교 대상보다 작은 경우 −1이 반환된다.
- 기준값이 비교 대상보다 큰 경우 1이 반환된다.

09번 해설

교착 상태(Deadlock)

- 두 개 이상의 작업이 서로 상대방의 작업이 끝나기만을 기다리고 있기 때문에 결과적으로 아무것도 완료되지 못하는 상태이다.
- 교착 상태의 조건

상호 배제	해당 자원에 대해 여러 프로세스가 접근을 할 수 없다.
점유 및 대기	다른 프로세스가 사용하고 있는 자원에 대해 반납을 기다린다.
순환	각 프로세스들이 순차(순환)적으로 다음 프로세스가 요구하는 자원을 가진다.
비선점	다른 프로세스가 자원에 대해 사용이 끝날 때까지 해당 자원을 뺏어 올 수 없다.

구조적 커버리지

문장(구문) 커버리지	시험 대상의 전체 구문 중에 테스트에 의해 실행된 구문을 측정한 것
결정(분기) 커버리지	시험 대상의 전체 분기 중 테스트에 의해 실행된 것을 측정한 것
조건 커버리지	모든 조건식의 TRUE, FALSE 중 테스트에 의해 실행된 것을 측정한 것

최대 공약수를 구하는 문제로 n1과 n2의 값을 비교하여 더 큰 수에서 작은 수를 빼가면서 계산하는 유클리드 호제법을 사용한 방식이다.

- 문제의 코드에서 −5를 32비트 이진수로 나타내면 11111111 11111111 1111111 11111011이다.
- 이때 이 숫자를 31번 시프트하게 되면 11111111이 된다.
- 이 값은 −1의 32비트 이진수 표현이므로 결과는 −1이 저장된다.

〈추가 연산〉

- 시프트 연산은 0에서 31까지의 숫자만 유효하다.
- 예를 들어 −1을 〈〈31하게 되면 000000으로 채워지기 때문에 0이 출력된다.
- 하지만 −1을 〈〈32하게 되면 범위를 벗어나게 되어서 최하위 비트 다섯 개만 읽게 되므로 32를 이진수로 변경한 수 100000에서 마지막 5개의 비트 00000만 읽게 되어 −1〈〈0이 되므로 −1이 출력된다.

역정규화(Denormalization)는 이전에 정규화된 데이터베이스에서 성능을 개선하기 위해 사용되는 전략으로, 컴퓨팅에서 역정규화는 일부 쓰기 성능의 손실을 감수하고 데이터를 묶거나 데이터의 복제 사본을 추가함으로써 데이터베이스의 읽기 성능을 개선하려고 시도하는 과정이다.

트랜잭션(Transaction)

- '일 처리 단위'를 의미하며, 논리적 연산 단위이며, 분할할 수 없는 최소 단위이다.
- 한 개 이상의 데이터베이스 조작으로, 하나 이상의 SQL 문장이 포함된다.
- 트랜잭션의 특성(ACID)

원자성(Atomicity)	트랜잭션이 데이터베이스에 모두 반영되거나, 혹은 전혀 반영되지 않아야 된다.
일관성(Consistency)	트랜잭션의 작업 처리 결과는 항상 일관성이 있어야 한다.
독립성(Isolation)	둘 이상의 트랜잭션이 동시에 병행 실행되고 있을 때, 어떤 트랜잭션도 다른 트랜잭션 연산에 끼어들 수 없다.
지속성(Durability)	트랜잭션이 성공적으로 완료되었으면, 결과는 영구적으로 반영되어야 한다.

SQL 명령문의 예

• 학생 테이블의 모든 컬럼을 조회하시오.

```
SELECT * FROM 학생;
```

• 학생 테이블에서 학년이 2학년인 모든 컬럼을 조회하시오.

```
SELECT * FROM 학생 WHERE 학년 = 2;
```

• 학생 테이블에서 중복을 제외한 동아리명 컬럼을 조회하시오.

```
SELECT DISTINCT 동아리명 FROM 학생;
```

• 학생 테이블에서 학년이 3학년이고, 과목이 영어인 학생의 성명과 연락처를 조회하시오.

```
SELECT 성명, 연락처 FROM 학생 WHERE 학년 = 3 AND 과목 = '영어'
```

• 학생 테이블에서 성명이 김으로 시작하는 학생의 모든 컬럼을 조회하시오.

```
SELECT * FROM 학생 WHERE 성명 LIKE 김%
```

• 학생 테이블에서 부서이름이 회로 끝나는 학생의 모든 컬럼을 조회하시오.

```
SELECT * FROM 학생 WHERE 부서이름 LIKE %회
```

• 학생 테이블에서 부서이름에 운동이 포함되어 있는 학생의 모든 컬럼을 조회하시오.

```
SELECT * FROM 학생 WHERE 부서이름 LIKE %운동%
```

인덱스(Index)

• 데이터베이스에서 테이블에 있는 데이터를 빠르게 색인하기 위한 용도로 사용되는 기능이다.
• 형식

```
CREATE INDEX [인덱스명] ON [테이블] ([컬럼명])
```

장점	• 테이블 검색 속도와 정렬 속도가 향상됨 • 인덱스를 기본키로 자동설정 할 수 있어서 관리가 용이함
단점	• 인덱스는 별도로 만들어야 하므로 파일 크기가 늘어남 • 인덱스에는 갱신 개념이 없어서 추가로 수행해야 함 • 인덱스를 생성하여야 하므로 초기 작업시간이 많이 소요됨

뷰 생성 SQL문의 형식

```
CREATE VIEW 뷰이름 AS
SELECT 컬럼1, 컬럼2, ...
FROM 테이블
WHERE 조건문;
```

관계 대수(Relational Algebra)

관계형 데이터베이스에서 원하는 정보와 그 정보를 어떻게 유도하는가를 기술하는 절차적 언어로, 릴레이션을 내부적으로 처리하기 위한 연산(Operation)들의 집합이다.

관계 연산자	Select	σ	릴레이션에서 조건에 맞게 수평으로 또는 행에 해당하는 튜플을 구한다.
	Project	π	릴레이션에서 조건에 맞게 수직으로 또는 열에 해당하는 튜플을 구한다.
	Join	⋈	공통 속성을 중심으로 2개의 릴레이션을 하나로 합쳐서 새로운 릴레이션을 만든다.
	Division	÷	릴레이션 R, S가 있을 때, R⊃S인 경우, S의 속성값을 모두 가진 튜플에서, S의 속성값을 가진 것만 제외한 것을 구한다.
집합 연산자	합집합 (Union)	∪	두 릴레이션에 존재하는 튜플의 합집합을 구한다.
	교집합 (Intersection)	∩	두 릴레이션에 존재하는 튜플의 교집합을 구한다.
	차집합 (Difference)	−	두 릴레이션의 차집합을 구한다.
	곱집합 (Cartesian Product)	×	두 릴레이션에 존재하는 튜플들의 결합된 정보를 구한다.

〈구문분석〉

```
public static void main(String[] args) {
    String test1 = "15, -41, 12, 42, -12, 2, 4"; // 문자열로 구성
    String test2 = test1.replaceAll("[^0-9,-]", ","); // ','(콤마)를 기준으로 숫자와 - 부호를 제외
                                                         한 숫자만 분리
    StringTokenizer strtok = new StringTokenizer(test2, ","); // ','(콤마)를 기준으로 strtok에
                                                                 분리
    Integer[] originalArr = new Integer[strtok.countTokens()]; // strtok으로 분리된 문자를 숫자
                                                                  형으로 변환

    int index = 0;
    while (strtok.hasMoreTokens()) {
        originalArr[index] = Integer.parseInt(strtok.nextToken().trim());
        index++;
    }
    Integer val = 0;
    Integer[] newArr = add(originalArr, val;
    Integer maxNumber = Integer.MIN_VALUE;
    for (Integer num : newArr) {
        if (num > maxNumber) { // 최대값 찾기
            maxNumber = num;
        }
    }
    System.out.println(maxNumber);
}
```

문제는 문자열로 구성된 test1 변수를 replaceAll 명령어를 이용하여 기호를 제외한 부분으로 분리시켜 숫자형 정수로 변경한 후, 최대값을 구해주는 코드이다.

IN(A, B)	SQL 구문의 조건문에서 지정한 값 중 하나라도 일치하는 것을 반환한다. (학년 IN(1,2); → 학년이 1학년이거나 2학년)
BETWEEN A AND B	SQL 구문의 조건문에서 지정한 두 수 사이의 숫자를 반환한다. (나이 BETWEEN 10 AND 50 → 10세부터 50세까지 사이)
DISTINCT	데이터의 중복을 제거한다.

01. UNIQUE

02. 외래키 또는 Foreign Key

03. 6. CREATE

04.
성명	전화번호
이동국	333-3333
박찬성	444-4444
이동국	111-1111

05. GUI

06. 1. cat

07. 윈도우키 + L

08. 1234문자

09. 5

10. 1*21*2*42*3*63*4*84*

11. 5

12. 5번 또는 SNMP

13. 내부

14. SSH

15. 데이터 링크 계층

16. 도메인(Domain)

17. 번역 또는 컴파일러(Compiler)

18. 오늘은 목요일

19. 16

20. WHERE, GROUP BY, HAVING

PRIMARY KEY	• 테이블의 기본키를 정의함 • 기본으로 NOT NULL, UNIQUE 제약이 포함됨
FOREIGN KEY	• 외래키를 정의함 • 참조 대상을 테이블 이름(열 이름)으로 명시해야 함 • 참조 무결성 위배 상황 발생 시 처리 방법으로 옵션 지정 가능 – NO ACTION, SET DEFAULT, SET NULL, CASCADE, RESTRICT
UNIQUE	• 테이블 내에서 열은 유일한 값을 가져야 함 • 테이블 내에서 동일한 값을 가져서는 안 되는 항목에 지정함
NOT NULL	• 테이블 내에서 관련 열의 값은 NULL일 수 없음 • 필수 입력 항목에 대해 제약조건으로 설정함
CHECK	• 개발자가 정의하는 제약조건 • 상황에 따라 다양한 조건 설정 가능

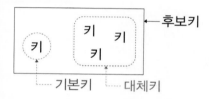

후보키

키

키 키

키

기본키   대체키

후보키(Candidate Key)	• 기본키가 될 수 있는 후보키들을 의미함 • 릴레이션에 있는 모든 튜플에 대해서 유일성과 최소성 만족
기본키(Primary Key)	• 후보키 중에서 특별히 선정된 주 키(Main Key) • 중복된 값을 가질 수 없고, NULL 값을 가질 수 없음
대체키(Alternate Key)	• 후보키가 둘 이상일 때 기본키를 제외한 나머지 후보키
슈퍼키(Super Key)	• 한 릴레이션 내에 있는 속성들의 집합으로 구성된 키 • 유일성은 만족하지만 최소성은 만족하지 못함
외래키(Foreign Key)	• 다른 릴레이션의 기본키를 참조하는 속성 또는 속성들의 집합 • 다른 테이블의 행을 식별하는 키

생성	CREATE	데이터베이스 내의 릴레이션(테이블)을 생성
수정	ALTER	데이터베이스 내의 릴레이션(테이블)을 수정
삭제	DROP	데이터베이스 내의 릴레이션(테이블)을 삭제
	TRUNCATE	릴레이션을 초기화(테이블의 크기 변경)

1. 실행 순서

```
③ select 회원.성명, 회원.전화번호
① from 회원, 대여
② where 회원.회원번호=대여.회원번호 and 대여.테이프번호="T3"
```

① 〈회원〉과 〈대여〉 테이블에서
② 〈회원〉의 회원번호와 〈대여〉의 회원번호가 같고(AND) 〈대여〉의 테이프번호가 T3인 조건에 만족하는
③ 〈회원〉의 성명과 〈회원〉의 전화번호를 출력한다.

2. 주의사항

- Select문에 별도의 그룹이나 정렬에 대한 명령이 추가되지 않는 경우, 테이블의 순서대로 데이터가 출력된다.
- 결과 작성 시, 필드명을 함께 작성해야 한다.

CLI(Command-Line Interface), CUI(Character User Interface)	• 글자를 이용해 사용자와 컴퓨터 간 소통하는 방식 • 대표적으로 cmd 등
GUI(Graphical User Interface)	• 그래픽을 이용해 사용자와 컴퓨터 간 소통하는 방식 • 그림이나 아이콘을 통해 정보를 알아볼 수 있음 • 대표적으로 Windows 등
NUI(Natural User Interface)	• 신체 움직임으로 직접적으로 소통하는 방식 • 스마트폰 등 신체를 이용한 자연스러운 행동으로 사용

UNIX 명령어

open	파일 열기
cat	파일 내용 출력
chmod	파일/디렉터리 접근 권한 변경
chown	파일/디렉터리 소유권 변경
fsck	파일을 체크하고 수리
cal	달력
sort	파일을 행 단위로 정렬

Windows 단축키

• 단축키란 [Ctrl], [Shift], [Alt] 등의 조합키와 그 외의 키를 결합하여 특정 기능을 빠르게 쓰는 키를 의미한다.

• 주요 단축키

⊞ + L	사용자 로그오프
⊞ + S	검색
⊞ + D	바탕화면 표시
⊞ + M	모든 창 최소화
⊞ + V	클립보드 내용 확인
⊞ + Shift + M	최소화 복구
⊞ + Pause	시스템 등록 정보
⊞ + E	파일 탐색기 실행
⊞ + R	실행 창
⊞ + +, −	돋보기 기능(화면 확대, 축소)

〈코드분석〉

```
public class test {
    public static void main(String[] args) {
        test ot = new test();          // 객체 생성
        ot.cat();                      // cat 안에 인수가 없으므로 비어있는 함수로 이동 → "1234" 출력
        ot.cat("4");                   // cat 안에 인수가 문자이므로 "문자" 출력으로 이동
    }
    public void cat() {
        System.out.print("1234");
    }

    public void cat(int c) {
        System.out.print(++c);
    }

    public void cat(String c) {
        System.out.print("문자");
    }
}
```

〈코드분석〉

```
int i=1;
int a;
a = i++>1? i+2 : i+3; // i 는 후위 연산으로 증가되기 전 1을 비교 후 후위 연산으로 1 증가
                       // 즉 1>1을 비교 후 결과는 FALSE지만 i는 1 증가하여 2가 됨
                       // 해당 조건은 만족하지 않으므로 거짓으로 이동 후 i + 3을 연산 후 i = 5
printf("%d",a);
```

〈코드분석〉

```
#include <stdio.h>
#define N 100                    // 100이라는 정수형 상수로 지정
main() {
    int i=1;
    int cnt=0;
    while(i<=N){
        if(i%3==0 && i%7==0){    // 3의 배수이면서 7의 배수일 때 아래 구문 실행(21의 배수를 찾는 문제)
            cnt++;
            printf("%d*%d*",cnt,i);   // 출력식 뒤에 *로 출력되는 부분 주의
        }
        i++;
    }
}
```

〈코드분석〉

```
#include <stdio.h>
int main(void) {
    int a;
    a = sizeof(int) + sizeof(char); // int의 크기는 4, char의 크기는 1
    printf("%d",a);
    return 0;
}
```

SNMP(간이 망 관리 프로토콜)

- 시스템이나 네트워크 관리자로 하여금 원격으로 네트워크 장비를 모니터링하고 환경설정 등의 운영을 할 수 있도록 하는 네트워크 관리 프로토콜로, IP 기반 네트워크상의 각 호스트로부터 정기적으로 여러 관리 정보를 자동으로 수집하거나 실시간으로 상태를 모니터링 및 설정할 수 있는 서비스이다.
- SNMP는 프로토콜일 뿐이며 이를 활용하여 실제 네트워크 관리정보를 얻기 위해서는 관련 프로그램이 필수로 필요하다.

스키마(Schema)

- 데이터베이스의 구조와 제약조건에 관한 전반적인 명세를 의미한다.
- 종류

내부 스키마(물리)	시스템 프로그래머나 설계자의 관점에서 정의하는 데이터베이스
개념 스키마(논리)	사용자들이 필요로 하는 데이터를 기관이나 조직의 관점에서 정의한 데이터베이스
외부 스키마(서브)	사용자 등의 개인적 입장에서 필요로 하는 데이터베이스

TELNET	• 네트워크 기반의 원격 통신 프로토콜 • 데이터 전송 시 암호화 작업이 없으므로 보안성이 낮음 • 포트 번호 : 23
SSH(Secure Shell)	• 원격 통신에 이용되는 프로토콜 • 데이터 전송 시 암호화 기법을 사용하여 보안성이 높음 • 포트 번호 : 22
rlogin(Remote Login)	• UNIX 시스템 간의 같은 네트워크 안에서 사용하는 프로토콜 • ≒ TELNET • 포트 번호 : 513

7계층	응용 계층 (Application)	• 사용자와 가장 밀접한 계층, 인터페이스(Interface) 역할 • 응용 프로세스 간의 정보 교환 담당 • 전송 단위 : Message
6계층	표현 계층 (Presentation)	• 데이터 표현에 차이가 있는 응용 처리에서의 제어 구조를 제공 • 전송하는 데이터의 인코딩, 디코딩, 암호화, 코드 변환 등을 수행 • 전송 단위 : Message
5계층	세션 계층 (Session)	• 통신장치 간 상호작용 및 동기화 제공 • 연결 세션에서 데이터 교환, 에러 발생 시 복구 관리(논리적 연결 담당) • 전송 단위 : Message • 5계층 장비 : NetBIOS, SSH, Appletalk
4계층	전송 계층 (Transport)	• 종단 간(End-to-End)에 신뢰성 있고 정확한 데이터 전송 담당 • 종단 간의 에러 복구와 흐름 제어 담당(TCP/UDP) • 전송 단위 : Segment • 4계층 장비 : L4 스위치
3계층	네트워크 계층 (Network)	• 중계 노드를 통하여 전송하는 경우, 어떻게 중계할 것인가를 규정 • 데이터를 목적지까지 가장 안전하고 빠르게 전달(라우팅) • 네트워크를 논리적으로 구분하고 연결(논리적 주소 사용) • 전송 단위 : Packet • 3계층 장비 : 라우터, L3 스위치
2계층	데이터 링크 계층 (Data Link)	• 물리적인 연결을 통하여 인접한 두 장치간의 신뢰성 있는 정보 전송을 담당 • 물리적 매체에 패킷 데이터를 실어 보내는 계층(환경에 맞는 다양한 통신 프로토콜 지원) • 정보의 오류와 흐름을 관리, 안정된 정보 전달 • 전송 단위 : Frame • 2계층 장비 : 브리지, 스위치
1계층	물리 계층 (Physical)	• 전기적, 기계적 특성을 이용하여, 통신 케이블로 전기적 신호(에너지)를 전송 • 단지 데이터 전달 역할만을 하고, 알고리즘이나 오류 제어 기능은 존재하지 않음 • 전송 단위 : bit • 1계층 장비 : 리피터, 허브, 케이블

릴레이션(Relation)	데이터들을 표(Table)의 형태로 표현한 것
행(Row)	릴레이션 내의 한 줄에 해당하는 데이터(가로)(=튜플)
열(Column)	릴레이션 내의 한 칸에 해당하는 데이터(세로)(=속성)
튜플(Tuple)	릴레이션을 구성하는 각각의 행
속성(Attribute)	데이터의 항목 또는 데이터 필드에 해당 데이터베이스를 구성하는 가장 작은 논리적 단위
기수(Cardinality)	튜플(Tuple)의 개수
차수(Degree)	속성(Attribute)의 개수
도메인(Domain)	하나의 속성이 취할 수 있는 원자값(Atomic)들의 집합

언어 번역 과정

원시 프로그램 〉 번역 〉 목적 프로그램 〉 링커 〉 로드 모듈 〉 로더 〉 실행

원시 프로그램(소스 코드)	프로그래밍 언어로 사용자가 작성한 프로그램
번역(Compiler)	원시 프로그램으로 작성된 언어를 컴퓨터가 이해하기 쉬운 기계어로 바꾸어 주는 번역기
목적 프로그램(Object Program)	언어 번역기에 의해 기계어로 번역된 상태의 프로그램
링커(Linker)	목적 프로그램을 실행 가능한 프로그램으로 만드는 과정
로드 모듈(Load Module)	실행 가능한 프로그램으로 만들어진 상태
로더(Loader)	로드 모듈 프로그램을 주기억 장치 내로 옮겨서 실행시켜 주는 소프트웨어로 할당(Allocation), 연결(Linking), 재배치(Reiocation), 적재(Loding) 등의 기능이 있음

〈코드분석〉

```
#include <stdio.h>
main() {
    char* list[7] = {"월요일","화요일","수요일","목요일","금요일","토요일","일요일"};
    int cmp=1;                     // cmp는 1부터 시작
    for(int i=1;i<7;i++){          // i는 1부터 7 미만까지 즉, 6까지 증가
        if(i%3==0){                // i의 값이 처음으로 3으로 나눈 나머지가 0일 때 break
                                   // i의 값이 3일 때 cmp의 값도 3
            break;
        }
        cmp++;
    }
    printf("오늘은 %s",list[cmp]); // list[3]을 출력 -> 목요일
}
```

19번 해설

〈코드분석〉

```c
#include <stdio.h>
#define _USE_MATH_DEFINES
#include <math.h>
main() {
    int su = pow(2,ceil(M_PI));      // M_PI는 3.14로 해당 부분을 ceil(올림)처리하여 4
    printf("%d", su);                // 2의 4승의 값으로 출력
}
```

20번 해설

SELECT문의 문법(작성) 순서와 실행 순서

- 문법(작성) 순서 : <u>SELECT</u> → FROM → WHERE → GROUP BY → HAVING → ORDER BY
- 실행 순서 : FROM → WHERE → GROUP BY → HAVING → <u>SELECT</u> → ORDER BY

01. 3

02. BCNF

03. 참조 무결성

04. 4

05. HTTPS

06. UNION ALL

07. KORHRDEA

08. 커널

09. 윈도우 키(Win) + P

10. abcde12345
    12345

11. UPDATE

12. ADD

13. 세션 계층

14. is null

15. 대체키

16. 윈도우 키(Win) + E

17. ① 16
    ② 8

18. 12340
    24130
    31420
    43210
    00000

19. 34157

20. ㄹ, ㄱ, ㄷ, ㄴ (검증 → 단위 → 통합 → 시스템)

〈코드분석〉

```
int a=-5, b=7, c;
c=a&b;                          // -5&7 (AND 비트 연산자)
a의 계산 방법   ※ C언어의 경우 -의 값을 2의 보수로 인식
 5 : 0000 0101
-5 : 1111 1010 (5의 1의 보수)     // 기존 비트에서 역전
-5 : 1111 1011 (5의 2의 보수)     // (1의 보수 + 1)로 계산
b의 계산 방법
 7 : 0000 0111
비트 연산자 계산
-5 : 1111 1011
 7 : 0000 0111   AND 계산
     0000 0011 : 3 출력
```

데이터베이스 정규화

- 불필요한 데이터(Data Redundancy)를 제거하는 과정
- 논리적으로 데이터를 저장하기 위한 과정
- 정규화의 과정

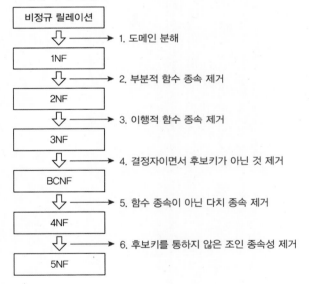

개체 무결성	기본키를 구성하는 속성은 널(NULL)이나 중복값을 가질 수 없다.
참조 무결성	• 외래키값은 NULL이거나 참조 릴레이션의 기본키값과 동일해야 한다. 즉, 릴레이션은 참조할 수 없는 외래키값을 가질 수 없다. • 외래키와 참조하려는 테이블 기본키는 도메인과 속성 개수가 같아야 한다.
도메인 무결성	특정 속성의 값이, 그 속성이 정의된 도메인에 속한 값이어야 한다.

〈코드분석〉

```
int main(void) {
   printf("%d",f(4));    // f함수로 4를 전달
}


int f(int i)            // i에 4를 대입
{
   int arr[5] = {5,4,3,2,1};

   if(i<=0)             // i의 값이 0 이하일 시 끝남
      return 0;
   else
      return arr[i]%3 + f(i-1);
// 재귀 함수
         1 % 3 + f(4-1)
                └ 2 % 3 + f(3-1)
                        └ 3 % 3 + f(2-1)
                                └...
```

main에서 f(4)로 진행하므로 int f에 4로 입력되어 arr 배열의 4번째인 1을 참조한다.
첫 재귀 함수 진행시에는 arr[4] % 3 + f(i-1)로서 1 % 3 + f(4-1)로 진행되며 배열 안에 있는 모든 부분이 진행되면
arr[4] % 3 + arr[3] % 3 + arr[2] % 3 + arr[1] % 3 + 0
즉, 1 % 3 + 2 % 3 + 3 % 3 + 4 % 3 + 0 = 1 + 2 + 0 + 1 + 0 = 4가 된다.

HTTPS	• 기존 HTTP에 비해 보안성을 강화한 프로토콜이다. • 통신의 인증과 암호화를 위해 넷스케이프 커뮤니케이션즈(Netscape Communications)는 1994년에 넷스케이프 네비게이터 웹 브라우저를 위해 HTTPS를 개발하였다.
SSH	• 시큐어셸(Secure Shell)이라고도 불리며 네트워크상의 다른 컴퓨터에 로그인하거나 원격 시스템에서 명령을 실행하고 다른 시스템으로 파일을 복사할 수 있도록 해주는 프로토콜을 가리킨다. • 기존의 rsh, rlogin, 텔넷 등을 대체하기 위해 설계되었으며, 강력한 인증 방법 및 안전하지 못한 네트워크에서 안전하게 통신을 할 수 있는 기능을 제공한다.
TLS	• 인터넷에서의 정보를 암호화해서 송수신하는 프로토콜이다. • SSL(Secure Sockets Layer)에 기반한 기술로, 국제 인터넷 표준화 기구에서 표준으로 인정받은 프로토콜이다.

UNION	· 합집합 · 중복 행이 제거된 집합	
UNION ALL	· 합집합 · 중복 행이 제거되지 않은 집합	
INTERSECTION	· 교집합 · 두 쿼리 결과에 공통적으로 존재하는 집합	
MINUS	· 차집합 · 첫 번째 쿼리에 있고 두 번째 쿼리에는 없는 집합	

append 함수	변수에 들어 있던 기존의 값에 새로운 데이터를 덧붙일 때 사용한다 • 변수 A의 값 : Hello ```A.append("WORLD")``` • A 출력 : HelloWORLD
insert 함수	변수에 들어 있던 기존의 값에 특정한 위치를 지정하며 데이터를 삽입한다. • 변수 A의 값 : Hello ```A.insert(5,"PATH")``` • A 출력 : HelloPATH

〈코드분석〉

```
StringBuffersb= new StringBuffer();
// 변수 sb에는 값이 들어 있지 않음

sb.append("KOREA");      // sb의 값에 KOREA를 덧붙임
sb.insert(3, "HRD");     // KOR와 EA 사이에 HRD 대입
// KORHRDEA 출력
```

08번 해설

커널(Kernel)

- 커널(Kernel)은 쉘(Shell)과 사용자의 인터페이스 역할을 수행한다.
- '시스템 프로그램 계층'이라고 불리기도 한다.
- 다중 프로그래밍 및 다중 태스킹을 위해 프로세스 관리 및 파일, 입출력 장치 등의 관리도 맡으며 사용자나 프로그램이 처음으로 로그인했을 경우 커널(Kernel)이 직접 쉘(Shell)을 사용자에게 할당한다.

09번 해설

⊞ + P	다중 디스플레이 화면 설정	지정하지 않았을 경우 기본 설정은 'PC 화면만'
⊞ + L	로그오프	로그오프 및 사용자 계정 전환 가능
⊞ + Pause	시스템	내 컴퓨터 오른쪽 클릭 후 속성에 들어갈 시 같은 창 확인 가능

10번 해설

strcat 함수

- 지정한 변수에 들어 있던 기존의 값에 새로운 데이터를 덧붙일 때 사용한다.
- 형식 : strcat(소스 변수, 이어붙일 문자열 or 변수)

- 변수 A의 값 : Hello

```
strcat(A, "WORLD")
```

- A 출력 : HelloWORLD

〈코드분석〉

```
char a[] = "abcde";        // 배열 a에 abcde 대입
char b[] = "12345";        // 배열 b에 12345(문자) 대입
strcat(a,b);               // a의 값에 변수 b의 값을 이어붙임
puts(a);                   // abcde12345 출력
printf("%s\n",b);          // 12345 출력
```

DML(Data Manipulation Language)

검색	SELECT column_name FROM table_name
삭제	DELETE column_name FROM table_name
갱신	UPDATE table_name 　　SET column1 = value1, column2 = value2, …
추가	INSERT INTO table_name(col1, col2, …) 　　　　　　　　VALUE(value1, value2, …)

UNIX 명령어

ADD [COLUMN]	컬럼 추가	ALTER TABLE 테이블명 ADD (COLUMN) 컬럼명 데이터유형;
DROP COLUMN	컬럼 삭제	ALTER TABLE 테이블명 DROP COLUMN 컬럼명;
MODIFY COLUMN	제약조건 변경	ALTER TABLE 테이블명 MODIFY 컬럼명 데이터유형;
RENAME COLUMN	컬럼명 변경	ALTER TABLE 테이블명 RENAME COLUMN 컬럼명 TO 새로운컬럼명

OSI 7 계층의 특징

응용	파일 전송, 원격 접속, 메일 서비스 등 응용 서비스를 담당하며, 여러 가지 서비스(인터페이스)를 제공
표현	송신자측에서 수신자측에 맞는 형태로 데이터를 변환(번역)하고, 수신측에서는 다음 계층에 맞는 형태로 변환
세션	응용 프로그램 간의 통신에 대한 제어 구조를 제공하기 위해 응용 프로그램 간의 접속을 연결, 유지, 종료시켜 주는 역할을 수행
전송	프로토콜(TCP, UDP)과 관련된 계층으로 오류제어 및 흐름제어 등을 담당하며, 두 시스템 간을 연결하여 신뢰성 있는 데이터 전송
네트워크	논리적 주소(IP 주소)를 이용하여 최적의 경로를 선택하고, 데이터가 전송될 수신측 주소를 확인하여 일치하면 다음 계층으로 전송
데이터링크	오류와 흐름을 제거하여 신뢰성 있는 데이터를 물리적 링크를 통해 프레임 단위로 데이터를 신뢰성 있게 전송하는 계층이며, 물리적 주소(MAC 주소)를 관리
물리	실제 장비들을 연결하기 위한 기계적, 전기적, 기능적, 절차적 특성을 정의

14번 해설

is null 연산자

- is null 연산자는 데이터 값이 null인 경우를 조회할 때 사용한다.
- null은 값이 지정되지 않음을 나타내며, 0이나 공백과는 다르다.
- null이 아닌 경우 'is not null'을 사용한다.

15번 해설

키(Key, 무언가를 식별하는 고유한 식별자)

기본키

키

대체키

키 키 키

후보키

- 후보키(Candidate Key) : 유일성과 최소성을 만족하는 속성들의 집합
- 기본키(Primary Key) : 후보키 중 선정된 키로 중복값 입력이 불가능하고, Null 값을 가질 수 없음
- 슈퍼키(Super Key) : 유일성 만족, 최소성 불만족하는 속성들의 집합
- 대체키(Alternate Key) : 후보키 중 기본키로 선택되지 못한 후보키들
- 외래키(Foreign Key) : 다른 테이블의 행을 식별하는 키

16번 해설

⊞ + E	파일 탐색기	⊞ + L		사용자 로그오프
⊞ + F	검색	⊞ + R		윈도우 실행창
⊞ + D	바탕화면 보기	⊞ + Shift	+ M	최소화 복구
⊞ + M	모든 창 최소화	⊞ + Pause		시스템 등록 정보
⊞ + S	검색	⊞ + +		화면 확대
⊞ + P	다중 디스플레이 조정	⊞ + −		화면 축소

IPv6 주소 체계

- 기존 32비트의 IPv4 주소가 고갈되는 문제를 해결하기 위하여 개발된 새로운 128비트 체계의 무제한 인터넷 프로토콜 주소이다.
- IPv6 주소는 16비트 단위로 구분하며, 각 단위는 16진수로 변환되어 콜론(:)으로 구분하여 표기한다. 128비트의 IPv6 주소에서 앞의 64비트는 네트워크 주소를 의미하며, 뒤의 64비트는 네트워크에 연결된 통신장비 등에 할당되는 인터페이스 주소를 의미한다.
- IPv6 주소 체계는 총 128비트로 각 16비트씩 8자리로 각 자리는 ':'(콜론)으로 구분한다.

〈코드분석〉

```
#include <stdio.h>
#define Arrsize 5                          // Arrsize를 5로 선언
int main(void) {
    int arr[] = {0,1,2,3,4};               // arr[0] = 0, arr[1] = 1, arr[2] = 2,
                                              arr[3] = 3, ...

    for(int i=1; i<=Arrsize; i++) {        // i는 1~5, j는 0~4까지 반복 (총 25번)
        for(int j=0; j<Arrsize; j++) {
            into(arr, (j+1)*i%5, j);       // into 함수에 배열, 계산값, j의 값을 전달
        }
    }
}
int into(int arr[],int i, int j) {
    arr[j] = i;                            // arr[j]번째에 계산값을 저장
    printarr(arr[j],j);                    // printarr로 arr[j]의 값 전달
}
int printarr(int val, int j) {
    printf("%d", val);                     // val(arr[j]의 값) 출력
    if(j == 4)                             // 5번 반복마다 줄바꿈 실행
        printf("\n");
}
```

〈코드분석〉

```
#include <stdio.h>
int main(void) {
    int arr[5] = {7,5,1,4,3};
    int i;
    insort(arr);                        // insort 함수에 배열 arr 전달
    for(i=0; i<5; i++) {
        printf("%d", arr[i]);
    }
    printf("\n");
}
int insort(int*arr) {                   // arr의 값 (7,5,1,4,3)
    int i, j, temp;
    for(i=1; i< 5; i++) {               // 1~4까지 반복
        temp = arr[i];                  // temp를 임시 저장용으로 사용
        for(j=i-1; j>=0; j--) {
            arr[j+1] = arr[j];

                                        // arr[0]과 arr[1]의 값을 변경하기 위한 작업
        }
        arr[j+1] = temp;                // arr[1] 위치에 arr[0] 값 대입
    }
}
```

V–모델과 테스트 단계(NCS 정식 등록 모델)

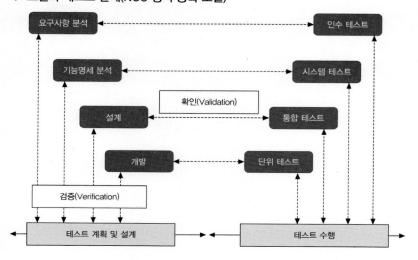

01. 25143

02. 뷰(VIEW)

03. GRANT

04. 359215

05. DBMS

06. 지속성(Durability)

07. UNIQUE

08. VARCHAR(5)

09. 4, 16

10. UNION

11. 4

12. ICMP, IP

13. PING

14. TCP

15. 916

16. DIR

17. a : D
    b : F4

18. 비트로커(BitLocker)

19. 한계값(경계값 분석) 테스트, 비교 테스트

20. WORLD!

〈코드분석〉

```
#include <stdio.h>
int main(void) {
    int a[5]={3,2,5,1,4};          // a[0]=3, a[1]=2, a[2]=5, a[3]=1, a[4]=4 저장
    int temp, i, j;                // temp, i, j 변수 선언
    for(i=0;i<4;i++)               // 0~3까지, 총 4회 반복
    {
        temp=a[i];                 // temp에 a[0] 저장, temp = 3
        a[i]=a[i+1];               // a[0]에 a[1] 값 저장, a[0] = 2
        a[i+1]=temp;               // a[1]에 temp 값 저장, a[1] = 3
    }                              // temp 변수를 이용하여 앞에 위치한 배열과
                                   //     뒤에 위치한 배열의 위치를 바꿔주는 구문

    for(j=0;j<5;j++)
    {
        printf("%d",a[j]);
    }                              // 25143 출력
    return 0;
}
```

02번 해설

뷰(View)

- 사용자에게 접근이 허용된 자료만을 제한적으로 보여주기 위해, 하나 이상의 기본 테이블로부터 유도된 가상 테이블이다.
- 저장장치 내에 물리적으로 존재하지 않지만 사용자에게는 있는 것처럼 간주된다.
- 논리적 독립성을 제공하고 기본 테이블의 기본키를 포함한 속성(열) 집합으로 구성해야만 삽입, 삭제, 갱신, 연산이 가능하다.
- 뷰가 정의된 기본 테이블이나 뷰를 삭제하면 그 테이블이나 뷰를 기초로 정의된 다른 뷰도 자동으로 삭제된다.
- 독립적인 인덱스를 가질 수 없다.
- ALTER View문을 사용할 수 없다(뷰 정의 변경 안 됨).

03번 해설

- 사용자 권한 부여

시스템 권한 부여	GRANT 권한1, 권한2 TO 사용자계정
객체 권한 부여	GRANT 권한1, 권한2 ON 객체명 TO 사용자계정

- 사용자 권한 회수

시스템 권한 회수	REVOKE 권한1, 권한2 FROM 사용자계정
객체 권한 회수	REVOKE 권한1, 권한2 ON 객체명 FROM 사용자계정

〈코드분석〉

```
int main() {
    int arr[6] = {3,5,9,2,1,5};        // proc 함수에 (배열 전체, 0) 전달
    proc(arr, 0);
}
void proc(inta[], intb)                // 배열, 0
{
    int i;
    if(b>1)                            // b의 값이 1보다 크면 proc이 끝남
    {
        return;                        // b는 0이기에 만족하지 않음

    }
    else
        for(i=0;i<6;i++)               // 0~5까지 반복
            printf("%d",a[i]);

                                       // a[0~5]의 값을 순서대로 출력
                                       // 359215 출력

}
```

- DBMS(DataBase Management System) : 관리자가 데이터베이스를 관리하는 시스템/프로그램
- DBA(DataBase Administrator) : 데이터베이스 관리자

데이터베이스 트랜잭션(Transaction)

- 하나의 작업을 수행하기 위해 필요한 연산들의 집합이다.
- 데이터베이스에서 논리적인 작업의 단위이다.
- 트랜잭션의 특성(ACID)

원자성(Atomicity)	실행 중 중단되지 않게 하는 능력
일관성(Consistency)	실행의 완료 후 데이터베이스 상태를 유지
독립성(Isolation)	한 트랜잭션의 실행 중 다른 트랜잭션이 끼어들지 못하게 보장
지속성(Durability)	실행에 성공한 트랜잭션은 영원히 반영

인덱스(INDEX)

- 인덱스란 데이터를 빠르게 찾을 수 있는 수단으로, 테이블에 대한 조회 속도를 높여주는 자료구조를 의미한다.
- 인덱스는 테이블의 특정 레코드 위치를 알려주는 용도로 사용한다.
- 테이블에서 기본키로 지정할 경우 자동으로 인덱스가 생성된다.

인덱스 생성	CREATE [UNIQUE] INDEX 〈index_name〉 ON 〈table_name〉 (〈column(s)〉);
인덱스 변경	ALTER [UNIQUE] INDEX 〈index name〉 ON 〈table name〉 (〈column(s)〉);
인덱스 삭제	ALTER TABLE 〈table_name〉 DROP INDEX 〈index name〉;

08번 해설

VARCHAR(n)	• 가변길이 문자열로서 (n)byte까지 넣을 수 있음을 나타낸다. • length + 1만큼 저장되며 최대 길이는 255byte이다.
CHAR(n)	• 고정길이 문자열로서 (n)byte까지 넣을 수 있음을 나타낸다. • 크기보다 작은 문자열 저장 시 뒷부분은 공백으로 채워지며 최대 길이는 255byte이다.

09번 해설
〈코드분석〉

```
int cnt= 0;
int sum = 0;

for(int i=0; i<=7; i++)           // 0~7까지 반복
{
    if(i%2==1)                    // i가 2로 나눌 시에 1이면 인식
    {                             // i가 1, 3, 5, 7일 시 만족
        cnt++;                    // 4
        sum=sum+i;                // 1+3+5+7
    }
}

System.out.print(cnt+",   "+sum);
                                  // 4,   16 출력
```

10번 해설

UNION	· 합집합 · 중복 행이 제거된 집합	
UNION ALL	· 합집합 · 중복 행이 제거되지 않은 집합	
INTERSECTION	· 교집합 · 두 쿼리 결과에 공통적으로 존재하는 집합	
MINUS	· 차집합 · 첫 번째 쿼리에 있고 두 번째 쿼리에는 없는 집합	

〈코드분석〉

```
int arr[5]={5,4,3,2,1};
int i=4, sum=0;

do                              // do while : 조건에 부합하지 않더라도 한 번은 반복
{
    arr[i] = arr[i] % 3;
                                // arr[4] = 1 % 3
                                   arr[3] = 2 % 3
                                   arr[2] = 3 % 3
                                   arr[1] = 4 % 3
    sum = sum + arr[i];         // 1 + 2 + 0 + 1
    i--;
} while(i>0);                   // i가 0보다 컸을 때 반복


                                // do while의 특징은
                                   처음 해당 구문을 접할 때 조건에 만족하지 않으면 한 번은 실행을 하게 되나,
                                   이미 해당 구문에 진입하게 되면 조건에 만족하지 않더라도 읽지 않는다.

printf("%d",sum);              // 4 출력
```

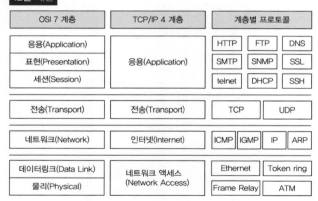

OSI 7 계층	TCP/IP 4 계층	계층별 프로토콜		
응용(Application)	응용(Application)	HTTP	FTP	DNS
표현(Presentation)		SMTP	SNMP	SSL
세션(Session)		telnet	DHCP	SSH
전송(Transport)	전송(Transport)	TCP		UDP
네트워크(Network)	인터넷(Internet)	ICMP	IGMP	IP	ARP
데이터링크(Data Link)	네트워크 액세스 (Network Access)	Ethernet		Token ring
물리(Physical)		Frame Relay		ATM

PING(Packet INternetGroper)

- 대상 컴퓨터에 일정 크기의 패킷을 전송 후, 응답 메시지를 수신하여 동작 여부 및 네트워크 상태를 파악할 수 있는 명령어이다.
- 예 ping [IP 혹은 도메인]

TCP (Transmission Control Protocol)	• 데이터 흐름 제어를 통한 높은 신뢰성 제공 • 연결형 서비스의 가상 회선 방식 • 한 번에 모든 데이터를 읽을 수 있음 • 전이중(Full-Duplex), 점대점(Point to Point)
UDP (User Datagram Protocol)	• 흐름제어를 하지 않기 때문에 TCP보다 데이터 전송 속도가 빠름 • 여러 번의 데이터를 전송했다면, 여러 번을 읽어야 함(데이터 경계가 존재) • 송수신 중 데이터 누락/오류 발생 시, 재전송하지 않으며, 데이터의 순서를 유지하지 않음(비신뢰성 프로토콜) • 연결 설정이 없는 비연결성 프로토콜(1vs1, 1vs다수 등)

⟨코드분석⟩

```
int arr[10]={3,7,9,4,5,1,8,2,6,10};      // arr[0] = 3
                                          arr[1] = 7
                                          arr[2] = 9
                                          arr[3] = 4
                                          ...
                                          arr[9] = 10
int i;

for(i=0; i<10; i++)                       // 0~9까지 반복
    if(i % 3 == 2)                        // i의 값을 3으로 나눌 시 2이면 인식
        printf("%d",a[i]);
                                          // i가 아래와 같으면 조건 만족
                                          2 % 3 == 2      arr[2] 출력
                                          5 % 3 == 2      arr[5] 출력
                                          7 % 3 == 2      arr[7] 출력
```

• UNIX
  – CLI / C 언어 기반 / 시분할 온라인 대화식 시스템
  – 확장성, 이식성 우수
• MS-DOS
  – CLI / Windows 이전에 사용되던 운영체제

기능	UNIX	MS-DOS
목록보기	ls	dir
속성, 권한 변경	chmod	attrib
파일 삭제	rm	del
이름 변경, 파일 이동	mv	ren

가상 데스크탑

- 윈도우의 바탕화면을 여러 개 만들어, 각각의 프로그램을 띄워 놓으며 사용할 수 있는 기능이다.
- Win + Tab의 화면 전환 창에서 왼쪽 상단 [새 데스크톱] 버튼을 눌러 작성할 수 있다.
- Win + Ctrl + D를 이용하여 간편하게 생성할 수 있으며, F4를 눌러 삭제가 가능하다.

비트로커(Bitlocker)

- Windows에서 자체적으로 제공하는 디스크 암호화 기능이다.
- 이동식 저장장치 및 시스템 드라이브를 암호화하여 분실 및 도난에 대해 안전하게 지킬 수 있다.

화이트 박스 검사 (White Box Testing)	• 응용 프로그램의 내부 구조와 동작을 검사하는 테스트이다. • 개발자가 내부 소스의 코드를 검사하는 작업을 하게 되며, 동작의 작동 유무와 코드까지도 확인하여 테스트할 수 있다. • 종류 : 제어 흐름 테스트, 데이터 흐름 테스트, 분기 테스트, 경로 테스트
블랙 박스 검사 (Black Box Testing)	• 소프트웨어의 내부 구조나 작동 원리를 모르는 상태에서 동작을 검사하는 방식이다. • 사용자 관점의 테스트 방법이라고 볼 수 있다. • 소프트웨어 인터페이스에서 실시되는 검사로 설계된 모든 기능들이 정상적으로 수행되는지 확인한다. • 종류 : 동등 분할, 경계값분석, 도메인 테스트, 상태 전이 테스트, 페어와이즈 조합 테스트, 결정 테이블

substring( )	• 지정한 숫자 이후에 해당하는 문자들을 가져오는 함수 • 예 a의 값은 ABCDEF → a.substring(3)을 출력 시에 문자 위치를 개수라고 가정하면 4번째에 해당하는 D부터 가져옴
toUpperCase( )	• 모든 문자를 대문자로 바꿔주는 함수 • ↔ toLowerCase() : 모든 문자를 소문자로 바꿔주는 함수

〈코드분석〉

```
String s1 = "HelloWorld!";              // s1 변수에 HelloWorld! 대입
String s2 = s1.substring(5);            // HelloWorld!에서 5번째 이후 문자를 저장,
                                        //    s2 변수에 World! 대입

System.out.print(s2.toUpperCase());     // toUpperCase 함수를 통해 s2에 저장한 문자를 대문자로 변환
                                        // WORLD! 출력
```

실전 모의고사
정답 & 해설

01. RAID

02. (1) 2번 또는 Redo
(2) 3번 또는 Undo

03. 8

04. ① ORDER
② score
③ DESC

05. 이상 현상 또는 Anomaly

06. 11 19

07. 1. extend
2. pop
3. reverse

08. 임시 키 무결성 프로토콜 또는 TKIP

09. NUI

10. 1. Static(정적) 분석 도구
2. Dynamic(동적) 분석 도구

11. 출력문: H

12. JUnit

13. ㄱ, ㄹ, ㅁ

14. 120

15. ① 〉
② %
③ /

16. ① CREATE
② PRIMARY
③ FOREIGN
④ REFERENCES

17. ① 유일성
② 최소성

18. Watering Hole

19. −4,000
3,000

20. ㅅ → ㄱ → ㄷ → ㄴ → ㅇ → ㄹ → ㅁ → ㅂ

RAID(Redundant Array of Independent Disks)

하드 디스크의 장애로 인한 데이터 손실을 방지하기 위한 기술로, 여러 개의 디스크를 배열하여 속도와 안정성의 증대 및 효율성, 가용성의 증대를 목적으로 한다.

Undo	• 트랜잭션을 이전 상태로 되돌린다. • 작업 롤백 및 읽기 일관성과 복구가 가능하다. • 사용자가 했던 작업을 반대로 진행한다.
Redo	• 이전 상태로 되돌린 후, 실패까지의 과정을 그대로 따라간다. • 복구의 역할이기 때문에 모든 작업은 Redo에 기록된다(Undo 포함). • 사용자가 했던 작업을 그대로 다시 진행한다.

〈코드분석〉

```
int ls(int x, int n) // x에 2, n에 3 대입
{
    if(n == 0)
        return 1;
    return x * ls(x, n-1);
    // 2 * ls(2, 3-1)
                └ 2 * ls(2, 2-1)
                        └ 2 * (2, 1-1)
                                └ 1 (if문 인식)
    // 2 * 2 * 2 * 1 = 8 출력

}
```

ORDER BY	• ASC : 오름차순 • DESC : 내림차순
GROUP BY	• 테이블을 그룹화할 때 사용하는 구문이다. • 그룹과 동시에 조건을 적용하고 싶을 경우 WHERE문이 아닌 HAVING문을 사용한다.

이상(Anomaly) 현상

• 데이터 중복성에 의해 릴레이션 조작 시 예기치 못한 곤란한 현상 또는 데이터 불일치 현상을 의미한다.
• 이상을 해결하기 위해서는 정규화(Normalization)를 실행하여 테이블 내의 데이터 중복을 제거한다.
• 종류 : 삽입 이상, 삭제 이상, 갱신 이상

삽입 이상 (Insertion Anomaly)	릴레이션에 데이터를 삽입할 때 의도와는 상관없는 값들도 함께 삽입되는 현상
삭제 이상 (Deletion Anomaly)	릴레이션에서 한 튜플을 삭제할 때 의도와는 상관없는 값들이 삭제되는 연쇄가 일어나는 현상
갱신 이상 (Update Anomaly)	릴레이션에서 튜플에 있는 속성값을 갱신할 때 일부 튜플의 정보만 갱신되며 정보에 모순이 생기는 현상

〈코드분석〉

```
int main(void)
{
    int num[2] = {10,20}; // 배열로 선언
    int *ip= &num;
    // 자료형*변수 : 포인터 변수 선언,  &변수 : 주소값
    // 포인터 변수 ip 생성 및 num 대입

    printf("%d %d",*ip+1, *(ip+1)-1);
    // 출력 시 (*변수)는 안에 대입된 다른 변수의 주소에 저장된 값을 참조
    // 1번 : ip[num[0]의 값 : 10] + 1 : 11 출력
    // 2번 : *(ip+1) [num[1]의 값] - 1 : 19 출력

    // *(ip+1)는 ip의 주소를 int형의 크기만큼
        4를 증가시켜 num[0]의 다음 주소인 num[1]의 값을 참조함
}
```

Extend	다수의 요소를 추가하여 목록을 확장시킬 때 사용하는 함수로, 리스트 확장이 목적임
Pop	리스트의 맨 마지막 요소를 돌려주고 그 요소는 삭제하는 함수로, 리스트 요소 끄집어내기가 목적임
Reverse	리스트를 순서대로 정렬한 후 역순으로 정렬하는 것이 아닌, 현재의 리스트를 그대로 거꾸로 뒤집을 때 사용하는 함수

임시 키 무결성 프로토콜 (TKIP)	• 무선 네트워킹 표준 보안 프로토콜 • IEEE 902.11의 작업 그룹과 와이파이 얼라이언스에 WEP를 하드웨어 교체 없이 대체하기 위해 고안
WEP	• 무선 LAN 표준을 정의하는 IEEE 802.11 프로토콜의 일부 • 무선 LAN 운용 간 보안 목적의 알고리즘

CLI(Command-Line Interface), CUI(Character User Interface)	• 글자를 이용해 사용자와 컴퓨터 간 소통하는 방식 • 대표적으로 cmd 등
GUI(Graphical User Interface)	• 그래픽을 이용해 사용자와 컴퓨터 간 소통하는 방식 • 그림이나 아이콘을 통해 정보를 알아볼 수 있음 • 대표적으로 Windows 등
NUI(Natural User Interface)	• 신체 움직임으로 직접적으로 소통하는 방식 • 스마트폰 등 신체를 이용한 자연스러운 행동으로 사용

정적 프로그램 분석 (Static Program Analysis)	• 실제 실행 없이 소프트웨어를 분석하는 것 • 대부분 소스코드의 버전 중 하나로 수행되며 가끔 목적 파일 형태로 분석되기도 함
동적 프로그램 분석 (Dynamic Program Testing)	• 소스코드 자체를 분석한다기보다는 일련의 시나리오를 적용하고 실행하는 과정에 문제가 있는지 확인하는 방식 • 실제 또는 가상 프로세서에서 프로그램을 실행함으로써 수행함

〈코드분석〉

```
#include <string.h> // 텍스트 관련 헤더 파일

int main(void) {

    char *str= "HelloWorld";
    // str 변수에 HelloWorld라는 문자열을 저장
    char *txt = strchr(str, 'H');
    // strchr의 역할
        "특정 문자열"에서 "찾고자 하는 문자"를 검사

    printf("출력문: %c", *txt);
    // 출력문: H
}
```

xUnit

- 다양한 코드 중심의 테스트 프레임워크이다.
- 소프트웨어의 함수, 클래스 등 서로 다른 구성 단위를 검사한다.
- 종류 : Junit(JAVA), CppUnit(C++), Nunit(.NET) 등

블랙박스 테스트 (Black Box Test)	• 사용자의 요구사항 명세를 보면서 테스트 • 주로 구현된 기능 테스트 • 소프트웨어 인터페이스에서 실시 • 테스트의 후반부에 적용 • 종류 – 균등(동치) 분할 검사(Equivalence Partitioning Testing) – 한계값(경계값) 분석(Boundary Value Analysis) – 원인-결과 그래프 검사(Cause-Effect Graphing Testing) – 오류 예측 검사(Error Guessing) – 비교 검사(Comparison Testing)
화이트박스 테스트 (White Box Test)	• 설계된 절차에 초점을 둔 구조적 테스트 • 모듈 안의 작동을 직접 관찰 • 원시 코드(모듈)의 모든 문장을 한 번 이상 실행 • 테스트의 초기에 적용 • 종류 – 기초 경로 검사(Base Path Testing) – 제어 구조 검사(Control Structure Testing) : 조건 검사(Condition Testing), 루프 검사(Loop Testing), 데이터 흐름 검사(Data Flow Testing)

〈코드분석〉

```
int main() {
    int a;
    scanf("%d", &a);          // 변수 a에 5 저장
    printf("%d", func(a));    // func 함수에 a의 값 전달

}
int func(int a) {
    if (a <= 1)               // a가 1 이하일 시
        return 1;             // 1을 반환
    return a * func(a-1);
    // 5 * func(5-1)
    //        ㄴ 4 * func(4-1)
    //              ㄴ 3 * func(3-1)
    //                    ㄴ 2 * func(2-1)
    //                          ㄴ 1 (if문 인식)
    // 120을 main의 func(a)로 반환하여 출력
}
```

〈코드분석〉

```
while (number > 0)
{
      result = result * div; // 자릿수 증가
      result = result + number % div;
      // result의 자릿수를 하나씩 증가하여
      num의 마지막 값을 누적하는 용도
      1번 루프 : result[0] + 1234 % 10 [4] => 4 저장
      2번 루프 : 40 + 3 => 43
      3번 루프 : 430 + 2 => 432
      4번 루프 : 4320 + 1 => 4321
      number = number / div;
      // 반복문을 탈출하기 위한 용도
}
```

키(key)

데이터베이스에서 조건에 만족하는 튜플을 찾거나 순서대로 정렬할 때 튜플들을 서로 구분할 수 있는 기준이 되는 속성(Attribute)을 의미한다.

후보키(Candidate Key)	• 기본키가 될 수 있는 후보키들을 의미함 • 릴레이션에 있는 모든 튜플에 대해서 유일성과 최소성 만족
	CONSTRAINT 제약조건 PRIMATY KEY (이름) 제약조건은 생략 가능
외래키(Foreign Key)	• 다른 릴레이션의 기본키를 참조하는 속성 또는 속성들의 집합 • 다른 테이블의 행을 식별하는 키
	FOREIGN KEY (외래키이름) REFERENCES (외래키테이블이름) (테이블에서의이름)

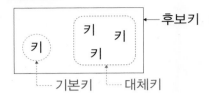

후보키

키

키

키

기본키 ⋯⋯ 대체키

후보키(Candidate Key)	• 기본키가 될 수 있는 후보키들을 의미함 • 릴레이션에 있는 모든 튜플에 대해서 유일성과 최소성 만족
기본키(Primary Key)	• 후보키 중에서 특별히 선정된 주 키(Main Key) • 중복된 값을 가질 수 없고, NULL 값을 가질 수 없음
대체키(Alternate Key)	• 후보키가 둘 이상일 때 기본키를 제외한 나머지 후보키
슈퍼키(Super Key)	• 한 릴레이션 내에 있는 속성들의 집합으로 구성된 키 • 유일성은 만족하지만 최소성은 만족하지 못함
외래키(Foreign Key)	• 다른 릴레이션의 기본키를 참조하는 속성 또는 속성들의 집합 • 다른 테이블의 행을 식별하는 키

워터링 홀(Watering Hole)

• '물 웅덩이'라는 뜻으로, 열대지방 동물들이 물의 위치를 파악하고 있는 것을 이용해 맹수들이 웅덩이 내부에서 잠복하여 먹이를 구하는 것에서 유래된 것으로 추측된다.
• 타겟의 방문 가능성이 가장 높은 사이트를 대상으로, 사이트 내 자바 스크립트와 HTML에 악성코드를 삽입하고, 타겟의 컴퓨터로 다운로드 되는 것을 기다린다.

〈코드분석〉

```c
#include <math.h> // 수학 관련 헤더 파일
int main(void)
{
    float num1 = -3.54;
    float num2 = 3.14;

    num1 = round(num1);
    // -3.54를 소수 1의 자리에서부터 반올림 = -4.000000
    num2 = round(num2);
    // 3.000000

    printf("%.3f\n", num1);
    // 자릿수를 소수 3자리까지 제한 = -4.000
    printf("%.3f\n", num2);
    // 3.000
}
```

V 모델

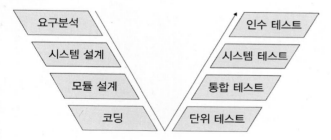

01. 차수 : 5, 카디널리티 : 4

02. a = 9
b = 9
c = 18

03. 쉘(Shell)

04. 525

05. Database Administrator

06. 물리 계층

07. 9*7*5*3*1*

08. pwd

09. ON

10. 10

11. ARP

12. DROP

13. HTTP, FTP

14. Transaction

15. 형상관리

16. 3.14

17. DCL

18. tar

19. 16

20. AS SELECT

- 속성은 5개이므로 차수는 5, 첫 행을 제외한 튜플의 수는 총 4줄이므로 카디널리티는 4이다.
- 속성(Attribute)과 튜플(Tuple)

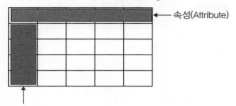

튜플(Tuple)

속성	• 컬럼 = 필드 = 열 • 속성(Attribute)의 개수 : 차수(Degree)
튜플	• 로우 = 레코드 = 행 • 튜플(Tuple)의 개수 : 카디널리티(Cardinality, 기수)

증감 연산자

- 기존의 값을 ++로 1씩 증가시키며, --로 1씩 감소시킨다.
- 결합 위치에 따라 전위 연산자와 후위 연산자로 나뉜다.

전위 연산자	• ++a / --a • 피연산자 증감 후, 연산 수행	printf("%d", ++5) → 6
후위 연산자	• a++ / a-- • 연산 수행 후, 피연산자 증감	printf("%d", 5++) → 5

〈코드분석〉

```
int a=8, b=10, c;
if(a++>=b--) {            // 8++[8] >= 10--[10], 후위이기에 변하지 않음
    c=a-b;                // c = 9 - 9, 해당 구문부터 a와 b의 값이 변화함
}
                          // 해당 if 조건은 만족하지 않습니다. 8 >= 10
else {                    // 위의 구문이 만족하지 않기에 else를 인식
    c=a+b;                // c= 9 + 9
}

printf("a=%d\n",a);       // a = 9
printf("b=%d\n",b);       // b = 9
printf("c=%d\n",c);       // c = 18
```

03번 해설

하드웨어 > 커널 > 쉘 > 사용자

커널(Kernel)	• 운영체제의 핵심(중심) • 소프트웨어와 하드웨어 간의 상호 작용을 관리하는 프로그램 • 예 게임 실행 시, 게임(소프트웨어)에서 하드웨어의 성능을 조절
쉘(Shell)	커널과 사용자 간의 대화를 가능하게 하는 명령어 해석기

04번 해설

• 사칙연산과 같이, 덧셈, 뺄셈, 곱셈, 나눗셈 등을 수행하는 연산자를 말하며, +(덧셈), −(뺄셈), *(곱셈), /(나눗셈) , %(나머지) 등이 있다.

• 예

int A = 2 + 2	A에 2가 저장
int B = 2 − 2	B에 0이 저장
int C = 2 * 2	C에 4가 저장
int D = 2 / 2	D에 1이 저장
int E = 2 % 2	E에 0이 저장

〈코드분석〉

```
for(int i=0;i<6;i++){         // 0~5, 6번 반복
    if((i+1)%2==0) {          // i가 홀수면 짝수로 인식하여 출력
        printf("%d",a[i]);    // (5 + 1) % 2 == 0

                              // i가 0일 때 +1을 인식하기 때문에 배열의 [0]번째는 인식하지 않고 [1]부터 인식,
                                 If ( 5 + 1 ) % 2 == 0을 만족하여 5가 출력
```

05번 해설

• DBA(DataBaseAdministrator) : 데이터베이스 관리자
• DBMS(DataBaseManagement System) : 관리자가 데이터베이스를 관리하는 시스템/프로그램

06번 해설

• OSI 7 계층 : 물리 → 데이터링크 → 네트워크 → 전송 → 세션 → 표현 → 응용
• 물리 계층
  − 전기적, 기계적, 과학적, 기능적 등의 특성으로 데이터를 전송하며, 단지 데이터를 전달할 뿐 데이터가 무엇인지와 에러가 있는지에 대해 관여하지 않는다(전송단위 : 비트).
  − 대표 프로토콜 : RS−232C(비동기 통신 및 직렬 통신)

switch case문(조건문)

특징	• 변수값을 확인하여, case 조건과 일치할 시 실행문을 인식 • case 조건은 콜론(:)으로 구분하며, break로 처리를 종료 • break 구문이 없으면 하단의 다른 case의 값도 인식 • default는 If문의 else와 같은 역할을 함

예시	switch(변수){
	　　case 값 :
	　　　　실행문 break;
	　　default :
	　　　　실행문 break;
	　　}

〈코드분석〉

```
for(int i=9; i>=0; i--) {          // 9~0까지 반복, 10회 반복
    switch(a[i]%2)                 // 배열의 a[9~0]값을 2로 나눈 나머지
    {
        case 1:                    // 나머지가 만약 1일 시 해당 배열값 출력
            printf("%d",a[i]);
            break;
        default:                   // 홀수는 *로 출력
            printf("*");
    }
}                                  // 9*7*5*3*1* 출력
```

pwd

- Print Working Directory
- 현재 작업 중인 디렉토리의 경로를 출력하는 명령어다.
- **예** pwd[옵션]

인덱스(INDEX)

- 인덱스란 데이터를 빠르게 찾을 수 있는 수단으로, 테이블에 대한 조회 속도를 높여주는 자료구조를 의미한다.
- 인덱스는 테이블의 특정 레코드 위치를 알려주는 용도로 사용한다.
- 테이블에서 기본키로 지정할 경우 자동으로 인덱스가 생성된다.

인덱스 생성	CREATE [UNIQUE] INDEX 〈index_name〉 ON 〈table_name〉 (〈column(s)〉);
인덱스 변경	ALTER [UNIQUE] INDEX 〈index name〉 ON 〈table name〉 (〈column(s)〉);
인덱스 삭제	ALTER TABLE 〈table_name〉 DROP INDEX 〈index name〉;

〈코드분석〉

```
#include <stdio.h>
void increase(int n) {
    n=n+1;                  // main 함수로부터 값을 받으면 1을 더하여 반환
}
                           // main 함수의 n과 increase 함수의 n은 서로 다른 변수
                              예 A동에 사는 김씨와 B동에 사는 김씨처럼 동명이인일뿐 같은 대상이 아님

int main() {
    int n=10;
    increase(n);           // 상단의 increase(10)을 대입함
                           but 반환되는 값을 저장하지 않았으므로 n의 값은 변하지 않음
                              예 i = increase(n)일 때에는 i에 반환된 값이 저장되어 i를 출력하게 되면 11이
                           되나, 위의 내용은 저장하지 않음

    printf("%n",n);        // 10 출력
    return 0;
}
```

ARP	• 주소 재해석 및 주소 결정 프로토콜 • 논리적인(IP) 주소를 이용하여 물리적인(MAC) 주소 검색 • 네트워크 계층에 속해 있으며, 데이터링크 계층의 MAC 주소와 연결
RARP	• 역순 주소 결정 프로토콜 • 물리적인(MAC) 주소를 이용하여 논리적인(IP) 주소 검색 • 네트워크 계층에 속해 있지만, ARP와는 다르게 데이터링크 계층의 MAC 주소를 이용해 네트워크 계층의 IP를 검색

		순번	성명
DELETE	테이블을 삭제하는 것이 아닌 원하는 데이터(레코드)를 삭제할 수 있는 DML 명령어 (테이블의 크기 등은 변경되지 않음)		
DROP	테이블 전체를 삭제하는 데 사용하는 DDL 명령어	✕ 완전 삭제	
TRUNCATE	DELETE와 비슷하게 테이블을 삭제하지 않고 데이터를 지우지만 데이터 공간은 삭제하는 DDL 명령어	순번	성명

OSI 7 계층	TCP/IP 4 계층	계층별 프로토콜
응용(Application)	응용(Application)	HTTP / FTP / DNS
표현(Presentation)		SMTP / SNMP / SSL
세션(Session)		telnet / DHCP / SSH
전송(Transport)	전송(Transport)	TCP / UDP
네트워크(Network)	인터넷(Internet)	ICMP / IGMP / IP / ARP
데이터링크(Data Link)	네트워크 액세스 (Network Access)	Ethernet / Token ring
물리(Physical)		Frame Relay / ATM

데이터베이스 트랜잭션(Transaction)

- 하나의 작업을 수행하기 위해 필요한 연산들의 집합이다.
- 데이터베이스에서 논리적인 작업의 단위를 의미한다.
- 트랜잭션의 특성(ACID) : 원자성(Atomicity), 일관성(Consistency), 독립성(Isolation), 지속성(Durability)

소프트웨어 형상관리(Software Configuration Management)

소프트웨어의 변경 과정과 처리 상태를 기록 및 보고하며, 부합하는 해당 사항에 대하여 추적, 통제하고 관리하여 품질 향상 및 안전성을 높이는 효과를 얻을 수 있다.

CVS	• 가장 오래된 형상관리 도구 중 하나이다. • 서버는 단순한 명령 구조를 가진다는 장점이 있지만, 텍스트 기반의 코드만 지원한다는 단점이 있다.
SVN	• CVS의 단점을 보완해 현재 가장 대중화된 도구 중 하나이다. • 다양한 GUI 도구가 존재하고 압축을 통해 서버의 공간을 절약할 수 있다는 장점을 가지고 있다.
Git	• 리눅스 커널 개발을 위해 만든 형상관리 시스템이다. • CVS와 SVN의 단점을 모두 보완한다는 장점은 있으나, 중앙집중형이 아닌 분산형 방식으로 스스로 저장공간이 필요하며 개념이 다르므로 개발자에게 학습할 시간이 필요하다.

math.h 라이브러리 함수

- M_PI : 원주율에 근사값 상수를 불러오기 위해 미리 정의되어 있다.
- M_PI 함수는 C 언어 표준이 아니기 때문에 기본적으로 사용할 수 없다.
- #define _USE_MATH_DEFINES : C 언어 실행 시 필수 선언 필요

〈코드분석〉

```
printf(".2f", M_PI);     // 3.14 출력

// 원주율(PI) 값이 저장되어 있으나,
    .2f를 통해 소수점 둘째 자리에서 반올림되어 출력
```

DCL(Data Control Language, 데이터 제어어)

COMMIT	데이터베이스 내의 모든 작업의 완료를 의미하는 명령어
ROLLBACK	작업 중 문제가 발생할 시, 처리 과정의 변경 사항을 취소하는 명령어
GRANT	계정에 대한 권한을 부여하는 명령어 ⑩ GRANT – ON – TO
REVOKE	계정에 대한 권한을 삭제하는 명령어 ⑩ REVOKE – ON – FROM

UNIX 명령어

cd	경로 변경	tar	압축 및 풀기
pwd	경로 확인	mv	파일, 디렉토리 이동
cp	파일, 디렉토리 변경	kill	프로세스 종료
vi	텍스트 에디터	who	로그인 정보 출력

〈코드분석〉

```
#include <stdio.h>
int main() {
    int sum=0;                          // 합계로 사용할 sum 변수 선언(값은 꼭 0이어야 함)
    for(int i=0;i<=4;i++) {             // 0~4까지 반복
        for(int j=0; j<=i; j++) {       // j는 i만큼 반복
                                            i가 0이면 j는 0
                                            i가 1이면 j는 0,1
                                            i가 2이면 j는 0,1,2
                                            i가 3이면 j는 0,1,2,3
                                            i가 4이면 j는 0,1,2,3,4를 반복
            if(j%2==0) {                // j가 짝수일 때 sum에 합산
                sum+=j;
            }
            else{                       // j가 홀수이면 sum에 1씩 더함
                sum++;
            }
        }
    }
    printf("%d\n",sum);                 // 0+0+1+0+1+2+0+1+2+1+0+1+2+1+4 = 16 출력
}
```

뷰(View)	• 하나 이상의 기본 테이블로부터 유도된 가상의 테이블 • 구조와 조작이 기본 테이블과 매우 유사함
뷰 생성	CREATE VIEW 뷰이름 AS SELECT 컬럼1, 컬럼2, ... FROM 테이블 WHERE 조건문;

01. 254

02. ㄱ : 결함 검토(Reviewed)
ㄴ : 결함 할당(Assigned)
ㄷ : 결함 수정(Resolved)

03. REBUILD

04. ㄱ : 제어
ㄴ : 처리

05. ㄴ, ㄷ

06. 정규화

07. 8
1

08. ㄱ : time.h
ㄴ : clock( )

09. RDBMS

10. ㄱ : 스키마
ㄴ : 인스턴스

11. 4
7

12. 지역 = '서울' and 학과 = '전산'

13. 123, 123.46

14. 물리 계층

15. Shift

16. DNS

17. 2478120000

18. private

19. SET

20. RESTRICT

- 서브넷 마스크(subnet mask)는 32비트의 숫자로 구성되며 '0'의 비트는 호스트 부분을 나타내고 '1'의 비트는 네트워크 부분을 나타낸다. 이러한 방식으로 서브넷 마스크는 IP 주소를 네트워크 및 호스트 주소와 분리한다.
- 서브넷 마스크는 기본적으로 자체 32비트 숫자를 이용하여 IP 주소를 마스킹하기 때문에 '마스크'라고 한다.
- 클래스별 서브넷 마스크와 호스트 수

클래스	서브넷 마스크	호스트 수
A클래스	255.0.0.0	$2^{24}-2$ = 약 17,000,000개
B클래스	255.255.0.0	$2^{16}-2$ = 약 65,000개
C클래스	255.255.255.0	2^8-2 = 254개

결함 관리 과정

① 결함 등록(Open) : 테스터와 품질 관리(QA) 담당자에 의해 결함이 처음 발견되어 등록되었지만, 아직 분석이 되지 않은 상태
② 결함 검토(Reviewed) : 등록된 결함을 담당 모듈 개발자, 테스터, 프로그램 리더, 품질 관리(QA) 담당자와 검토하는 상태
③ 결함 할당(Assigned) : 결함의 영향 분석 및 수정을 위해 개발자와 문제 해결 담당자에게 할당된 상태
④ 결함 수정(Resolved) : 개발자에 의해 결함이 수정 완료된 상태
⑤ 결함 조치 보류(Deferred) : 수정이 필요한 결함이지만 현재 수정이 불가능해서 연기된 상태이며 우선순위, 일정 등을 고려하여 재오픈을 준비하는 상태
⑥ 결함 종료(Closed) : 발견된 결함이 해결되고 테스터와 품질 관리(QA) 담당자에 의해 종료 승인을 한 상태
⑦ 결함 해제(Clarified) : 테스터, 프로그램 리더, 품질 관리(QA) 담당자가 결함을 검토한 결과, 결함이 아니라고 판명된 상태

- 테이블 단편화 : 데이터베이스에서 페이지의 크기가 작을수록 더 많은 페이지와 더 큰 페이지 테이블이 필요하게 되므로, 페이지 테이블이 주기억 장치 내에 존재하는 시스템에서는 더 큰 페이지 테이블 공간이 필요하여 기억장치가 낭비되는 현상
- 인덱스 재작성과 재구성의 차이

인덱스 REBUILD(재작성)	• 인덱스를 내부적으로 재생성하며 재생성이 끝나면 기존의 인덱스를 삭제한다. • 다중의 파티션에 걸쳐 있는 인덱스를 온라인 환경에서 재작성할 경우 전체 인덱스를 모두 재작성해야 한다.
인덱스 REORGANIZE(재구성)	• 인덱스를 물리적으로 재구성한다. • 기존 데이터의 변화 없이 순서를 재정렬한다.

- 제어 프로그램 : 시스템 작동 감시, 순서 지정, 데이터 관리 등의 역할을 수행하는 프로그램

감시 프로그램 (Supervisor)	• OS의 일부로서 주기억 장치 상에 상주하고 있는 프로그램 • 하드웨어가 최대한 작동되도록 시스템을 감시하는 것
작업 제어 프로그램 (Job Control Program)	• 연속 처리를 위한 스케줄 및 시스템 자원 할당 등을 담당 • 각종 처리 프로그램의 실행과 기억 장소나 데이터 제어 또는 연속 처리 작업의 스케줄 등을 감시하는 기능을 수행
데이터 관리 프로그램	• 주기억 장치와 보조 기억 장치 사이의 자료 전송, 파일의 조작 • 입출력 자료와 프로그램 간의 논리적 연결 등을 처리할 수 있도록 관리

- 처리 프로그램 : 제어 프로그램의 지시를 받아 사용자가 요구한 문제를 해결하기 위한 프로그램

서비스 프로그램 (Service Program)	효율성을 위해 사용 빈도가 높은 프로그램
문제 프로그램 (Problem Program)	특정 업무 해결을 위해 사용자가 작성한 프로그램
언어 번역 프로그램 (Language Translator Program)	어셈블러, 컴파일러, 인터프리터

ㄱ. CD-ROM 드라이브는 표시되어 있지 않음
ㄹ. 드라이브 종류에 대해서는 명시되어 있지 않음

이상 (Anomaly)	• 데이터 중복성에 의해서 릴레이션 조작 시 예기치 못한 곤란한 현상 또는 데이터 불일치 현상 • 종류 : 삽입 이상, 삭제 이상, 갱신 이상 • 이상을 해결하기 위해서는 정규화를 실행하여 테이블 내의 데이터 중복을 제거
정규화 (Normalization)	• 이상 현상이 있는 릴레이션을 분해하여 이상 현상을 없애는 과정 • 관계형 데이터베이스의 설계에서 중복을 최소화하게 데이터를 구조화

sizeof : 메모리 공간에서 소모하는 메모리의 크기를 바이트 단위로 계산해서 반환하는 연산자

자료형		크기
정수형	Char	1바이트
	Short	2바이트
	Int	4바이트
	Long	4바이트
	long long	8바이트
실수형	float	4바이트
	double	8바이트
	long double	8바이트 이상

time.h	시간, 날짜에 대한 함수를 가지고 있는 C 언어 표준 라이브러리
clock( )	CPU의 클럭수로 시간을 측정하는 함수
time( )	시스템의 시간을 사용하는 함수

관계형 데이터베이스 관리 시스템(RDBMS, Relational Database Management System)

• 가장 보편화된 데이터베이스 관리 시스템이다.
• 데이터를 저장하는 테이블의 일부를 다른 테이블과 상하 관계로 표시하며 상관 관계를 정리한다.
• 변화하는 업무나 데이터 구조에 대한 유연성이 좋아 유지 관리가 용이하다.

Oracle	• 미국 오라클사에서 개발한 데이터베이스 관리 시스템으로, 유료이다. • 리눅스, 유닉스, 윈도우 모두를 지원하며 대형 시스템에서 많이 사용한다.
SQL Server	• 마이크로소프트사에서 개발한 관계형 데이터베이스 시스템이다. • 마이크로소프트사 제품이기 때문에 윈도우 서버에서만 구동이 되며, 마이크로소프트사의 개발 언어인 C# 등과 가장 잘 호환된다.
MySQL	• 썬 마이크로 시스템에서 소유했던 관계형 데이터베이스 시스템이었으나 오라클에서 인수하였다. • 리눅스, 유닉스, 윈도우에서 모두 사용이 가능하고 오픈 소스 기반으로 개발되었다.
Maria DB	• MySQL 출신 개발자가 만든 데이터베이스이다. • MySQL과 완벽히 호환된다.

릴레이션 스키마	관계 데이터베이스의 릴레이션이 어떻게 구성되는지, 어떤 정보를 담고 있는지에 대한 기본적인 구조를 정의한다. 테이블에서 스키마는 테이블의 첫 행인 헤더에 나타나며 각 데이터의 특징을 나타내는 속성, 자료 타입 등의 정보를 담고 있다.
릴레이션 인스턴스	정의된 스키마에 따라 실제로 저장되는 데이터의 집합을 의미한다.

〈코드분석〉

```
public static void main (String[] args) {
    int num1 = 3;
    int num2 = 7;
    if(++num1 < 5 || ++num2 > 8) {        // 전위 연산자로 조건문 안에서 4 < 5 or 8 > 8로 조건연산
        System.out.println(num1);          // 위 if문 안에서 OR 조건 만족으로 num1은 전위 연산이 실행되지만
                                           // 뒤 num2는 앞 조건이 만족하므로 실행되지 않아 변화되지 않는다.
    }
    System.out.println(num2);
}
```

if문 안에서 OR 조건일 경우 하나의 조건이라도 만족하여 참이 되면, 뒤에 있는 논리 값들은 검사하지 않고 참 부분을 실행하기 위해 건너뛴다.

• 일반 검색
  – SELECT [field name]
  – 결과 : 성적 테이블에서 점수가 70 이하인 대상의 이름을 불러옴(결과값의 열이 하나)

```
SELECT 이름
FROM 성적
WHERE 점수 <= 70;
```

• 복수 열 검색
  – SELECT [field name1], [field name2]...
  – 결과 : 성적 테이블에서 점수가 70 이하인 대상의 이름과 등급을 불러옴(결과값의 열이 둘)

```
SELECT 이름, 등급
FROM 성적
WHERE 점수 <= 70;
```

〈코드분석〉

```
int main(void) {
    int a = 200;                    // 정수형 입력
    float b = 123.456f;             // 실수형 입력
    a = (int)b;
    printf("%d, %3.2f", a, b);      // %d는 정수형 출력
                                    // %3.2f는 소수점 앞 3자리와 소수점 뒤 2자리로 반올림하여 표시

    return 0;
}
```

응용	파일 전송, 원격 접속, 메일 서비스 등의 응용 서비스를 담당하며 여러 가지 서비스(인터페이스)를 제공
표현	송신자측에서 수신자측에 맞는 형태로 데이터를 변환(번역)하고, 수신측에서는 다음 계층에 맞는 형태로 변환
세션	응용 프로그램 간의 통신에 대한 제어 구조를 제공하기 위해 응용 프로그램 간의 접속을 연결, 유지, 종료시켜 주는 역할 수행
전송	프로토콜(TCP, UDP)과 관련된 계층으로 오류 제어 및 흐름 제어 등을 담당하며, 두 시스템을 연결하여 신뢰성 있는 데이터 전송
네트워크	논리적 주소(IP 주소)를 이용 최적의 경로를 선택하며, 데이터가 전송될 수신측 주소를 확인하여 일치하면 다음 계층으로 전송
데이터링크	오류와 흐름을 제거하여 물리적 링크를 통해 프레임 단위로 데이터를 신뢰성 있게 전송하기 위해 계층 물리적 주소(MAC 주소) 관리
물리	실제 장비들을 연결하기 위한 기계적, 전기적, 기능적, 절차적 특성 정의

휴지통을 거치지 않고 바로 삭제하는 방법

- 단축키 : Shift + Delete 키
- 휴지통 드래그 시 Shift 누르면서 드롭
- 휴지통의 설정을 이용하여 '휴지통에 버리지 않고 바로 삭제' 옵션 이용
- 휴지통의 설정을 이용하여 휴지통의 크기를 0으로 설정
- 다른 네트워크 상에서나 다른 드라이브에서 삭제할 경우
- DOS에서 삭제할 경우

도메인 네임 시스템(DNS, Domain name System)

- 호스트의 도메인 이름을 호스트의 네트워크 주소로 바꾸거나 그 반대의 변환을 수행할 수 있도록 하기 위해 개발되었다.
- 특정 컴퓨터(또는 네트워크로 연결된 임의의 장치)의 주소를 찾기 위해, 사람이 이해하기 쉬운 도메인 이름을 숫자로 된 식별 번호(IP 주소)로 변환해 준다.

〈코드분석〉

```
public static void main (String[] args){
    int[] num = {2, 4, 7, 8, 1, 2};          // 6개의 정수가 선언
    int[] numb = new int[10];                 // 10개의 공간을 설정

    for(int i=0; i<num.length; i++)           // 0부터 num의 길이, 즉 6까지 numb 배열의 입력
        numb[i] = num[i];
    for(int i=0; i<numb.length; i++)          // 0부터 numb의 길이, 즉 10까지 출력
        System.out.printf("%d", numb[i]);     // 이때 6개 이외에 입력값은 입력되지 않아서 기본값 0 출력
}
```

제어자 (modifier)	• 클래스, 변수, 메서드의 선언부에 사용되어 부가적인 의미를 부여한다. • 하나의 대상에 여러 개의 제어자를 조합해서 사용할 수 있으나, 접근 제어자는 단 하나만 사용할 수 있다.	
	접근 제어자	public, protected, default, private
	그 외 제어자	static, final, abstract, native, transient, synchronized, volatile, strictfp
접근 제어자 (access modifier)	• 멤버 또는 클래스에 사용되어 외부에서 접근하지 못하도록 제한한다. • 클래스, 멤버 변수, 메서드, 생성자에 사용되고, 지정되어 있지 않다면 default임을 뜻한다.	
	public	접근 제한이 전혀 없다.
	protected	같은 패키지 내에서, 다른 패키지의 하위 클래스에서 접근이 가능하다.
	default	같은 패키지 내에서만 접근이 가능하다.
	private	같은 클래스 내에서만 접근이 가능하다.

DML(Data Manipulation Language)

• 데이터를 검색, 갱신, 삭제, 삽입하는 등 저장된 데이터를 실질적으로 처리하는 조작 언어
• 종류 : SELECT, UPDATE, DELETE, INSERT문

검색(SELECT)	SELECT 컬럼명 FROM 테이블명
갱신(UPDATE)	UPDATE 테이블명 SET 컬럼명 = 수정값
삭제(DELETE)	DELETE [FROM] 테이블명
삽입(INSERT)	INSERT INTO 테이블명 VALUES 입력값1, 입력값2, …

RESTRICT	• 제한, 한정 • 개체를 변경 또는 삭제할 때 대상 개체가 다른 개체를 참조하고 있을 경우 변경 또는 삭제 취소
CASCADE	• 종속 • 개체를 변경 또는 삭제할 때 대상 개체가 다른 개체를 참조하고 있을 경우 연쇄적으로 함께 변경 또는 삭제

01. 0018

02. ①

03. 0
1
2
3

04. ③

05. 7

06. 참조 무결성

07. 0

08. ⑤

09. 튜플(Tuple)

10. MAX의 값은 100

11. ① 1
② 2

12. incentive >=500 또는 incentive > 499 또는 bonus.incentive>= 500 또는 bonus.incentive> 499

13. 스풀(SPOOL) 또는 스풀링(Spooling)

14. IP 주소

15. 255.255.255.0

16. 인터넷 계층

17. ① TABLE
② PRIMARY
③ FOREIGN

18. 4

19. AND

20. 720

- 진수 변환(2진수, 8진수, 10진수, 16진수)
  - 프로그래밍에서는 기본적으로는 10진 형태의 숫자를 사용
  - 다른 진수로 표현하기 위해서는 0b, 0, 0x와 같은 문자를 접두사로 사용
  - 예시

  - 2진수 = 0b1001
  - 8진수 = 067(파이썬 등의 언어에서는 0o로 사용)
  - 16진수 = 0xA2

- 진수 입·출력(10진수, 8진수, 16진수)
  - scanf나 printf에서 사용하는 진수 사용법의 예시

  - 10진수 = %d
  - 8진수 = %o
  - 16진수 = %x

〈코드분석〉

```
char num = 0x06;  // 16진수 6 입력
System.out.printf("%04X", num << 2);
                  // 0 0 0 0 0 1 1 0
                  // 0 0 0 1 1 0 0 0 = 10진수 24
                  // 출력 시 %04X는 4자리의 16진수로 출력
                  // 10진수 24는 16진수 18
                  // 0018
```

DCL(Data Control Language, 데이터 제어어)

COMMIT	데이터베이스 내의 모든 작업의 완료를 의미하는 명령어
ROLLBACK	작업 중 문제가 발생할 시, 처리과정의 변경 사항을 취소하는 명령어
GRANT	계정에 대한 권한을 부여하는 명령어 GRANT − ON − TO
REVOKE	계정에 대한 권한을 삭제하는 명령어 REVOKE − ON − FROM

- 배열(Array) : 같은 자료형을 가진 값들을 하나의 변수에서 사용하는 집합

```
Array [사용할 공간 선언] = {Value1, Value2 …}
          ↳ 0부터 시작
```

- JAVA 출력문
  - print("출력내용") : 자동개행 안 함
  - println("출력내용") : 자동개행
  - printf("서식", 값 …)

```
int arr[]={0,1,2,3};          // arr 배열 입력
for(int num: arr)             // 배열의 처음부터 끝까지 반복
    System.out.println(num);  // num 출력 후 줄바꿈
```

04번 해설

SQL

- ALTER
  - 데이터베이스 내의 릴레이션(테이블)의 컬럼을 변경하는 명령어
  - 예시

```
ALTER TABLE 테이블명 ADD 컬럼명 데이터타입
// ALTER ADD : ALTER문의 열 추가
```

```
ALTER TABLE 테이블명 MODIFY 컬럼명 데이터타입
//ALTER MODIFY : ALTER문의 타입 변경
```

- UPDATE
  - 릴레이션 내의 데이터를 수정하는 명령어
  - 예시

```
UPDATE 테이블명 SET 컬럼명 = 수정값;
```

05번 해설

〈코드분석〉

```
int length = 0;
char str[50];
gets(str);                    // Korea50 입력

for(int i=0; str[i]; i++)     // i=0부터 str의 크기 6만큼 반복
{                             // int i=0 ; i<=6
    length +=1;               // length 누적
}
printf("%d", length);
```

무결성 : 데이터베이스에 저장된 데이터 값과 그것이 표현하는 현실 세계의 실제 값이 일치하는지의 정확성을 의미한다.

개체 무결성	릴레이션에서 기본키를 구성하는 속성은 null 값이나 중복값을 가질 수 없다.
도메인 무결성	특정 속성의 값은 그 속성이 정의된 도메인에 속한 값이어야 한다
널 무결성	릴레이션의 특정 속성값은 Null이 될 수 없다.
참조 무결성	외래키값은 Null이거나 참조 릴레이션의 기본키값과 동일해야 한다. 즉 릴레이션은 참조할 수 없는 외래키값을 가질 수 없다.
고유 무결성	릴레이션의 특정 속성에 대해서 각 튜플이 갖는 값들이 서로 달라야 한다.
키 무결성	하나의 테이블에는 적어도 하나의 키가 존재해야 한다.

〈코드분석〉

```
int main(void)
{
    printf("%d", num);  // 0이 출력되는 이유
    grow();             // 함수 호출도 출력 구문 후에 있고
    return 0;           // 함수에도 return값 없음
}
int grow(void)
{
    num = 16448000;
}
```

• 16448000 출력 코드

```
int main(void)
{
    num= grow();
    printf("%d", num);
    return 0;
}
int grow(void)
{
    num= 16448000;
    return num;
}
```

테스트 목적에 따른 테스트 종류

회복(Recovery)	시스템에 실패를 유도하고 시스템의 정상적 복귀 여부를 테스트하는 기법
안전(Security)	불법 소프트웨어가 접근하여 파괴하지 못하도록 소스 코드 내의 보안 결함을 미리 점검하는 기법
강도(Stress)	과다 정보량을 입력하여 과부하 시에도 정상적으로 작동하는지를 검증하는 기법
성능(Performance)	사용자의 실행에 응답하는 시간, 시간 내에 처리하는 업무량, 요구에 반응하는 속도 등을 측정하는 기법
구조(Structure)	내부 논리 흐름에 따라 테스트 케이스를 작성하고 결함을 발견하는 기법
회귀(Regression)	변경 또는 수정된 코드에 새로운 결함 여부를 평가하는 기법
병행(Parallel)	변경된 시스템과 기존 시스템에 동일한 자료를 입력 후 결과를 비교하는 기법

릴레이션(Relation)	• 행과 열로 구성되어 있는 표, 즉 테이블을 의미한다. • Relationship(관계)와 구분해서 기억하는 것이 좋다.
튜플(tuple)	• 릴레이션을 구성하는 각각의 행을 의미한다. • 데이터베이스 내의 주어진 목록과 관계 있는 속성값의 모음 또는 관련 테이블에서 행한 수치 이상으로 혼합된 자료 요소이다. • 튜플의 수를 카디널리티(Cardinality) 또는 기수라고 한다.
속성(attribute)	• 하나의 릴레이션은 어떤 개체(entity)를 표현하고 저장하는 데 사용되는데, 이때 개체는 사물이 될 수도 추상적인 개념이 될 수도 있다. • 데이터 안에서 정보 항목으로 더 이상 분리될 수 없는 최소의 데이터 보관 단위이다. • 속성(어트리뷰트)의 수를 디그리(Degree) 또는 차수라고 한다.

〈코드분석〉

```
int max=100;  // 전역변수 선언

int main(void) {
    int num= 99;
    if(num >= max) // num(99) >= max(100) 비교
        printf("MAX가 큽니다.");
    else // 조건이 성립되지 않아 아래 구문 출력
        printf("MAX의 값은 %d", max);
}
```

11번 해설

Windows 10 Home과 Pro의 차이점

- 보안성 : BitLocker 장치 암호화 기능과 WIP(Windows Information Protection)은 Pro만 사용 가능
- 원격제어 : Home 버전은 원격제어를 받는 것만 지원하지만 Pro는 원격지원 및 제어 가능
- H/W 지원 : Home은 최대 CPU 소켓은 1개, RAM은 128GB까지 인식하지만, Pro는 최대 CPU 소켓은 2개, RAM은 2TB(2048GB)까지 인식 가능

12번 해설

DML(Data Manipulation Language, 데이터 조작어)

- SELECT : 데이터베이스 내의 데이터를 조회 및 검색하는 명령어

```
SELECT 컬럼명 From 테이블 WHERE 조건;
```

- 명령어 분석
  - 해당 답안에서는 500 이상으로 >= 500뿐만 아니라 > 499도 가능하며 테이블이 단독일 때에도 필드명 앞에 테이블명을 삽입할 수 있다.
  - 가능한 답안

```
incentive >= 500
incentive > 499
bonus.incentive >= 500
bonus.incentive > 499
```

13번 해설

- 스풀 : Simultaneous Peripheral Operation On-Line의 줄임말로 컴퓨터 시스템에서 중앙처리장치와 입출력장치가 독립적으로 동작하도록 함으로써 중앙처리장치에 비해 주변장치의 처리속도가 느려서 발생하는 대기시간을 줄이기 위해 고안된 기법
- 스풀링 : 스풀을 적용하는 것 또는 스풀을 위해 마련된 저장공간을 채우는 동작
- 스풀러 : 대기열 관리 프로그램 또는 인쇄 관리 소프트웨어를 우선순위를 작업에 할당할 수 있게 하고, 인쇄할 때 사용자에게 알리며, 프린터끼리 서로 작업을 나누는 등의 일을 담당

14번 해설

- IP주소(IP address)
  - 컴퓨터 네트워크에서 장치들이 서로를 인식하고 통신을 하기 위해서 사용하는 특수한 번호이다.
  - IPv4주소를 주로 사용하나 이 주소가 부족해짐에 따라 IPv6주소가 점점 사용되는 추세이다.
- IP(Internet Protocol) : 인터넷 규약
  - 정보를 주고받는 데 사용하는 정보 위주의 규약이다.
  - OSI 네트워크 계층에서 호스트의 주소 지정과 패킷 분할 및 조립 기능을 담당한다.

네트워크 클래스(Classful network) : 네트워크 단말의 증가로 가용 가능한 IPv4의 주소가 부족해졌고, 이에 사용 목적에 따라 IP의 대역대를 나누어 각 규모에 따라 관리하기 쉽게 표현한 것

Class	IP주소의 첫 번째 옥탯	사용 목적	이론적 IP 주소 범위
A class	0xxx xxxx	대륙 안 통신	0.0.0.0 ~ 127.255.255.255
B class	10xx xxxx	국가 안 통신	128.0.0.0 ~ 191.255.255.255
C class	110x xxxx	기업 안 통신	192.0.0.0 ~ 223.255.255.255
D class	1110 xxxx	그룹 통신	224.0.0.0 ~ 239.255.255.255
E class	1111 xxxx	연구용 통신	240.0.0.0 ~ 255.255.255.255

OSI 7 계층	TCP/IP 4 계층
응용(Application) 표현(Presentation) 세션(Session)	응용(Application)
전송(Transport)	전송(Transport)
네트워크(Network)	인터넷(Internet)
데이터링크(Data Link) 물리(Physical)	네트워크 액세스 (Network Access)

키(key)

• 기본키 : 후보키 중 선정(Not Null, 중복 불가), 대표키

```
CONSTRAINT 제약조건 PRIMATYKEY (이름)    // 제약조건은 생략 가능
```

• 외래키 : 다른 테이블의 행을 식별하는 키

```
FOREIGN KEY 외래키이름 REFERENCES 외래키테이블이름 (테이블에서의이름)
```

윈도우 단축키

- ⊞+1~0까지의 숫자로 작업 표시줄에 있는 단축 아이콘을 실행할 수 있다.
- 이때 검색 단추와 작업 보기 단추는 제외한 아이콘 첫 번째부터 1번으로 시작한다.
- ⊞+T 단축키를 이용하여 순차대로 진행하며 직접 선택하여 실행도 가능하다.

- DML(Data Manipulation Language, 데이터 조작어)

SELECT	데이터베이스 내의 데이터를 조회 및 검색하는 명령어 예 SELECT 컬럼명 From 테이블 // WHERE : SQL 기본 조건문
INSERT	릴레이션 내의 데이터를 삽입하는 명령어 예 INSERT INTO 테이블명 VALUES 입력값1, 입력값2 …
UPDATE	릴레이션 내의 데이터를 수정하는 명령어 예 UPDATE 테이블명 FROM 컬럼명 = 수정값
DELETE	릴레이션 내의 데이터를 삭제하는 명령어 예 DELETE [FROM] 테이블명

- WHERE 조건

AND	작성된 조건 모두를 만족하여야만 출력
OR(IN)	작성된 조건 중 하나라도 조건이 만족되면 출력
NOT	후에 작성되는 조건을 부정

〈코드분석〉

```
int main()
{
    int num = 1;
    for(int i=1; ; i++) // 중간에 공백으로 무한루프
    {
        num = num* i;
        if(i> 5)
            break;        // 조건을 만족하였을 때 탈출 i = 6
    }
    printf("%d", num);
}
```

01. *naslu*

02. 프로세스

03. DROP

04. ① 비트(bit)
    ② 패킷(Packet)

05. HTTPS

06. 34

07. 도메인

08. ㄱ, ㄴ

09. 2

10. INSERT

11. 200

12. HTTP, FTP, DNS

13. ls

14. 235

15. SET

16. D

17. ALTER

18. CREATE, DROP

19. 슈퍼키

20. KOREA

〈코드분석〉

```
String str= "*ulsan*";        // str에 *ulsan* 문자열 대입
int n = str.length();         // str의 길이만큼 정수 대입
                              //    *ulsan*의 개수 → 7 대입
char[] arr= new char[n];      // 단일 문자용 배열 생성
n--;                          // 7-(증감 연산자) → 6

for(int k=n; k>=0; k--)       // 6~0까지 반복
    arr[n-k] = str.charAt(k);
    // arr[6-6] =*, arr[6-5] = n,
    //    arr[6-4] = a ... 역순으로 대입
for(char k : arr)
    System.out.printf("%c", k);
// arr(배열)의 값을 k에 가져올 수 있는 만큼 반복
   ≒ Python의 for k in [list]
// 첫 번째 k에 가져오는 값은 arr의 첫 번째 값
   * , n, a, s, l, u , * 순으로 출력
```

프로세스(Process)

- CPU 등을 통해 처리하는 유틸리티나 시스템 소프트웨어 등의 프로그램으로, 실행시키기 위해 준비된 프로그램 및 실행 중인 프로그램을 지칭한다(≒ JOB, TASK).
- 비동기적 행위(연속적, 규칙적이지 않고 독립적으로 처리)이다.

		순번	성명
DELETE	• 테이블을 삭제하는 것이 아닌 원하는 데이터(레코드)를 삭제할 수 있는 명령어 • 테이블의 크기 등은 변경되지 않음		
DROP	테이블 전체를 삭제하는 데 사용하는 명령어	✕ 완전 삭제	
TRUNCATE	DELETE와 비슷하게 테이블을 삭제하지 않고 데이터를 지우지만 기존의 데이터 공간은 삭제	순번	성명

응용(Application)	사용자 인터페이스, 응용 프로그램
표현(Presentation)	데이터 포맷, 암호화
세션(Session)	연결 유지
전송(Transport)	데이터 흐름 제어, HTTP 요청을 담은 세그먼트 전송
네트워크(Network)	논리적 주소 관리, 경로 설정, 패킷 단위 전송
데이터링크(Data Link)	물리적 주소 관리, 프레임 전송(다양한 프로토콜 지원), 에러 ×, 오류 검출
물리(Physical)	네트워크의 물리적 구조(케이블, 신호 방식)

- HTTP(Hyper Text Transfer Protocol)
  - 하이퍼텍스트(Hyper Text)를 전송(Transfer)하기 위해 사용하는 프로토콜
  - TCP/IP 포트 번호 : 80
- HTTPS(HTTP Secure)
  - HTTP의 보안이 강화된 프로토콜(Secure Socket을 추가)
  - http://가 아닌 https://를 사용
  - TCP/IP 포트 번호 : 443

강제 형 변환(명시적 변환)

- 개발자가 직접 자료형을 변환하는 작업
- (바꿀 자료형) 변수;

```
1   ex) double num = 5.125;
2       System.out.println(num);        // 결과 : 5.125
3       System.out.println((int)num);   // 결과 : 5
```

→ double(실수)의 데이터를 int(정수)로 변환하면서 기존의 데이터 손실 발생

```
1   ex) int num = 5;
2       System.out.println(num);           // 5
3       System.out.println((double)num);   // 5.0
```

→ int(정수)의 데이터를 double(실수)로 변환 시 데이터 유지

엔티티(Entity)	• 사람, 장소, 물건, 사건, 개념과 같은 명사에 해당한다. • 저장하기 위한 어떤 것에 해당한다. • 객체, 실체와 같이 표현한다.
속성(Attribute)	데이터 베이스를 구성하는 가장 최소의 논리적 단위이다.
도메인(Domain)	• 속성의 값, 타입, 제약 사항 등에 대한 값의 집합이다. • 도메인은 각 값은 더 이상 분리할 수 없는 원자값이어야 한다.

인수 테스트

• 시스템 인수를 위해 기능적/비기능적 요구사항을 사용자가 테스트하여 오류가 발생하는지 확인하는 테스트
• 인수 테스트의 종류

공개 테스트	• 사용자 인수 테스트 : 사용자가 시스템 사용의 적절성을 직접 확인 • 운영 인수 테스트 : 관리자에 의해 수행 및 백업, 복원 등의 테스팅하는 작업 • 계약 인수 테스트 : 맞춤식 개발형 소프트웨어가 계약상의 조건을 준수하는지 확인 • 규정 인수 테스트 : 지침, 법률 등의 정해진 규정을 확인하는 테스트
비공개 테스트	• 알파 테스트 : 개발조직 내의 테스트로 실제 환경과 동일한 환경을 조성하여 테스트 • 베타 테스트 : 사용자 환경에서 진행하여 사용자가 문제를 보고하여 이를 통한 피드백을 통해 확인

〈코드분석〉

```
int sub(int a, int b)  ② main으로부터 a = 8, b = 3
{
    return a%b;  ③ 8 % 3을 main으로 return시킴
}

int main(void)
{
    int c = sub(8,3);
    ① sub 함수 8과 3을 전달 및 c에 저장
    printf("%d", c);  ④ 2를 출력

    return 0;
}
```

DML(Database Manipulation Language)

· 검색

```
SELECT column_name FROM table_name;
```

· 삭제

```
DELETE column_name FROM table_name;
```

· 갱신

```
UPDATE table_name
    SET column1 = value1, column2 = value2 …;
```

· 추가

```
INSERT INTO table_name(col1, col2 …
                            VALUES(value1, value2 …);
```

삼항 연산자

· 조건에 부합할 경우 True와 False에 지정한 값을 출력하는 구문
· 구문

```
조건 ? True : False
// ?= 조건과 값을 구분
// := 값1과 값2 구분
```

· 예시

```
int a = 10; int b = 3;
char result;                    // 출력내용 : 단일문자
result = num1 > num2 ? 'A' : 'B'
printf("%c", result);          // 'A' 출력
```

〈코드분석〉

```
int a = 10;
int b = 20;
System.out.printf("%d", a>b ? a+b: a*b);
// 10 > 20 (조건 불부합) a * b만을 인식
// 10 * 20 → 200 출력
```

응용(Application)	HTTP, FTP, SSH, TELNET, DNS
표현(Presentation)	XDR
세션(Session)	NET BIOS, TLS
전송(Transport)	TCP, UDP, RTP
네트워크(Network)	IP, ARP, ICMP, IGMP
데이터링크(Data Link)	PPP, Ethernet, Tokenring
물리(Physical)	COAX, Fiber

Unix(Linux)와 Windows(MS-DOS) 명령어 비교

구분	UNIX	MS-DOS
경로 변경	cd	
목록 보기	ls	dir
속성, 권한 변경	chmod	attrib
파일 삭제	rm	del
이름 변경, 파일 이동	mv	ren

배열(Array)

• 같은 자료형을 가진 변수들의 집합이다.

```
Array [index_number] = {Value1, Value2 …}
       ↳ 선언 시에는 개수, 출력 및 호출 시에는 0부터 시작
```

• 예시

```
int num[5] = {1,2,3,4,5}   // 5개의 공간 할당
// num[0] = 1이 대입, num[1] = 2, … num[4] = 5
```

〈코드분석〉

```
int num[10] = {29,24,56,42,35,41,64,79,51,14};
                        // [0] = 29, [1] = 24, [2] = 56 …
int sum = 0; int i;

for(i=0; i<9; i=i+2)        // i는 0, 2, 4, 6, 8 순으로 증가
    sum = sum + num[i];     // sum에 누적
printf("%d", sum);
                        // 0(sum) + 29 + 56 + 35 + 64 + 51 → 235 출력
```

DML(Database Manipulation Language)

• 검색

```
SELECT column_name FROM table_name;
```

• 삭제

```
DELETE column_name FROM table_name;
```

• 갱신

```
UPDATE table_name
    SET column1 = value1, column2 = value2 …;
```

• 추가

```
INSERT INTO table_name(col1, col2 …
                    VALUES(value1, value2 …);
```

Windows 단축키

E	윈도우 탐색기 실행		D	바탕화면 보기		P	다중 디스플레이 조정
R	윈도우 실행창 실행		M	모든 창 최소화		Pause	시스템 구성요소 확인
S	검색		L	사용자 전환 / 윈도우 잠금			

DDL(Data Definition Language)

• 데이터베이스 구조를 정의하는 언어이다.
• 데이터를 생성(CREATE), 수정(ALTER), 삭제(DROP)하는 등 데이터 전체의 구조를 결정하는 역할을 한다.

종류	구분	역할
CREATE	생성	객체 생성
ALTER	수정	객체 수정
DROP	삭제	객체 삭제
TRUNCATE		객체 내용 삭제(초기화)

- DDL(Data Definition Language)

CREATE	객체 생성
ALTER	객체 수정
DROP	객체 삭제
TRUNCATE	객체 내용 삭제(초기화)

- DML(Database Manipulation Language)

INSERT	데이터 삽입
UPDATE	데이터 갱신
DELETE	데이터 삭제
SELECT	데이터 검색

- DCL(Database Control Language)

GRANT	권한 생성
REVOKE	권한 제거
COMMIT	작업 완료
ROLLBACK	작업 복구

키(Key, 무언가를 식별하는 고유한 식별자)

- 후보키(Candidate Key) : 유일성과 최소성을 만족하는 속성들의 집합
- 기본키(Primary Key) : 후보키 중 선정된 키로 중복값 입력이 불가능하고, Null 값을 가질 수 없음
- 슈퍼키(Super Key) : 유일성 만족, 최소성 불만족하는 속성들의 집합
- 대체키(Alternate Key) : 후보키 중 기본키로 선택되지 못한 후보키들
- 외래키(Foreign Key) : 다른 테이블의 행을 식별하는 키

〈코드분석〉

```c
#define func1 0              // func1에 0을 대입
#define func2 1              // func2에 1을 대입
int main(void)
{
    int num = 83;            // num에 83을 대입
    if(num%2 == func1)       // 83%2 == 0과 같으면
        printf("HRD");       // HRD 출력
    else if(num%2 == func2)  // 83%2 == 1과 같으면
        printf("KOREA");     // KOREA 출력
    else                     // 위의 조건 불만족 시에
        printf("1644-8000"); // 1644-8000 출력
}
// 83을 2로 나누었을 시 나머지가 1과 같으므로 KOREA를 출력합니다.
```

01. 8 × 5 = 40

02. ①, ④, ⑤

03. int i=1; i<=100; i++

04. 윈도우 키+[E]

05. 5 4 3 2 1

06. 3개

07. 해설 참고(다중 답안이 가능한 문제)

08. 블랙박스 테스트

09. HTTP

10. JOIN / OUTER JOIN

11. ALTER

12. 58

13. 전송 계층

14. WHERE, GROUP BY, HAVING

15. GUI

16. 수정 완료(결함 수정, 조치 완료)

17. 18000

18. JSON

19. MODIFY

20. 4

반복문

- 특정한 내용을 반복적으로 수행하기 위한 구문이다.
- 대표적으로 for, while, do while 등이 있다.
- 예시

```
for(기준값; 조건; 증감) { 실행문 }
```

〈코드분석〉

```
int i, j;
for(i=2; i<=4; i++) {
    for(j=5; j<=7; j++) {
    }
}
  // for문은 반복이 끝난 후, 증감 진행(i++, j++)
printf("%d × %d = %2d", j, i, i*j);
return 0;
```

〈반복문 진행〉

```
i=2 j=5, 6, 7
i=3 j=5, 6, 7
i=4 j=5, 6, 7
i=5, j=8
```

- 결함이란 개발자가 설계한 의도와 다른 동작 및 결과를 발생시키는 것으로, 내용은 기술명세서에 모두 작성되어 있으며, 기능의 수행 가능 여부 등도 포함하고 있다.
- 문제의 ②, ③과 같이 불가능한 기능 혹은 명시되어 있지 않은 기능은 수행되지 않는다고 해도 결함으로 구분할 수 없다.

for문(반복문)

- 특정한 내용을 지정 횟수만큼 반복 수행하기 위한 구문이다.
- for문 앞(외부)에서 변수의 자료형을 선언하지 않았다면 for문 내부에서 선언해야 한다.

  − 외부에서 선언 시

```
int i;
for(i=1; i<5; i++)
    {    실행문    }
```

  − 내부에서 선언 시

```
for(int i=1; i<5; i++)
    {    실행문    }
```

〈코드분석〉

```
int sum=0;                    // 누계를 구할 sum 변수 선언
                              // 값을 지정하지 않을 시, 쓰레기 값이 나오기 때문에
                                 0으로 설정한다.

for(int i=1; i<=100; i++) {   // 순서도 기준 1 => int i=1; (※ int 필수 기입)
    sum = sum + i;            // 100까지 반복 => i<=100;
}                             // 기준의 증감을 위해 => i++
System.out.println(sum);      // for문 밖에서 한 번 출력
```

Windows 단축키

- 단축키 : Ctrl , Shift , Alt 등의 조합키와 그 외의 키를 결합하여 특정 기능을 빠르게 쓰는 키를 의미한다.
- 주요 단축키

■+L	사용자 로그오프
■+S	검색
■+D	바탕화면 표시
■+M	모든 창 최소화
■+Shift+M	최소화 복구
■+Pause	시스템 등록 정보
■+E	파일 탐색기 실행
■+R	실행 창
■++, −	돋보기 기능(화면 확대, 축소)

재귀 함수란 하나의 Method(함수)에서 자기 자신을 다시 호출하여 해당 구문을 다시 수행하는 함수이다.

〈코드분석〉

```
int hdr(int num) {        // hdr(5) 대입
    if(num <= 0)          // num의 값이 0과 같으면 부합하여 인식
        return;           // 반환 없이 함수 종료
    printf("%d ", num);  // num의 값 출력
    hdr(num-1);           // 기존의 값을 1 감소시키며, hdr 함수를 호출
}

void main() {
    hdr(5);               // hdr 함수 호출
    return 0;
}
```

- 속성 :

- 튜플 :

- 릴레이션의 속성(Attribute)의 개수를 차수(Degree)라고 하며, 튜플(Tuple)의 개수를 카디널리티(Cardinality, 기수)라고 한다.
- 속성은 컬럼 또는 필드 또는 열로도 표현하고, 튜플은 로우 또는 레코드 또는 행으로 표현하기도 한다.
- 첫 행을 제외한 튜플의 수는 총 3줄이므로 카디널리티는 3개이다.

- 문제의 알고리즘에 YES/NO가 없으므로 아래의 답안보다 많은 답안이 정답으로 처리될 수 있다.
- 일반적으로 왼쪽을 YES, 오른쪽을 NO를 사용한다는 전재로 가답안을 기재한다.
- 또한 ①번은 알고리즘이기 때문에 % 대신 MOD도 가능하다.

3과 7의 배수라는 표현을 표기해야 할 경우		
①	A%3 + A%7 = 0 Amod3 + Amod7 = 0	② a%3 == 0 &&a%7 == 0 a%3 + a%7 == 0
3과 7의 공배수로 표현해도 가능한 경우		
①	A%21 = 0 Amod21 = 0	② a%21 == 0

- 화이트박스 테스트
  - 개발자 관점으로 내부 구조와 동작을 테스트
  - 종류 : 기초 경로 테스트, 제어 흐름 테스트, 조건 테스트, 루프 테스트, 데이터 흐름 테스트, 분기 테스트
- 블랙박스 테스트
  - 사용자 관점(내부 구조나 작동 원리를 모르는 상태)으로 명세 기반(요구사항과 결과물의 일치)의 테스트
  - 종류 : 균등 분할(동치 분해), 한계값(경계값) 테스트, 원인 효과 그래프 테스트, 비교 테스트

- HTTP(Hyper TextTransfer Protocol), HTTPS(Hyper Text Transfer Protocol over Secure Socket Layer) : WWW상에서 클라이언트(Client)와 서버(Web Server) 간에 데이터 전송 시 사용

- FTP(FileTransfer Protocol) : 클라이언트와 서버 간에 파일을 전송하기 위해 사용

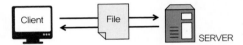

- OUTER JOIN(외부 조인) : 조인 조건에 만족하지 않는 튜플도 결과로 출력하기 위한 조인

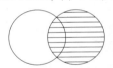 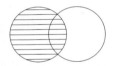 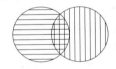

LEFT OUTER JOIN   RIGHT OUTER JOIN   FULL OUTER JOIN

- LEFT (OUTER) JOIN문 : OUTER는 생략 가능

```
SELECT *(or 컬럼명)
FROM 테이블1
LEFT JOIN 테이블2
ON 테이블1.컬럼명 = 테이블2.컬럼명;
```

DDL(Data Definition Language)은 데이터베이스 구조를 정의하는 언어이며, 데이터를 생성(CREATE), 수정(ALTER), 삭제(DROP)하는 등 데이터 전체의 구조를 결정하는 역할을 하는 언어이다.

종류	구분	역할
CREATE	생성	데이터베이스 내의 릴레이션(테이블)을 생성
ALTER	수정	데이터베이스 내의 릴레이션(테이블)을 수정
DROP	삭제	데이터베이스 내의 릴레이션(테이블)을 삭제
TRUNCATE		릴레이션을 초기화(테이블의 크기 변경)

함수 선언이란 반복적인 코드의 사용을 방지하기 위하여, 하나의 항을 만들어서 필요할 때마다 해당 값을 호출하여 반환하는 역할을 수행한다.

〈코드분석〉

```
#include <stdio.h>
int NumCompare(int i, int j);
                // 순차지향 언어이므로 Numcompare 함수 호출
int main() {
   printf("%d", NumCompare(10,23) + NumCompare(35,19));
}               // 58(23 + 35)
int NumCompare(int i, int j) {
   if (i > j)  // 35 > 19 (조건 부합)
      return i; // 35
   else        // 10 > 23 (조건 부합 ×)
      return j; // 23
}               // 함수 생성
```

OSI 7 계층	TCP/IP 4 계층
응용(Application)	
표현(Presentation)	응용(Application)
세션(Session)	
전송(Transport)	전송(Transport)
네트워크(Network)	인터넷(Internet)
데이터링크(Data Link)	네트워크 액세스
물리(Physical)	(Network Access)

• SELECT문의 문법(작성) 순서 : <u>SELECT</u> → FROM → WHERE → GROUP BY → HAVING → ORDER BY
• SELECT문의 실행 순서 : FROM → WHERE → GROUP BY → HAVING → <u>SELECT</u> → ORDER BY

- CUI(Character User Interface)
  - 문자 기반의 사용자 인터페이스와 명령어 사용
  - CLI(Command-Line Interface, 명령 줄 인터페이스)
  - GUI 대비 리소스의 소비가 적음
  - 예 DOS, Unix, Linux
- GUI(Graphical User Interface)
  - 그래픽 기반의 사용자 인터페이스와 아이콘 사용
  - CUI 대비 직관적인 조작이 가능
  - 예 Windows

결함 수정이 완료되었다는 내용이면 모두 정답으로 가능하다.

상태	내용
Fixed	개발자가 결함을 수정한 상태
Assigned	분석 및 수정을 위해 결함이 개발자에게 할당된 상태
Open	결함이 보고되었지만 아직 분석되지 않은 상태
Closed	• 결함 수정 여부를 확인하고, 회귀 테스트 시 결함이 발견되지 않은 상태 • 수정된 결과가 만족스럽지 않을 경우 결함의 상태를 'Open'으로 변경
Deferred	우선순위가 낮게 분류되었기 때문에 수정을 연기한 상태
Clarified	보고된 결함이 프로젝트 팀에 의해 비결함으로 판단된 상태

이름	직급
김패스	차장
이패스	과장
박패스	대리

직급	급여
대리	18000
과장	20000
차장	25000

JSON(JavaScript Object Notation)

- '키-값'의 쌍(키와 값이 하나의 쌍을 이룸)으로 이루어져 있다.
- 데이터 오브젝트를 전달하기 위해 인간이 읽을 수 있는 데이터 교환용으로 설계된 경량 텍스트 기반의 개방형 표준 포맷이다.
- 비동기 브라우저/서버 통신(AJAX)을 위해 사용하며, 넓게는 XML을 대체할 수 있다.

- DDL(정의어, Data Definition Language)
  - 데이터베이스 구조, 데이터 형식, 접근 방식 등 데이터베이스를 구축하거나 수정할 목적으로 사용하는 언어이다.
  - 대표적인 명령어에는 CREATE, ALTER, DELETE 등이 있다.
- ALTER문
  - 열 추가

```
ALTER TABLE 테이블명 ADD 컬럼명 데이터타입;
```

  - 열 데이터 타입 변경

```
ALTER TABLE 테이블명 MODIFY 컬럼명 데이터타입;
```

  - 열 삭제

```
ALTER TABLE 테이블명 DROP 컬럼명;
```

※ ALTER-ALTER문 : SQL server나 MS Access에서는 Alter를 사용하는 경우도 있지만, 출제기준인 NCS 학습모듈에서는 ALTER-ALTER문이 등장하지 않는다.

증감 연산자

- 피연산자를 ++로 1씩 증가시키며, --로 1씩 감소시킨다.
- 결합 위치에 따라 전위 연산자와 후위 연산자로 나눈다.
  - 전위 연산자(++a / --a) : 피연산자 증감 후, 연산 수행
  - 후위 연산자(a++ / a--) : 연산 수행 후, 피연산자 증감

〈코드분석〉

```
#include <stdio.h>
main()
{
    int x=4;          // 변수 x에 4의 값 대입
    printf("%d",x++); // 출력값 : 4(후위 연산자)
    return 0;         // printf 연산이 끝난 후, 증감(후위 연산자 연산)
}
```

01. 선택 오류

02.

성명	전화번호
이동국	333-3333
박찬성	444-4444
이동국	111-1111

03. ADD

04. 2

05. SSH

06. 산술 연산자, 관계 연산자, 논리 연산자

07. 2

08. HRD
KOREA

09. 인수 테스트

10. INSERT, SELECT

11. ① n=n+b(i)*2^(4-i)
② 22

12. num1:240
num2:250

13. sum = sum+i; 또는 sum += i;

14. ① 응용 계층
② 물리 계층
③ 네트워크 계층
④ 데이터링크 계층
⑤ 표현 계층

15. AJAX

16. WHERE

17. ① 속성(Attribute)
② 관계(Relationship)

18. 파이(Pie)

19. 개념적 설계, 논리적 설계, 물리적 설계

20. 윈도우 키+ P

Switch Case문(조건문)

- 해당 변수와 case의 조건을 비교하여, 부합한 case 값을 출력
- 같다(==)와 다르다(!=)의 논리 개념만 적용 가능
- case n:의 형태로 case 값(n) 뒤에 콜론(:) 기입
- default : case 조건에 해당하지 않는 경우(=IF문의 else)
- 예시

```c
int num = 2;
switch(num) {
 case 1 :           // case 1 : num ≠ 1 → FALSE
    printf("Hello");
    break;
 default :       // 나머지 조건
    printf("PATH");
    break;       // PATH 출력 후 종료
}
```

〈코드분석〉

```c
#include <stdio.h>
int main(void) {
   int x;
   scanf("%d", &x);
   switch(x) {                  // 변수 확인(x == 5)
      case 1:                   // x의 값 : 5 ≠ 1
         printf("1번 선택");     // 조건 부합 ×, 인식 불가
         break;
      case 2:
         printf("2번 선택");
         break;
      case 3:
         printf("3번 선택");
         break;
      default:                  // if문의 else와 같음(나머지 조건 해당)
         printf("선택 오류");    // 해당 구문 출력
         break;
}
```

```
③ select 회원.성명, 회원.전화번호
① from 회원, 대여
② where 회원.회원번호=대여.회원번호 and 대여.테이프번호="T3"
```

- 실행 순서
  - 〈회원〉과 〈대여〉 테이블에서,
  - 〈회원〉의 회원번호와 〈대여〉의 회원번호가 같고(AND) 〈대여〉의 테이프번호가 T3인 조건에 만족하는,
  - 〈회원〉의 성명과 〈회원〉의 전화번호를 출력한다.
- 주의사항
  - Select문에 별도의 그룹이나 정렬에 대한 명령이 추가되지 않는 경우, 테이블의 순서대로 데이터가 출력된다.
  - 결과 작성 시, 필드명을 함께 작성해야 한다.

ALTER TABLE

- ADD [COLUMN] : 컬럼 추가

```
ALTER TABLE 테이블명
ADD (COLUMN) 컬럼명 데이터 유형;
```

- DROP COLUMN : 컬럼 삭제

```
ALTER TABLE 테이블명
DROP COLUMN 컬럼명;
```

- MODIFY COLUMN : 제약조건 변경

```
ALTER TABLE 테이블명
MODIFY 컬럼명 데이터 유형;
```

- RENAME COLUMN : 컬럼명 변경

```
ALTER TABLE 테이블명
RENAME COLUMN 컬럼명 TO 새로운컬럼명;
```

(※ NCS에는 ALTER TABLE ADD만 기입되어 있음)

- 비트 연산자(이항 연산자) : 10진수인 피연산자를 2진수로 변환 후 논리 연산 수행
- 진법 변환(10진법 → 2진법) : 1(10) = 0000 0001(2), 2 = 0000 0010
- 논리 연산

종류	예시	의미
& (and)	int a = 5; int b = 2; a = 0101 b = 0010 → 0000(0)	printf ("%d", a&b); a와 b의 값이 모두 1이면 1 출력
| (or)	int a = 5; int b = 2; a = 0101 b = 0010 → 0111(7)	printf ("%d", a&b); 둘 중에 하나라도 1이면 1 출력
^ (xor)	int a = 5; int b = 3; a = 0101 b = 0011 → 0110(6)	printf ("%d", a&b); a와 b의 값이 다르면 1 출력

〈코드분석〉

```
class hrdKorea{
  public static void main (String[] args) {
    int a = 9;                    // a에는 9 대입
    int b = 11;                   // b에는 11 대입
    int c = a^b;                  // 9 : 0000 1001   // 11 : 0000 1011
    System.out.printf("%d", c);   // 0000 0010(2)
  }
}
```

- SSH(Secure Shell)
  - 원격 통신에 이용되는 프로토콜
  - 데이터 전송 시 암호화 기법을 통해, 보안성이 높음
  - 포트 번호 : 22
- TELNET
  - 네트워크 기반의 원격 통신 프로토콜
  - 데이터 전송 시 암호화 작업이 없어서, 보안성이 낮음
  - 포트 번호 : 23
- rlogin(Remote Login) ≒ TELNET
  - UNIX 시스템 간의 같은 네트워크 안에서 사용하는 프로토콜
  - 포트 번호 : 513

우선순위	연산자	형태(내부 순위 높음 → 낮음)
1	괄호	( )
2	산술 연산자	*, /, % → +, −
3	시프트 연산자	〉〉, 〈〈
4	비교(관계) 연산자	〉, 〈, 〉=, 〈= → ==, !=
5	비트 연산자	& → ^ → │
6	논리 연산자	&& → ‖
7	삼항 연산자	?:
8	할당 연산자	+=, −=, *=, /= 등

삼항 연산자는 조건에 부합할 경우, True와 False에 지정한 값을 출력하는 구문이다(≠ 비교 연산자는 True 혹은 False만 표현).

구문	예시

조건 ? True : False
// ? = 조건과 값을 구분
// : = 값 1과 값 2 구분
	int a = 10; int b = 3;
	char result; // 출력 내용 : 단일문자
	result = num1 > num2 ? 'A' : 'B'
	printf ("%c", result);
	// 'A' 출력

〈코드분석〉

```
#include <stdio.h>
int main(void) {
   int x = 1;    // x에 1 대입
   int y = 2;    // y에 2 대입
   int result;
   result = x > y ? x : y;    // 1 > 2 (False) ? 1 (True 값) : 2 (False 값)
   printf("%d", result);    // 2 출력
   return 0;
}
```

- System.out.println()
  - 해당 내용을 문자로 출력, 이후에 개행(줄바꿈)하는 출력문
  - 문자의 경우 쌍따옴표(" ")로 지정하며, 변수 등의 경우에는 쌍따옴표 없이 직접 선언
  - 문자열 변수 혼용 사용 시, 문자열 + 변수

```
System.out.println("값 : " + 10);
```

- System.out.printf() or System.out.print()
  - 일반 출력문(미개행)
  - 출력하는 변수에 대해 서식 지정자를 통해 지정(=C 언어)

```
System.out.printf("값 : ");
System.out.printf("%d", 10);
출력 → 값 : 10
```

종류	내용
인수 테스트	• 개발된 제품에 대해 운영 여부를 결정하는 테스트 • 사용자와 이해관계자 등이 실제 업무 적용 전에 수행 • 사용자 인수, 운영상 인수, 계약 인수, 규정 인수 테스트, 알파 테스트, 베타 테스트
단위 테스트	• 테스트 가능한 단위(컴포넌트, 모듈 등) 내의 결함 검색 및 기능 검증 • 구조 기반, 명세 기반 테스트
통합 테스트	• 모듈 사이의 인터페이스, 통합된 컴포넌트 간의 상호작용 테스트 • 빅뱅, 상향식, 하향식, 샌드위치 테스트 등
시스템 테스트	• 통합된 단위 시스템의 기능의 시스템에서의 정상 수행 여부 테스트 • 기능적 요구사항과 비기능적 요구사항을 검사 • 성능 및 장애 테스트

DML(Data Manipulation Language)

- 데이터를 검색(SELECT), 삽입(INSERT), 갱신(UPDATE)하는 등 저장된 데이터를 실질적으로 처리하는 조작 언어이다.
- 종류 : SELECT, UPDATE, DELETE, INSERT 문

종류	구분	형식
SELECT	검색	SELECT 컬럼명 FROM 테이블명
UPDATE	갱신	UPDATE 테이블명 SET 컬럼명 = 수정값
DELETE	삭제	DELETE [FROM] 테이블명
INSERT	삽입	INSERT INTO 테이블명 VALUES 입력값 1, 입력값 2...

〈코드분석〉 [C 언어] 배열을 이용한 2진수의 10진화(10110 → 22)

```
#define K 5                          // K를 5로 정의
int n = 0;                          // 누계값 변수 선언
int b[K]= {1,0,1,1,0}, temp;        // 비트 및 임시공간 변수 선언
int i, j;
   for(i=0; i<K; i++) {             // i는 0부터 4까지 반복
   temp = 1;                        // temp 1 대입
      for(j=1; j<=K-1-i; j++) {     // 비트 위치에 따른 반복
        temp = temp * 2;
      }                             // temp를 이용하여 자릿수에 따른 2씩 곱셈
      n = n + temp* b[i];           // n = 0 + 1 * 16
                                    // → n = 16 + 0 * 8
                                    // → n = 16 + 1 * 4 ... 22 출력
```

포인터 변수

- 변수의 메모리 주소 등을 저장 및 참조하는 변수
- 포인터 변수를 이용하여 해당 주소를 호출하여 값을 수정-*변수(포인터 변수 선언) = &(주소값 선언)
  - **예** int * ptr = &a (a의 주소값 대입)

포인터 변수

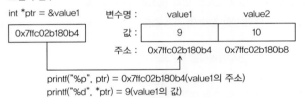

int *ptr = &value1

```
0x7ffc02b180b4
```

변수명 :   value1   value2
값 :   9   10
주소 :   0x7ffc02b180b4   0x7ffc02b180b8

printf("%p", ptr) = 0x7ffc02b180b4(value1의 주소)
printf("%d", *ptr) = 9(value1의 값)

- 출력 시 일반 ptr과 *ptr 차이
  - printf("%p", ptr) = 0x7ffc02b180b4(value1의 주소)
  - printf("%d", *ptr) = 9(value1의 값) – 역참조 연산자(*)

〈코드분석〉

```
#include <stdio.h>
int main() {
   int *pnum;                       // 포인터 변수 선언
   int num1 = 200;                  // num1에 200 대입
   int num2 = 300;                  // num2에 300 대입
   pnum = &num1;                    // 포인터 변수에 num1의 주소 대입
   (*pnum)+=40;                     // 역참조 연산자를 통해 해당 변수의 값 수정
                                    // *pnum = 200 + 40 (num1의 값에 240 대입)

   pnum = &num2;
   (*pnum)-=50;                     // pnum = 300 -50 (num2 = 250)
   printf("num1:%d \nnum2:%d",num1,num2);
}
```

13번 해설

대입 연산자

종류	예시	의미
=	int a = 5;	우측 값을 좌측에 대입

+=	int a = 5;
	a += 2;
	printf ("%d", a); // 7
		a += 2 → a = a + 2

−=	a −= 2; // 3	a −= 2 → a = a −2
*=	a *= 2; // 10	a *= 2 → a = a * 2
/=	a /= 2; // 2	a /= 2 → a = a / 2
%=	a %= 2; // 1	a %= 2 → a = a % 2
&=	a &= 2; // 0	a &= 2 → a = a &2
|=	a += 2 → a = a + 2a |= 2; // 7	a += 2 → a = a + 2 a |= 2 → a = a | 2
^=	a += 2 → a = a + 2a &= 2; // 7	a += 2 → a = a + 2 a ^= 2 → a = a ^ 2

〈코드분석〉

```
class hrdKorea {
  public static void main (String[] args) {
    int sum = 0;                      // 누적값을 저장할 변수 선언
    for(int i=0 ; i<10 ; i++) {       // 반복문을 통한 1~9 반복
      if(i % 2 == 0) {                // 만약 i를 2로 나누었을 때 나머지가 0이면 짝수, 아니면 홀수
        sum = sum+i;
      }                               // 위의 조건에 부합 시 누계 출력
    }
  System.out.println("짝수의 합 = "+ sum);
  }
}
```

14번 해설

OSI 7 계층

- 물리 계층(1계층) : 시스템 간의 데이터 전송을 위해 링크를 활성화하고 관리하기 위한 기계적, 전기적, 절차적 특성 정의
- 데이터링크 계층(2계층) : 프레임 단위의 신뢰성 있는 데이터 전송, MAC 주소 관리
- 네트워크 계층(3계층) : IP 주소를 통해 최적의 경로를 선택하여 패킷(데이터) 전송
- 전송 계층(4계층) : 세그먼트 데이터 전송, 오류 제어 및 흐름 제어 담당, 신뢰성 높은 데이터 전송 보장
- 세션 계층(5계층) : 계층 간 통신을 위한 연결(Link)의 추가, 유지, 종료
- 표현 계층(6계층) : 두 장치 간의 데이터 교환을 위한 변환 및 압축, 암호화
- 응용 계층(7계층) : 응용 서비스의 네트워크 접속 및 인터페이스 제공

- AJAX(Asynchronous Javascript And Xml)
  - 비동기식 자바스크립트와 XML의 약자
  - 브라우저의 XMLHttpRequest 객체를 사용하여, 전체가 아닌 일부 페이지의 갱신에 필요한 데이터만 로드 하는 기법
  - HTTP의 페이지 갱신 시, 발생하는 자원 낭비를 방지
- XML(Extensible Markup Language) : SGML의 장점을 수용한 HTML의 확장 언어

- 일반 검색(SELECT FROM)

```
SELECT student.no, student.s_name, score.score
FROM student, score
```

  - 결과 : student, score 테이블에서 student.no, student.s name, score.score를 불러온다.

- 조건문 검색(SELECT FROM WHERE)

```
SELECT student.no, student.s_name, score.score
FROM student, score
WHERE student.no = score.no
```

  - 결과 : student, score 테이블에서 student.no와 score.no가 일치하는 student.no, student.s name, score.score를 불러온다.

- 엔티티(Entity) : 사물 또는 사건으로 정의되며, 개체라고도 불림
- 속성(Attribute, 어트리뷰트) : 엔티티가 가지고 있는 요소 또는 성질
- 관계(Relationship) : 두 엔티티 간의 관계를 정의

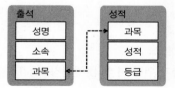

안드로이드(Android) 버전

- 1.0을 제외한 버전별 코드 네임은 디저트(Dessert) 이름으로 지정
- 첫 글자를 알파벳 순서대로 명명(예 Nougat → Oreo → Pie)
- 버전 10.0 이후로는 다시 숫자로 된 버전명 사용

버전	이름
4.1	젤리빈(Jelly Bean)
4.4	킷캣(KitKat)
5.0	롤리팝(Lollipop)
6.0	마시멜로(Marshmallow)
7.0	누가(Nougat)
8.0	오레오(Oreo)
9.0	파이(Pie)

데이터베이스 설계는 사용자의 요구를 분석하고, 이를 데이터베이스의 구조에 맞게 변형한 후 구현하여 일반 사용자들에게 제공하기 위한 과정이다.

요구조건 분석	요구조건에 대한 명세 작성
⬇	
개념적 설계	모델링 작업, E-R모델링, 개념 스키마
⬇	
논리적 설계	인터페이스 작업, 논리적 스키마
⬇	
물리적 설계	물리적 구조 변환
⬇	
구현	데이터베이스 생성

Windows 주요 단축키

- ⊞+P : 다중 디스플레이 화면설정
  ※ 지정하지 않았을 경우 기본 설정은 'PC 화면만'
- ⊞+L : 로그오프
  ※ 로그오프 및 사용자 계정 전환 가능
- ⊞+Pause : 시스템
  ※ 내 컴퓨터 오른쪽 클릭 후 속성에 들어갈 시 같은 창 확인 가능

01. WHERE

02. HRDK4023

03. 59

04. 차수(Degree) : 4, 카디널리티(Cardinality) : 7

05. 휴먼에러

06. 4 − 2 − 1 − 3

07. 64

08. 9

09. 제품코드

10. 가

11. 윈도우 키+ Shift + S

12. a[4]

13. 네트워크 계층

14. Index

15. 스텁

16. DISTINCT

17. 6

18. ① chmod
    ② pwd

19. "%s", str

20. 205

WHERE : 테이블 내에서 특정 조건에 부합하는 데이터만을 삭제하거나 찾는 데에 이용되는 명령어

의미	연산자
비교(관계)	>=, <=, >, <, =, <>
범위	BETWEEN
포함	IN, NOT IN
패턴	LIKE
공백	IS NULL, IS NOT NULL
복합조건	AND, OR, NOT

02번 해설

문자열 클래스(String)

• 자바에서 사용하는 문자열을 다루기 위한 메소드이다.
• 해당 구문 안에서는 숫자를 입력하더라도 문자로 인식된다.
• '+'를 통해 여러 문자들을 더할 수 있으나 새롭게 대입하게 되면 기존 문자는 사라진다.
 – 예시 1

```
String str = ("Hello" + 43);
    System.Out.Println(str + "AA") => 출력 : Hello43AA
```

 – 예시 2

```
String str = ("Hello" + 43);
    str = "AA"; => 출력 : AA
```

03번 해설

증감 연산자

• 피연산자를 1씩 증가(혹은 감소)시켜 주는 구문을 의미
• 위치에 따라 전위와 후위로 나뉨
 – 전위 연산자(++a / --a) : 피연산자 증감 후, 해당 라인 연산 수행

```
예 int a = 5; intb = 5;
    printf("%d", ++a, --b);    // 결과 : 6 4
    pinrtf("%d", a, b);        // 결과 : 6 4
```

 – 후위 연산자(a++ / a--) : 해당 라인 연산 수행 후, 피연산자 증감

```
예 int a = 5; intb = 5;
    printf("%d", a++, b--);    // 결과 : 5 5
    pinrtf("%d", a, b);        // 결과 : 6 4
```

<코드분석>

```
int a = num1++;   // 대입 당시에 후위 연산자로서 16으로 a에 대입
int b = --num2;   // 대입 당시에 전위 연산자로서 43으로 b에 대입
```

04번 해설

- 속성 :

- 튜플 :

- 릴레이션의 속성(Attribute)의 개수를 차수(Degree)라고 하며, 튜플(Tuple)의 개수를 카디널리티(Cardinality, 기수)라고 한다.
- 속성은 컬럼 또는 필드 또는 열로도 표현하고, 튜플은 로우 또는 레코드 또는 행으로 표현하기도 한다.

05번 해설

휴먼에러(Human Error)

- 시스템의 성능 저하 및 효율 문제 등이 인적 오류(인간의 실수)로 인해 발생하는 사고
- 휴먼에러의 종류
  - 인지확인 에러
  - 판단기억 에러
  - 동작 에러

06번 해설

- 일괄 처리 시스템(1950년대) : 일정 기간 및 일정량의 데이터를 모아서 한 번에 처리하는 방식
- 실시간 처리 방식(1960년대) : 데이터 발생 시 즉시 처리하는 방식
- 다중 프로그래밍(1960년대) : 단일 프로세서를 이용하여 프로그램의 유휴 시간 동안 다른 프로그램에서 해당 프로세서를 사용하도록 하는 시스템
- 시분할 시스템(1960년대) : 다중 프로그램의 확장된 개념으로 일정한 시간을 규정하여 짧은 간격으로 프로세서를 번갈아 사용하도록 하는 시스템
- 다중 처리(1960년대) : 컴퓨터에서 멀티 프로세서를 이용하여 동시에 처리하는 시스템
- 범용 시스템(1970년대) : 하나의 용도로 정해지지 않고, 여러 용도로 사용할 수 있는 시스템
- 분산 처리(1970년~) : 시스템마다 독립적인 운영체제(기기)로 운영하여, 필요시 통신하는 시스템

07번 해설

- 삼항 연산자
  - 조건(논리연산)에 부합할 경우, True와 False에 해당하는 값을 출력하는 구문이다.
  - 구문

```
조건  ?  True값 :  False값
```

- 예시

```
10 > 3  ?  'A' : 'B'      ▶ A 출력
10 < 3  ?  'A' : 'B'      ▶ B 출력
```

- 비트 연산자
  - 10진수의 정수값을 2진수로 변환하여 논리 연산을 하는 기능이다.
  - 대표적으로 &, |, ^이 있다.

& (and)	값이 같은 경우 1을 반환
	(or)	값이 둘 중에 하나라도 1이면 1을 반환
^ (xor)	값이 다를 경우 1을 반환

〈코드분석〉

```
int num1 = 16; num2 = 80;
result = num1 > num2  ? num & num2 : num1 ^ num2
    // 조건 부합하지 않음, num1 ^ num2 인식
0001 0000 ( 16 ) ^ 0101 0000 ( 80 ) = 0100 0000 ( 64 )
```

08번 해설

진수 변환(2진수, 8진수, 10진수, 16진수)

- 프로그래밍에서는 기본적으로는 10진 형태로 숫자를 사용한다.
- 다른 진수로 표현하기 위해서는 0b, 0, 0x와 같은 문자를 접두사로 사용한다.
  - 2진수 = 0b1001
  - 8진수 = 067
    - 파이썬 등의 언어에서는 0o로 사용
  - 16진수 = 0xA2

〈코드분석〉

```
int num = 0b1001;      // 변수 num에 1001(2bit) 대입
printf("%d",num);      // 1001(2bit)을 10진수로 변환하여 출력
// 9 출력
```

키(Key, 무언가를 식별하는 고유한 식별자)

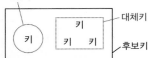

- 후보키(Candidate Key) : 유일성과 최소성을 만족하는 속성들의 집합
- 기본키(Primary Key) : 후보키 중 선정된 키로 중복값 입력이 불가능하고, Null 값을 가질 수 없음
- 슈퍼키(Super Key) : 유일성 만족, 최소성 불만족하는 속성들의 집합
- 대체키(Alternate Key) : 후보키 중 기본키로 선택되지 못한 후보키들
- 외래키(Foreign Key) : 다른 테이블의 행을 식별하는 키

- 뷰(View) : 하나 이상의 기본 테이블로부터 유도된 가상의 테이블
- 필드(Field) : 데이터베이스 시스템에서 어떠한 의미를 지니는 정보, 처리의 최소 단위
- 레코드(Record) : 정보를 처리하는 기본 단위로서, 하나 이상의 필드 모임
- 테이블(Table) : 데이터들을 행과 열로 이루어진 표로 모아놓은 것

캡처 도구

원하는 영역을 마우스 드래그를 통해 캡처하여 클립보드 및 파일에 저장할 수 있도록 도와주는 기능

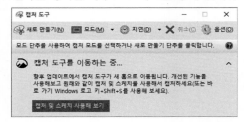

12번 해설

〈코드분석〉

```
int a[5]= {1,2,3,4,5};
int temp;                         // 임시 저장 공간 생성
for(int i=0; i<5; i++)
    printf("%d", a[i]);           // a[0]~a[4]까지 출력
// 1 2 3 4 5
printf(" \n");                    // 다음 출력문과 구분짓기 위해 [Enter]
temp = a[0];                      // 자리를 바꾸기 이전, a[0]을 임시 저장
for(int i=0; i<4; i++) // 0~3까지 반복
    a[i] = a[i+1];                // 각 자릿수를 한 칸씩 왼쪽으로 이동
// 2 3 4 5 5
a[4] = temp;                      // a[4] 번째에 1을 대입
// 2 3 4 5 1
for(int i=0; i<5; i++)
    printf("%d", a[i]);           // 2 3 4 5 1 출력
```

13번 해설

OSI 7 계층

계층	프로토콜
응용(Application)	HTTP, FTP, SSH, TELNET, DNS
표현(Presentation)	XDR
세션(Session)	NET BIOS, TLS
전송(Transport)	TCP, UDP, RTP
네트워크(Network)	IP, ARP, ICMP, IGMP
데이터링크(Data Link)	PPP, Ethernet, Tokenring
물리(Physical)	COAX, Fiber

14번 해설

인덱스(Index)

- 데이터베이스에서 테이블에 있는 데이터를 빠르게 색인하기 위한 용도로 사용되는 기능
- CREATE INDEX [인덱스명] ON [테이블] ([컬럼명])
- 인덱스(Index)의 장점
  - 테이블 검색 속도와 정렬 속도가 향상됨
  - 인덱스를 기본키로 자동설정 할 수 있어서 관리가 용이함
- 인덱스(Index)의 단점
  - 인덱스는 별도로 만들어야 해서 파일 크기가 늘어남
  - 인덱스에는 갱신 개념이 없어서 추가로 수행해야 함
  - 인덱스를 생성하여야 하므로 초기 작업시간이 많이 소요됨

15번 해설

구분	스텁	드라이버
시기	상위 모듈은 있지만 하위 모듈이 없을 때, 하위 모듈로의 테스트	상위 모듈 없이 하위 모듈만 있을 때, 상위 모듈로의 테스트
방식	하향식 테스트	상향식 테스트
특징	작성이 쉬운 시험용 모듈	존재하지 않는 상위 모듈 간의 인터페이스 역할

16번 해설

DISTINCT문

- 지정한 컬럼의 데이터에서 중복된 데이터를 제거한 상태로 불러오기 위한 구문이다.
- 예시

```
SELECT DISTINCT 과목명
FROM 학생
WHERE 학년 IN(2,3);
```

  - 결과 : 학생 테이블에서 학년이 2학년이거나 3학년인 대상의 과목명들을 중복 없이 불러온다.

- sqrt 함수(Square Root) : 해당 숫자의 제곱근을 구하기 위한 함수
- log 함수 : 수학의 자연로그 함수
- log10 함수 : 밑이 10인 로그인 함수

UNIX/LINUX 명령어

- chmod란 change mode의 줄임말로서, 기존 파일 또는 디렉터리에 대한 접근 권한을 수정할 때 사용한다.

```
chmod 777 temp
```

- pwd란 Print Working Directory의 약자로서, 현재 작업 중인 디렉터리의 경로를 출력하는 명령어이다.

```
pwd [옵션]
```

- 배열 이름이 시작 주소이므로 &를 생략한다.
- 배열 입력
  - C 언어에서 숫자를 입력받기 위해서는 scanf에 &(주소 연산자)를 이용한다(scanf는 해당 메모리의 주소를 찾아 값을 입력).
  - 배열에서는 변수의 이름이 배열의 주소를 나타내기에 &를 입력할 필요가 없다.
  - 예시

```
int str[10];
printf("%x \n", str);        // str[0]의 주소 출력
printf("%x \n", &str);       // str[0]의 주소 출력
printf("%x \n", &str[0]);    // str[0]의 주소 출력

// str의 배열(변수) 이름이 배열의 주소를 나타낸다.
```

- 비트 연산자(시프트 연산자)란, 해당 대상의 비트(bit)의 위치를 이동시키는 연산자를 의미한다.
- 대상 〈〈 이동값(Left) : 이동값만큼 대상의 비트의 자릿수를 좌측으로 이동
- 대상 〉〉 이동값(Right) : 이동값만큼 대상의 비트의 자릿수를 우측으로 이동

〈코드분석〉

```
int num = 1640
num = num >> 3; // 1640(0110 0110 1000) 우측 3칸 이동
                → 205(0000 1100 1101)
```

01. 16

02. Rollback

03. 뷰(View)

04. PRIMARY KEY

05. RIP 프로토콜

06. 43

07. ① cat
② chown

08. 1 1

09. 경계값 분석

10. 계층형 데이터베이스 관리 시스템

11. DELETE

12. 전송 계층

13. ① 이름
② 홍길동
③ 최수훈

14. ① 쉘
② 커널

15. 0

16. 9

17. ① 데이터링크
② 네트워크

18. Ctrl + W

19. 0번1번2번

20. 내부 스키마

〈코드분석〉

```
int k=0;
for(int i=0; i<=3; i++)          // i는 0~3까지 총 4번 증가
{
    for(int j=0; j<4; j++)       // j는 0~3까지 총 4번 증가
    {
        k++;                     // k는 i값과 j값이 4가 될 때까지 총 16번 증가
    }
}
System.out.print(k);
```

02번 해설

- 데이터베이스 언어인 SQL(Structured Query Language)는 정의어(DDL), 조작어(DML), 제어어(DCL)로 구성된다.
- DCL(Database Control Language)은 DBMS 내에서 데이터의 보안, 무결성 등을 제어하며, 대표적인 명령으로 COMMIT(작업 완료), ROLLBACK(작업 취소), GRANT(권한 부여), REVOKE(권한 해제)가 있다.

03번 해설

뷰(View)

- 사용자에게 접근이 허용된 자료만을 제한적으로 보여주기 위해 하나 이상의 기본 테이블로부터 유도된 가상 테이블이다.
- 저장장치 내에 물리적으로 존재하지 않지만 사용자에게는 있는 것처럼 간주된다.
- 논리적 독립성을 제공하고 기본 테이블의 기본키를 포함한 속성(열) 집합으로 구성해야만 삽입, 삭제, 갱신, 연산이 가능하다.
- 뷰가 정의된 기본 테이블이나 뷰를 삭제하면 그 테이블이나 뷰를 기초로 정의된 다른 뷰도 자동으로 삭제된다.
- 독립적인 인덱스를 가질 수 없다.
- ALTER View문을 사용할 수 없다(뷰 정의 변경 안 됨).

04번 해설

키(Key, 무언가를 식별하는 고유한 식별자)

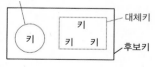

기본키

대체키

키   키

키

키   키

후보키

- 후보키(Candidate Key) : 유일성과 최소성을 만족하는 속성들의 집합
- 기본키(Primary Key) : 후보키 중 선정된 키로 중복값 입력이 불가능하고, Null 값을 가질 수 없음
- 슈퍼키(Super Key) : 유일성 만족, 최소성 불만족하는 속성들의 집합
- 대체키(Alternate Key) : 후보키 중 기본키로 선택되지 못한 후보키들
- 외래키(Foreign Key) : 다른 테이블의 행을 식별하는 키

RIP 프로토콜

- Routing Information Protocol은 UDP/IP 상에서 동작하는 라우팅 프로토콜
- 기업의 근거리 통신망 또는 같은 네트워크 내의 라우팅 정보 관리를 위해 광범위하게 사용된 프로토콜
- 전원이나 메모리 등 자원 소모가 적음
- 최대 Hop Count는 15개(16개 이상 데이터 전송 불가)
- 포트 번호 : 520

〈코드분석〉

```
int a=19; int b=43; int c=35;
int temp = a;          // temp 19 입력
if(temp<b) temp=b;     // 19 < 43 비교 temp 43 입력
if(temp<c) temp=c;     // 43 < 35 비교 temp 변화 없음

System.out.print(temp);
```

리눅스 명령어

명령어	내용
open	파일 열기
cat	파일 내용 출력
chmod	파일/디렉터리 접근 권한 변경
chown	파일/디렉터리 소유권 변경
fsck	파일을 체크하고 수리
cal	달력
sort	파일을 행 단위로 정렬

〈코드분석〉

```
int a=9; int b=5;

while(a != b)          // a와 b가 같지 않을 동안 반복 진행
{
    if(a>b) a-=b;      // a가 b보다 크면 a를 b만큼 감소
    else b-=a;         // a가 b보다 작으면 b를 a만큼 감소
}

a = 9 | b = 5일 때 조건 만족    a를 b만큼 감소 a = 4
a = 4 | b = 5일 때 조건 불만족   b를 a만큼 감소 b = 1
a = 4 | b = 1일 때 조건 만족    a를 b만큼 감소 a = 3
a = 3 | b = 1일 때 조건 만족    a를 b만큼 감소 a = 2
a = 2 | b = 1일 때 조건 만족    a를 b만큼 감소 a = 1
a = 1 | b = 1
while문 조건(a != b) 불만족 반복 종료
```

09번 해설

테스트 기법에 따른 분류

• 화이트박스 테스트
 − 개발자 관점으로 내부 구조와 동작을 테스트
 − 종류 : 기초 경로 테스트, 제어 흐름 테스트, 조건 테스트, 루프 테스트, 데이터 흐름 테스트, 분기 테스트
• 블랙박스 테스트
 − 사용자 관점(내부 구조나 작동 원리를 모르는 상태)으로 명세 기반(요구사항과 결과물의 일치)의 테스트
 − 종류 : 균등 분할(동치분해), 한계값(경계값) 테스트, 원인 효과 그래프 테스트, 비교 테스트

10번 해설

• 망형 데이터베이스 관리 시스템(NDBMS)
 − 데이터의 구조를 네트워크 상의 망형 형태로 논리적으로 표현
 − 트리 구조나 계층형 데이터베이스보다는 유연한 대응이 가능
 − 설계가 복잡함
• 계층형 데이터베이스 관리 시스템(HDBMS)
 − 상하 종속(부모 자식 간의 형태)적인 관계로 계층화 하여 관리
 − 데이터의 접근 속도가 빠르지만 구조에 유연한 대응이 어려움
• 관계형 데이터베이스 관리 시스템(RDBMS)
 − 가장 보편화된 데이터베이스 관리 시스템
 − 데이터를 저장하는 상하 관계로 표시하며 상관 관계를 정리
 − 오라클사에서 개발한 Oracle, MS사에서 개발한 SQLserver, 썬 마이크로시스템에서 개발한 MySQL, MySQL 출신 개발자가 만든 Maria DB 등이 있음

- DELETE와 TRUNCATE는 테이블의 내용을 지운다는 의미는 같지만 명령어의 사용법이 다르다.
- DELETE
  - DML
  - 테이블 또는 뷰에서 한 개 이상의 행을 삭제

```
DELETE FROM 테이블명
```

- TRUNCATE
  - DDL
  - 테이블에서 모든 행을 삭제

```
TRUNCATE TABLE 테이블명
```

OSI 7 계층의 특징

계층	정의
응용	파일 전송, 원격 접속, 메일 서비스 등의 응용 서비스를 담당하며 여러 가지 서비스(인터페이스)를 제공
표현	송신자 측에서 수신자 측에 맞는 형태로 데이터를 변환(번역)하고, 수신 측에서는 다음 계층에 맞는 형태로 변환
세션	응용 프로그램 간의 통신에 대한 제어 구조를 제공하기 위해 응용 프로그램 간의 접속을 연결, 유지, 종료시켜 주는 역할 수행
전송	프로토콜(TCP, UDP)과 관련된 계층으로 오류 제어 및 흐름 제어 등을 담당하며, 두 시스템을 연결하여 신뢰성 있는 데이터 전송
네트워크	논리적 주소(IP 주소)를 이용 최적의 경로를 선택하며, 데이터가 전송될 수신 측 주소를 확인하여 일치하면 다음 계층으로 전송
데이터링크	오류와 흐름을 제거하여 물리적 링크를 통해 프레임 단위로 데이터를 신뢰성 있게 전송하기 위해 계층 물리적 주소(MAC 주소) 관리
물리	실제 장비들을 연결하기 위한 기계적, 전기적, 기능적, 절차적 특성 정의

- DDL(Data Definition Language, 데이터 정의어)

명령어	의미
CREATE	• 데이터베이스내의 릴레이션(테이블)을 생성하는 명령어 • CREATE VIEW 뷰이름 AS SELECT 컬럼 1, 컬럼 2…FROM 테이블 WHERE 조건문

- DML(Data Manipulation Language, 데이터 조작어)

명령어	의미
SELECT	• 데이터베이스 내의 데이터를 조회 및 검색하는 명령어 • SELECT 컬럼명 From 테이블

14번 해설

- UNIX 구성
  - 커널 : 운영체제의 핵심적인 구성요소 중 하나로서 프로세스 수행에 필요한 하드웨어의 성능 등을 조정할 수 있도록 이어주는 서비스를 제공
  - 쉘 : 실행한 프로세스 등을 커널에게 전달할 수 있도록 명령을 번역해 주는 명령 번역기
  - 유틸리티 : 운영체제에서 제공하는 것이 아닌 그 외의 실행 가능한 프로그램
- UNIX 용어

용어	의미
시분할 시스템	사용자에게 컴퓨터의 자원을 시간에 따른 분할을 시스템으로 사용자와 컴퓨터 간의 대화를 통해 작업을 처리하는 시스템
UFS 파일 시스템	유닉스 파일 시스템(Unix File System)으로 유닉스 및 유닉스 기반의 운영체제 등에서 쓰이는 디스크 기반의 파일 시스템
아이노드(i – node)	정규 파일, 디렉터리 등의 파일 시스템을 보유한 유닉스 시스템 및 유닉스 계열의 운영체제에서 사용하는 자료 구조 시스템
소프트 링크(심볼릭 링크)	유닉스 계열 운영체제에서 사용되는 기능이며, i – node를 이용하여 Windows의 바로가기와 동일하게, 링크 파일 삭제 시 원본 파일을 유지시키는 링크 시스템
하드 링크	소프트 링크와는 다르게 원본과 동기화된 바로가기 기능이며, 링크 파일 삭제 시에 원본 파일도 삭제되는 링크 시스템

15번 해설

⟨코드분석⟩

```
int main(void) {
    int a = 17;
    int b = 5;
    printf("%d", sub(a,b));      // 17, 5 입력
}
int sub(int x,int y)
{
    if(x%y == 0) return 1;       // 17%5 = 2 조건 불만족
    else return 0;               // return 0 함수 반환
}
```

재귀 함수

- 하나의 Method(함수)에서 자기 자신을 다시 호출하여 해당 구문을 다시 수행하는 함수이다.
- 예시

```
x = 5 입력
if( x <= 1 ) {

    return x + sub(x-2);
            ▶ 5 + sub(5-2)
                └▶ 3 + sub(3-2)
                └▶ 1 -> return

}
```

OSI 7 계층 데이터 단위

계층	정의
응용	메시지(message)
표현	메시지(message)
세션	메시지(message)
전송	TCP−Segment, UDP−Datagram
네트워크	패킷(packet)
데이터링크	프레임(frame)
물리	비트(bit)

- Ctrl + W
  - 열려 있는 윈도우 창을 종료한다.
  - 여러 개의 탭이 열려 있다면 탭을 우선적으로 하나씩 종료한다.
- Alt + F4
  - 실행 중인 프로그램을 종료한다.
  - 열려 있는 창 전체를 닫는다.

〈코드분석〉

```
int k=0;
int temp;
for(int i=1; i<=3; i++) // 1부터 3까지 3번 증가
{
    temp = k;                  // k의 초기값은 0
    k++;
    System.out.print(temp + "번");
}
```

• 스키마(Schema)란, 데이터베이스의 구조와 제약조건에 관한 전반적인 명세를 의미한다.
• 스키마의 종류

종류	정의
외부 스키마(서브)	사용자 등의 개인적 입장에서 필요로 하는 데이터베이스
개념 스키마(논리)	사용자들이 필요로 하는 데이터를 기관이나 조직의 관점에서 정의한 데이터베이스
내부 스키마(물리)	시스템 프로그래머나 설계자의 관점에서 정의하는 데이터베이스

01. KORE

02. 도메인 무결성

03. 4

04. ㄴ – ㄱ – ㄷ

05. 논리적 설계

06. ① rm
② chmod

07. 인덱스(INDEX)

08. 40

09. or

10. 128

11. 예약어

12. 78

13. ① CREATE
② AS
③ 202

14. UDP

15. 비선점

16. ① 사원번호
② 이름
③ where

17. strlen 또는 strlen()

18. Driver 또는 드라이버

19. ① 속성
② 차수

20. DHCP(Dynamic Host Configuration Protocol)

〈코드분석〉

```
char str[4];        str [0]    str [1]    str [2]    str [3]

// 배열의 공간을  4개로 선언
str[0] = 'K';       str [0]        K 대입
str[1] = 'O';       str [1]        O 대입
str[2] = 'R';       str [2]        R 대입
str[3] = 'E';       str [3]        E 대입
str[4] = 'A';

// str[4]의 경우 배열 선언에 없는 값이므로
   인식 불가
for(i=0;  i<5;  i++)
{
    printf("%c", str[i]);
} // KORE 출력
```

02번 해설

무결성 제약조건

종류	의미
개체 무결성	릴레이션에서 기본키를 구성하는 속성은 널(NULL)값이거나 중복값을 가질 수 없다.
참조 무결성	• 외래키 값은 NULL이거나 참조 릴레이션의 기본키 값과 동일해야 한다. 즉 릴레이션은 참조할 수 없는 외래키 값을 가질 수 없다. • 외래키와 참조하려는 테이블의 기본키는 도메인과 속성 개수가 같아야 한다.
도메인 무결성	특정 속성의 값은 그 속성이 정의된 도메인에 속한 값이어야 한다.

03번 해설

〈코드분석〉

```
int i;
int sum = 0;            // 합계를 구한 변수 생성
for(int i=1; i<=3; i++)    // 1~3까지 반복
{
   if(i == 2)
       continue;        // i가 2와 같으면 i++ 이후 처음으로
   sum += i;            // 1 + 3
}
printf("%d", sum);      // 4 출력
return 0;
```

- 캐시 메모리(Chche Memory) : 주기억장치 등과 같이 CPU에 비해 상대적으로 속도가 느린 기억장치와 CPU 간의 속도 차이를 완화하기 위한 장치
- 주기억장치(Main Memory) : CPU가 처리한 데이터의 주소 등을 저장하는 기억장치
- 보조기억장치(Second Memory) : 로컬디스크 C, D처럼 파일 및 디렉터리 등을 저장할 수 있는 물리적인 디스크
- 빠른 속도순(CPU에 가까울수록 빠름) : 레지스터 – 캐시 메모리 – 주기억장치 – 보조기억장치

논리적 설계

- 현실 세계에서 발생하는 자료를 컴퓨터가 처리할 수 있는 저장 장치에 저장할 수 있도록 변환하기 위해 특정 DBMS에 맞게 변화 및 구축하는 작업이다.
- 개념적 설계에서 발생한 E-R 다이어그램 등을 논리적 데이터 모델로 구성하는 작업이다.
- 트랜잭션의 인터페이스를 설계한다.

리눅스 명령어

명령어	의미
rm	파일 및 디렉터리 삭제
cd	지정한 위치의 디렉터리로 이동
chmod	파일 및 디렉터리의 권한 수정
chown	파일 및 디렉터리의 소유자 수정(소유권)
chgrp	파일 및 디렉터리의 소유 그룹 수정
alias	길이가 긴 명령어 등을 짧게 표현하는 별명과 같은 역할 수행
cp	파일 및 디렉터리 복사
mv	파일 및 디렉터리 이동 및
cat	텍스트 파일을 출력하는 데 사용
touch	빈 파일의 만든 날짜 등을 초기화

인덱스(INDEX)

- 데이터베이스 내의 테이블의 검색 속도를 향상시키기 위한 자료 구조
- 인덱스 생성 방법

```
CREATE INDEX INDEX_Name
ON Table_Name ( Column Name1, 2 …);
```

do while

- 해당 구문을 처음 읽어들였을 때 조건에 만족하지 않으면 한 번만 실행하는 반복문이다.
- 이미 조건문에 들어왔다면 작성된 조건까지만 인식하여 반복한다.

〈코드분석〉

```
int i=1;

do {
    i++;
    } while(i<10);
    // i가 10보다 작을 시 반복 수행

printf("%d", (i*4)); // 10 * 4 = 40 출력
```

- WHERE 문이란, 산술 연산자(+, -, * , / 등)와 관계 연산자(〉, 〈 , 〉=, = 등)를 이용하여 조건을 작성할 수 있는 구문이다.
- 두 가지 이상의 조건을 작성하도록 도와주는 구문에는 AND와 OR가 있다.
    - AND : 두 가지 이상의 조건이 모두 만족할 시에 출력

```
where 사원번호 = 202 and 직위 = '대리'
// 사원번호가 202와 동일하면서 직위가 대리인 데이터
```

    - OR : 조건에 하나라도 만족할 시에 출력

```
where 사원번호 = 202 or 직위 = '대리'
// 사원번호가 202와 동일하거나 직위가 대리인 데이터
```

- IPv4
    - 8비트씩 4개의 부분으로 옥텟을 통하여 구분하는 32비트 크기의 주소 체계이다.
    - 예   192   ·   168   ·   0   ·   1
          1100 0000 · 1010 1000 · 0000 0000 · 0000 0001
    - 최대 약 43억 개(2의 32승)의 서로 다른 주소를 부여할 수 있다.
- IPv6
    - 8비트씩 16개의 부분으로 콜론을 통하여 구분하는 128비트 크기의 주소 체계이다.
    - 약 무한대(2의 128승)의 서로 다른 주소를 부여할 수 있다.
    - IPv4의 주소 부족 문제를 해결하기 위해 제시되었다.
    - IPv4와의 호환성이 높다.

예약어는 이미 프로그래밍 언어에서 특정한 기능이 정의된 언어이므로 임의로 바꿀 수 없으며(≒ 함수) printf, scanf, strlen, strcmp 등이 있다.

〈코드분석〉

```c
char str[4];

// 메인 함수
int main(void) {

    printf("%d", sub(12));              // 호출용 함수에 12 대입
}

// 호출용 함수
int sub(int function)                   // function에 12 대입
{
    int hap = 0;                        // 합계를 저장하기 위한 변수
    for(int i=1; i<=function; i++)      // 1~12 반복
    {
        hap+=i;                         // 1 + 2 + 3 + 4 …. + 12
    }
    return hap;                         // 78 반환 및 메인 함수에서 출력
}
```

뷰 생성

```
CREATE VIEW [뷰명] AS
SELECT [컬럼명] FROM [테이블명]
WHERE [조건절];
```

- TCP(Transmission Control Protocol)
  - 데이터 흐름 제어를 통한 높은 신뢰성을 제공한다.
  - 연결형 서비스의 가상 회선 방식이다.
  - 전이중(Full-Duplex), 점대점(Point to Point) 방식이다.
  - 대표 서비스 : FTP, Telnet, Http, SMTP, POP, IMAP 등
- UDP(User Datagram Protocol)
  - 흐름 제어를 하지 않기 때문에 TCP보다 데이터 전송 속도가 빠르다.
  - TCP의 경우 한 번에 모든 데이터를 읽을 수 있지만, UDP는 여러 번의 데이터를 전송했다면 여러 번을 읽어야 한다(데이터 경계가 존재).
  - 송수신 중 데이터 누락/오류 발생 시 재전송하지 않으며, 데이터의 순서를 유지하지 않는다(비신뢰성 프로토콜).
  - 연결 설정이 없는 비연결성 프로토콜이다(1vs1, 1vs다수 등).
  - 대표 서비스 : SNMP, DNS, TFTP, NFS, NETBIOS 등

- 상호 배제 : 해당 자원에 대해 여러 프로세스가 접근을 할 수 없다.
- 점유 및 대기 : 다른 프로세스가 사용하고 있는 자원에 대해 반납을 기다린다.
- 순환 : 각 프로세스들이 순차적(순환)적으로 다음 프로세스가 요구하는 자원을 가진다.
- 비선점 : 다른 프로세스가 자원에 대해 사용이 끝날 때까지 해당 자원을 뺏어 올 수 없다.

- 검색

```
SELECT column_name FROM table_name WHERE condition;
```

  - column name = 찾을 값
  - Table_name = 릴레이션(테이블)
  - Condition = 조건

- 삭제

```
DELETE column_name  FROM table_name;
```

- 갱신

```
UPDATE table_name
    SET column1 = value1, column2 = value2…;
```

- 추가

```
INSERT INTO table_name(col1,col2…)
                VALUE (value1,value2…);
```

17번 해설

#include 〈string.h〉

- 문자열에 관련된 라이브러리 함수를 가진 헤더 파일
- 대표적으로 자주 사용되는 함수

헤더 파일	내용
strlen(문자열)	문자열의 길이 출력
strcmp(비교할 문자열1, 비교할 문자열2)	문자열 비교
strcpy(값을 저장할 공간, 문자열or[배열])	문자열 복사하여 저장
strcat(값을 저장할 공간, 문자열or[배열])	문자열 이어붙이기

18번 해설

구분	빅뱅(Big Bang)	상향식(Bottom Up)	하향식(Top Down)
수행 방법	모든 모듈을 동시 통합 후 수행	최하위 모듈부터 점진적으로 상위 모듈과 함께 수행	최상위 모듈부터 하위 모듈들을 통합하며 수행
더미 모듈	×	드라이버 필요	스텁 필요
장점	• 단시간 테스트 가능 • 작은 시스템에 유리	• 장애 위치 파악 쉬움 • 모듈 개발 시간 낭비가 없음	• 장애 위치 파악 쉬움 • 이른 프로토타입 가능 • 중요 모듈의 선 테스트 가능 • 결함 조기 발견 가능
단점	• 장애 위치 파악 어려움 • 모든 모듈 개발	• 이른 프로토타입 어려움 • 중요 모듈이 마지막으로 테스트될 가능성 높음	• 많은 스텁이 필요 • 하위 모듈들의 불충분한 테스트 수행

19번 해설

구성요소	의미
릴레이션(Relation)	데이터들을 표(Table)의 형태로 표현한 것
행(Row)	릴레이션 내의 한 줄에 해당하는 데이터(가로)(=튜플)
열(Column)	릴레이션 내의 한 칸에 해당하는 데이터(세로)(=속성)
튜플(Tuple)	릴레이션을 구성하는 각각의 행
속성(Attribute)	데이터의 항목 또는 데이터 필드에 해당 데이터베이스를 구성하는 가장 작은 논리적 단위
기수(Cardinality)	튜플(Tuple)의 개수
차수(Degree)	속성(Attribute)의 개수
도메인(Domain)	하나의 속성이 취할 수 있는 원자값(Atomic)들의 집합

20번 해설

DHCP(Dynamic Host Configuration Protocol)란, 각종 TCP/IP 프로토콜 및 IP 주소 등을 자동적으로 클라이언트가 제공 및 사용할 수 있도록 해주는 프로토콜(유동 IP 설정)이다.

MEMO

MEMO

MEMO